Schwentek
Niedersächsische Bauordnung
(NBauO)

D1677683

Niedersächsische Bauordnung (NBauO)

mit ergänzenden Vorschriften

Textausgabe mit Einführung

von

Karin Schwentek

Rechtsanwältin und Justitiarin der
Ingenieurkammer Niedersachsen, Hannover

5. Auflage, Stand September 2007

::rehm *bau*

Bibliografische Informationen der Deutschen Nationalbibliothek

Die Deutsche Nationalbibliothek verzeichnet diese Publikation in der Deutschen Nationalbibliografie; detaillierte bibliografische Daten sind im Internet über http://dnb.d-nb.de abrufbar.

Bei der Herstellung dieses Buches haben wir uns zukunftsbewusst für umweltverträgliche und wiederverwertbare Materialien entschieden. Der Inhalt ist auf elementar chlorfreiem Papier gedruckt.

ISBN 978-3-8073-2385-5

Verlagsgruppe Hüthig Jehle Rehm GmbH
Heidelberg/München/Berlin

Satz: reemers publishing services gmbh, Krefeld
Druck: Köppl und Schönfelder, 86391 Stadtbergen

Vorwort zur 5. Auflage

Die 5. Auflage dieses Werkes war notwendig geworden, da die Aktualität der 4. Auflage nur ein halbes Jahr anhielt. Der Grund für die Neuauflage sind vor allem die Änderungen der Niedersächsischen Bauordnung mit dem 14. November 2006 (Nds. GVBl. S. 530) und mit dem 12. Juli 2007 (Nds. GVBl. S. 324).

Vor allem die Entwurfsverfasser müssen die neuen Regelungen bei der Planung von ausgewählten Bauvorhaben berücksichtigen, liefen doch zum 1. Januar 2007 Übergangsfristen ab. Für Entwürfe, die seit dem 1. 1. 2007 beim Bauamt eingereicht werden, ist der Nachweis der Standsicherheit nur von Personen zu erbringen, die in der Liste der Tragwerksplanerinnen und Tragwerksplanern der Architekten- oder Ingenieurkammer Niedersachsen eingetragen sind. Die Änderungen der Bauordnung vom 14. November 2006 und vom 12. Juli 2007 sind im Text berücksichtigt.

Das bewährte Konzept wurde auch für die Neuauflage beibehalten; sie enthält die aktuellen Texte der Landesbauordnung sowie der ergänzenden Rechtsvorschriften (Stand September 2007). In der Einführung wurden die Änderungen in der gebotenen Kürze erläutert.

Damit setzen die Autorin und der Verlag die Herausgabe des aktuellen Bauordnungsrechts für Niedersachsen fort.

Hannover, im September 2007   Karin Schwentek

Inhaltsverzeichnis

1.
Einführung

1. Kurzer Abriss zur Geschichte der Niedersächsischen Bauordnung

1.1 Die Entwicklung von 1973 bis 1997

In Niedersachsen wurde 1973, nachdem alle anderen Bundesländer bereits landesbaurechtliche Gesetze eingeführt hatten, die Niedersächsische Bauordnung verabschiedet (verkündet 23.7.1973, Nds. GVBl. S. 259). Mit diesem Gesetz sowie den zugehörigen Verordnungen sollte das öffentliche Baurecht in Niedersachsen systematisiert und vereinheitlicht werden. Das Baurecht war bis dahin nicht nur in zahlreichen Gesetzen und Verordnungen geregelt, sondern es gab auch besondere rechtliche Vorgaben in einzelnen Landesteilen. Die Einführung des Gesetzes erfolgte auch im Hinblick auf die Musterbauordnung, die von der Kommission der Ministerien für Bauen und Wohnen der Länder und des Bundesministeriums (ARGEBAU) erarbeitet wurde und ständig fortentwickelt wird.

Danach erfuhr die NBauO zahlreiche, eher redaktionelle Änderungen. Mit dem 5. Gesetz zur Änderung der NBauO vom 11.4.1986 (Nds. GVBl. S. 103) wurde 1986 dann die erste einschneidende Änderung der NBauO vollzogen. Hintergrund war das Bestreben, mehr Wohnraum zu schaffen und vor allem **kosten- und flächensparendes Bauen** zu ermöglichen. Die bis dahin praktizierten Verfahren der Baugenehmigung wurden als zu langwierig gerügt, was als einer der Gründe für die Verteuerung gerade des privaten Wohnungsbaus angesehen wurde. Ziel der Novellierung war daher, durch Streichung von Vorschriften wie beispielsweise im Bereich der Abstandsregelungen und der KFZ-Einstellplätze und durch Vereinfachung der Baugenehmigungsverfahren die Verfahren zu straffen und zu beschleunigen. Daher wurde ein umfangreicher Katalog genehmigungsfreier Bauten eingeführt.

Im Juli 1995 erfolgte mit dem 7. Änderungsgesetz zur NBauO vom 15.6.1995 (Nds. GVBl. S. 158) eine weitere, entscheidende Änderung der NBauO. Die **Bauvorlageberechtigung** von Ingenieuren wurde neu geregelt und das Freistellungsverfahren (vereinfachte Bauvorlage) nach § 69a NBauO eingeführt. Im Juni 1996 wurde die Verordnung über die Einschränkung von Prüfungen im Baugenehmigungsverfahren (**Prüfeinschränkungsverordnung** – PrüfeVO – vom 6.6.1996, Nds. GVBl. S. 287) geändert. Beide Änderungen hatten erhebliche

Auswirkungen auf die Arbeit der Entwurfsplaner, sowohl der Architekten, als auch der Ingenieure.

Die letzte Änderung der NBauO, vollzogen durch das 8. Änderungsgesetz vom 6.10.1997 (Nds. GVBl. S. 422), brachte eher redaktionelle Änderungen.

1.2 Novelle der Niedersächsischen Bauordnung 2003

a) Überblick

Die Novelle der NBauO vom 11.12.2002 (Nds. GVBl. S. 796) i.d.F. der Bek. vom 10.2.2003 (Nds. GVBl. S. 89) brachte entscheidende Änderungen vor allem in folgenden Bereichen:

- Vorschriften zum barrierefreien Bauen, §§ 44 Abs. 3, 58 NBauO,
- Vorgabe für Einstellplätze, §§ 47, 47a,
- Aufgabenverlagerung auf die untere Bauaufsicht, § 63a NBauO,
- Neuregelung des § 69a NBauO,
- Aufnahme der bisherigen Prüfeinschränkungsverordnung mit modifizierten Regelungen als § 75a NBauO.

Die Weiterentwicklung des Grundsatzes des barrierefreien Bauens unterstützt der Gesetzgeber mit folgenden Veränderungen:

- In Gebäuden mit mehr als vier Wohnungen müssen die Wohnungen eines Geschosses barrierefrei sein und jede achte Wohnung rollstuhlgerecht, § 44 NBauO.
- Der Anwendungsbereich wurde auf alle Büro- und Verwaltungsgebäude, Verkaufsstätten, Schulen, Hochschulen und sonstige Ausbildungsstätten erweitert.

Zur Erleichterung des Bauens trägt bei, dass

- die Pflicht zur Errichtung von Einstellplätzen neu geregelt wurde, § 47 Abs. 2 NBauO.

Weitere Änderungen ergaben sich in den §§ 3, 17, 51, 63a, 64, 91, 97 NBauO. Hier sei besonders hervorgehoben, dass die Ordnungswidrigkeitentatbestände und Bußgelder sich geändert habe: In Zukunft können Verstöße der Verantwortlichen am Bau und baurechtswidrige Zustände mit einem Bußgeld von bis zu 5000 Euro bzw. 50000 Euro geahndet werden (§ 97 NBauO). Das Aufstellen eines Bauschildes ist jetzt auch bei genehmigungsfrei gestellten Bauvorhaben verpflichtend, § 17 Abs. 3 NBauO.

Die Katalog der genehmigungsfreien Baumaßnahmen (§ 69 NBauO und der Anhang hierzu) wurde überarbeitet. Genehmigungsfrei sind beispielsweise Gewächshäuser im Innenbereich bis 30 m³.

b) Die Änderungen in §§ 69a und 75a NBauO

Mit den Änderungen in § 69a NBauO hat der Gesetzgeber sein Bestreben, das Bauverfahren zu vereinfachen und die Baubehörden zu entlasten, weiter fortgesetzt. § 69a ist völlig neu gefasst worden. Die Voraussetzungen für das vereinfachte Baugenehmigungsverfahren, dem Freistellungsverfahren, sind geändert und finden sich nun in § 69a Abs. 1 NBauO wieder. In § 69a Abs. 3 NBauO hat der Gesetzgeber auf Grund der Erfahrungen der vergangenen Jahre die Anforderungen an die einzureichenden Unterlagen vor Durchführung der Baumaßnahme geändert. Die Einzelheiten dazu, welche Bauvorlagen einzureichen sind, ergeben sich aus der Bauvorlagenverordnung.

Zu den Änderungen im Verfahren in § 69a Abs. 3 bis 8 NBauO sei hervorgehoben, dass nunmehr die Unterlagen bei der Gemeinde einzureichen sind, und nicht mehr bei der Bauaufsichtsbehörde. Die Gemeinde muss eine Frist zur Bestätigung ausstellen – und zwar innerhalb eines Monats. Strenger geworden sind die Anforderungen an die Bauvorlage: Der Entwurf muss einschließlich der bautechnischen Nachweise auf der Baustelle vorliegen und der Bauaufsicht auf Nachfragen vorgezeigt werden können. Der leider verbreiteten, aber rechtswidrigen Verfahrensweise, zunächst nur das Formblatt nach § 69a NBauO einzureichen und den Entwurf erst später zu fertigen, ist endgültig ein Ende bereitet.

§ 69a ist gänzlich neu gefasst worden und modifiziert die Regelungen hinsichtlich der Baumaßnahmen, die vom Genehmigungsverfahren ausgenommen werden. Im vereinfachten Baugenehmigungsverfahren, welches bisher in der Prüfeinschränkungsverordnung geregelt wurde und nunmehr als **§ 75a** Bestandteil der Bauordnung wurde, müssen nunmehr Standsicherheitsnachweise von Personen unterzeichnet werden, die in die neu eingeführten Listen der Tragwerksplaner der Architektenkammer Niedersachsen und der Ingenieurkammer Niedersachsen eingetragen sind. Die Übergangsregelung sieht vor, dass jeder Bauingenieur, der bisher in die Liste der Entwurfsverfasser bei der Ingenieurkammer Niedersachsen eingetragen war, noch bis zum 31.12.2006 berechtigt ist, Standsicherheitsnachweise im von der Prüfung freigestellten Bereich zu unterzeichnen. Diese Änderungen zu §§ 69a und 75a NBauO werden nicht unerhebliche Auswirkungen auf das formelle Bauverfahren haben.

1.3 Änderungen der Niedersächsischen Bauordnung 2005

Das Gesetz zur Änderung der Niedersächsischen Bauordnung vom 23. Juni 2005 (Nds. GVBl. 2005, S. 208) ist zum 1. Juli 2005 in Kraft getreten. Hervorzuheben sind Änderungen zur Genehmigungsfreiheit von Antennenanlagen und im Anhang zu § 69 Abs. 1 NBauO (Ziffern 4.2 und 14.9).

Eine neue Übergangsregelung in § 100 NBauO ist für Entwurfsverfasser aufgenommen worden, die unter bestimmten Voraussetzungen weiter bis zum 31.12.2010 planvorlageberechtigt sind.

Die Anforderungen für Wohnungen in § 44 NBauO sind in Abs. 4 Satz 2, den Bereich der zusätzlichen rollstuhlgerechten Erfordernisse betreffend, für eine begrenzte Zeit ausgesetzt: Die Verpflichtung entfällt für Gebäude, mit deren Errichtung bis zum 30.6.2009 rechtmäßig begonnen wurde.

Weitere Änderungen finden sich in § 75a ff. NBauO. Während in § 75a neben weiteren Änderungen Abs. 5 gestrichen wurde, ist § 75b NBauO neu eingefügt worden. Die Prüfung der Bauvorlagen auf die Vereinbarkeit mit dem öffentlichen Baurecht obliegt nun auch für den Bereich der Anforderungen aus der Arbeitsstättenverordnung – wie in anderen Fällen auch – dem Entwurfsverfasser.

2. Öffentliches und privates Baurecht

Die NBauO regelt einen Teilbereich des sehr komplexen von einer Vielzahl von Vorschriften geprägten öffentlichen Baurechts, welches teilweise Länderrecht und teilweise Bundesrecht ist. Auch im Privatrecht finden sich rechtliche Regelungen. Die Unterscheidung zwischen öffentlichem und privatem Baurecht ist wegen der unterschiedlichen Regelungsbereiche wesentlich.

Im **öffentlichen Baurecht** werden nicht nur die Rechtsbeziehungen des Staates zu anderen Ländern und den ihn tragenden Institutionen und Körperschaften geregelt, sondern außerdem in einem **Über-/Unterordnungsverhältnis** die Rechtsbeziehungen des Staates zum Bürger. Die staatlichen Regelungen sind nicht verhandelbar, allerdings dürfen sie keinen Selbstzwecken des Staates dienen. Sie müssen sich, da sie ausschließlich im öffentlichen Interesse erfolgen dürfen, stets an den verfassungsrechtlich garantierten Grundrechten messen lassen. Eingriffe durch Gesetz und Verordnung sowohl auf Bundesebene als auch auf Landesebene in die **grundgesetzlich verankerte Baufreiheit** sind nur zulässig, soweit das öffentliche Interesse dies erfordert. Im Bauordnungsrecht ist die Abwehr von Gefahren und die Gewähr der öffentlichen Sicherheit und Ordnung Grundlage für gesetzliche Eingriffe in die Baufreiheit, ausgedrückt im Grundsatz des § 1 NBauO. In dieser **Generalklausel** ist Garantie der Sicherheit der Baumaßnahme, Rücksicht auf Leben und Gesundheit, Schutz der Umwelt und der natürlichen Lebensgrundlagen als Voraussetzung für die Genehmigung von Baumaßnahmen festgeschrieben.

Der Begriff des **öffentlichen Baurechts** ist in § 2 Abs. 10 NBauO näher definiert und umfasst alle Vorschriften der NBauO, die Vorschriften, die auf Grund der NBauO ergangen sind, das städtebauliche Planungsrecht und sonstigen Vorschriften des öffentlichen Rechts, die die Anforderungen an **bauliche Anlagen, Bauprodukte** oder Baumaßnahmen festlegen oder die Bebaubarkeit von Grundstücken regeln. Besondere Bedeutung haben die Prüfeinschränkungsverordnung, die Bauvorlagenverordnung und die allgemeine Durchführungsverordnung zur NBauO, s. hierzu auch ausführlich Himstedt in: Praxishandbuch zur Niedersächsischen Bauordnung für Architekten und Ingenieure, Einführung, Randnummer 3 ff., München/Berlin 2003.

Zum öffentlichen Baurecht gehören danach außerdem die Gesetze und Verordnungen über das **städtebauliche Planungsrecht,** welches in der Regel **Bundesrecht** ist, insbesondere das **Baugesetzbuch** und die **Baunutzungsverordnung.**

Relevant sind daneben auch Vorschriften wie die des **Denkmalschutzes, des Natur- und Landschaftsschutzes, energie- und abfallrechtliche** Vorschriften, des **Arbeitsschutzes** und des **Nachbarrechts.**

Schon daraus ergibt sich, dass die **Verantwortlichen** an einem Bau, also Bauherr, Entwurfsplaner und Unternehmer, eine Vielzahl von Vorschriften berücksichtigen müssen. Sicherlich kommen im Einzelfall, z. B. beim Bau eines Einfamilienhauses, nicht alle zum Tragen. Die Verantwortlichen stehen dafür ein, dass das Bauwerk dem öffentlichen Baurecht entspricht. Zuwiderhandlungen können als **Ordnungswidrigkeit** geahndet und mit einem Bußgeld belegt werden, § 91 NBauO. Für den betroffenen Bauherrn ist die bauaufsichtsbehördliche Anordnung zur Beseitigung eines baurechtswidrigen Zustands mit Kosten und erheblichen Nachteilen verbunden, wenn dies beispielsweise nur durch Abriss möglich ist. Umfassende Kenntnis der fachlichen Vorgaben und ständige Fortbildung auch auf dem Gebiet des öffentlichen Baurechts sind Voraussetzung für die Arbeit eines verantwortungsbewussten und fachlich qualifizierten Entwurfsverfassers.

Im **privaten Baurecht** wie im Privatrecht im Allgemeinen stehen sich die Parteien als gleichwertige Partner gegenüber. Es besteht Vertragsfreiheit, d. h. die Parteien legen die Rechte und Pflichten der Vertragspartner und den Umfang des Vertrages selbst fest. Die Rechtsbeziehungen der am Bau Beteiligten, also Bauherr, Architekt und/oder Bauingenieur und Bauunternehmen, sind in der Regel durch **Werkvertrag** des Bürgerlichen Gesetzbuches (BGB) geregelt. In der Praxis erhebliche Bedeutung hat die **VOB Teil B** (Allgemeine Vertragsbedingungen für die Ausführung von Bauleistungen), die allerdings nur dann Anwendung findet, wenn sie vertraglich ausdrücklich vereinbart wurde.

Die fehlerhafte Auslegung von Rechtsvorschriften des öffentlichen Baurechts kann auch erhebliche Auswirkungen auf die vertragsrechtliche Seite haben: Möglicherweise liegt darin auch ein Verstoß gegen vertragliche Obliegenheiten, der zu **Schadensersatzansprüchen** führen kann.

Überwiegend privatrechtlicher Natur sind in aller Regel auch die Beziehungen zu Dritten. Im **Nachbarrecht** finden sich öffentlich-rechtliche Vorschriften sowohl im Baurecht, insbesondere bei den Abstandsregeln, und z. B. im Nachbarrechtsgesetz, die im verwaltungsgerichtlichen Verfahren überprüft werden, als auch privatrechtlich in § 903 BGB, dessen Ansprüche vor den Zivilgerichten geltend gemacht werden.

3. Die Niedersächsische Bauordnung

3.1 Verfahren

a) Allgemeines

Um dem Grundsatz des § 1 NBauO Rechnung zu tragen, sind die Verfahren zur Durchführung und Überwachung von Baumaßnahmen streng reglementiert. Grundsätzlich sind nach § 68 NBauO alle genannten Bauvorhaben baugenehmigungspflichtig, so genannter **Genehmigungsvorbehalt**.

Das Bauantragsverfahren beginnt mit der Einreichung des vom Bauherrn und Entwurfsverfasser unterschriebenen Antrages bei der zuständigen (unteren) **Bauaufsichtsbehörde**, gemäß § 63 NBauO die Landkreise, die kreisfreien und die großen selbstständigen Städte. Die Bezirksregierungen sind obere Bauaufsichtsbehörde. Das zuständige Fachministerium als oberste Bauaufsichtsbehörde ist das Ministerium für Soziales, Frauen, Familie und Gesundheit. Der Antrag auf Genehmigung ist schriftlich einzureichen und muss alle zur Bearbeitung des Bauantrages erforderlichen Unterlagen (Bauvorlagen) enthalten; Näheres ergibt sich aus der **Bauvorlagenverordnung**. Dabei sind die amtlichen Vordrucke zu verwenden.

Welche Verfahrensschritte für eine Genehmigung im Einzelnen vorgegeben sind und welche Voraussetzungen einzuhalten sind, richtet sich nach der Art der Baumaßnahme. Seit dem 7. Änderungsgesetz zur NBauO ist im Wesentlichen zwischen vier Arten von Verfahren zu unterscheiden:

- genehmigungsfreie Baumaßnahmen nach § 69 NBauO,
- genehmigungsfreie Wohngebäude nach § 69a NBauO,
- vereinfachtes Baugenehmigungsverfahren (§ 75a NBauO) und
- genehmigungsbedürftige (genehmigungspflichtige) Baumaßnahmen nach § 68 NBauO.

Nur der Vollständigkeit halber seien noch die Vorschriften der §§ 70 (öffentliche Gebäude) und 76 NBauO (Teilbaugenehmigung) erwähnt.

b) Genehmigungsfreie Baumaßnahmen, § 69 NBauO

Eine Baugenehmigung ist in folgenden Fällen nicht erforderlich, ebenso entfällt die Anzeigepflicht bei der Bauaufsichtsbehörde:

- bauliche Anlagen nach Anhang zu § 69 Abs. 1 NBauO,
- bauliche Anlagen nach der Verordnung zu § 69a Abs. 2 NBauO,
- Abbruch und Beseitigung, § 69 Abs. 3 NBauO,
- Instandhaltung, § 69 Abs. 5 NBauO.

Dies bedeutet allerdings nicht, dass in diesen Fällen baurechtliche Bestimmungen nicht einzuhalten sind. Auch für diese Bauvorhaben gilt die Generalklausel des § 1 NBauO: genehmigungsfreie bauliche Anlagen müssen den gesetzlichen Vorgaben entsprechen – genehmigungsfrei heißt nicht regelungsfrei!

c) Genehmigungsfreie Wohngebäude, § 69a NBauO

Der Gesetzgeber möchte mit der in 2002 durchgeführten Überarbeitung der Vorschrift weiter den Weg beschreiten, Genehmigungsverfahren noch stärker zu verkürzen und für den Bauherrn einfacher zu gestalten. Für genehmigungsfreie Wohngebäude ist auch nach der neuen Regelung des § 69a NBauO kein Antragsverfahren erforderlich, sondern es bleibt beim Freistellungsverfahren, das geringfügig modifiziert wurde.

Künftig entfällt die Beschränkung auf Wohngebäude mit nicht mehr als zwei Wohnungen; die Voraussetzungen für ein Verfahren nach § 69a NBauO sind im Wesentlichen:

– Bauvorhaben ist ein **Wohngebäude geringer Höhe** (die Beschränkung auf „mit nicht mehr als zwei Wohnungen" ist entfallen),

– das Bauvorhaben liegt im **Baugebiet** eines (qualifizierten) Bebauungsplanes nach § 30 Abs. 1 oder Abs. 2 BauGB (Kleinsiedlungsgebiet, reines Wohngebiet, allgemeines Wohngebiet oder besonderes Wohngebiet),

– die Gemeinde hat bestätigt, dass die **Erschließung** gesichert ist und darüber hinaus, dass sie eine vorläufige Untersagung nach § 15 Abs. 1 Satz 2 BauGB nicht beantragen wird (§ 69a Abs. 1 Nr. 2, Abs. 4 NBauO),

– die Unterschrift eines qualifizierten **Entwurfsverfassers** liegt vor und

– die Nachweise über die Standsicherheit sind von einem Architekten oder Bauingenieur, der in die Liste der Tragwerksplaner bei der Architektenkammer Niedersachsen oder bei der Ingenieurkammer Niedersachsen eingetragen ist, unterzeichnet.

In Abweichung vom bisherigen Verfahren hat der Bauherr bei der Gemeinde den vollständigen Entwurf (ausgenommen die bautechnischen Nachweise) einzureichen.

Mit der Baumaßnahme darf – auch dies ist eine Neuregelung – erst begonnen werden, wenn die Bestätigung der Gemeinde vorliegt, dass die Erschließung gesichert ist und eine vorläufige Untersagung nach § 15 Abs. 1 Satz 2 BauGB nicht beantragt wird, § 69a Abs. 5 NBauO.

Die Durchführung der Baumaßnahme darf vom Entwurf nicht abweichen, § 69a Abs. 5 NBauO. Während der Bauarbeiten muss der Entwurf einschließlich der bautechnischen Nachweise auf der Baustelle vorgelegt werden können, § 69a Abs. 7 NBauO.

Nach wie vor kann der Bauherr entscheiden, ob anstelle des Verfahrens nach § 69a NBauO ein Baugenehmigungsverfahren durchgeführt wird, § 69a Abs. 8 NBauO.

Wird das Baufreistellungsverfahren nach § 69a NBauO gewählt, so sind ausschließlich der Bauherr und der Entwurfsverfasser dafür verantwortlich, dass der Entwurf dem öffentlichen Baurecht entspricht. Eine Prüfung durch die Bauaufsichtsbehörde findet nicht statt.

d) Vereinfachtes Baugenehmigungsverfahren, § 75a NBauO

Im Zuge der Änderung der NBauO wurde das vereinfachte Baugenehmigungsverfahren nach der Prüfeinschränkungsverordnung in das Gesetz selbst übernommen und die einzelnen Regelungen modifiziert, um staatliche Kontrollen stärker einzuschränken und das formelle Verfahren zu erleichtern und damit zu beschleunigen.

Es ist ein Antrag auf Baugenehmigung zu stellen. Die **Vereinfachung** liegt in diesem Verfahren darin, dass die dem Bauantrag beizufügenden Bauvorlagen, z. B. die **Standsicherheitsnachweise**, nicht vom Bauamt geprüft werden. Dieses Verfahren kommt nur für Bauvorhaben wie

– Wohngebäude, ausgenommen Hochhäuser, auch mit Räumen für freie Berufe nach § 13 der Baunutzungsverordnung, wenn die Gebäude überwiegend Wohnungen und deren Nebenzwecken dienende Räume enthalten,

– eingeschossige Gebäude bis 200 qm Grundfläche,

– bestimmte landwirtschaftliche Betriebsgebäude (Näheres s. § 75a Abs. 1 Nr. 3 NBauO),

– Gebäude ohne Aufenthaltsräume mit nicht mehr als drei Geschossen und bis 100 qm Grundfläche

in Betracht.

In § 75a Abs. 2 NBauO ist geregelt, in welchem Umfang die Bauaufsichtsbehörde den eingereichten Bauantrag prüft. Mit der Änderung der Niedersächsischen Bauordnung zum 1. Juli 2005 wurde § 75a Abs. 5 NBauO gestrichen und durch die neue Regelung des § 75b NBauO ersetzt. Danach werden Bauvorlagen nicht mehr auf ihre Vereinbarkeit mit der Arbeitsstättenverordnung von der Bauaufsicht geprüft; es reicht die Erklärung des Entwurfsverfassers. Wichtig: Der Bauherr kann die bauaufsichtliche Prüfung beantragen.

Die Nachweise über die **Standsicherheit** müssen nach § 75a Abs. 3 NBauO von einem Architekten oder einem Bauingenieur aufgestellt sein, der in eine der von der Architekten- bzw Ingenieurkammer Niedersachsen für die jeweilige Fachrichtung geführten Listen eingetragen ist. Mit der Novelle wird die **Liste der Tragwerksplaner** eingeführt. Die Übergangsregelung sieht vor, dass jeder Bauingenieur, der bisher in die Liste der Entwurfsverfasser bei der Ingenieurkammer Niedersachsen eingetragen war, noch bis zum 31.12.2006 berechtigt ist, Standsicherheitsnachweise im von der Prüfung freigestellten Bereich zu erstellen.

Nach § 75a Abs. 3 Satz 2 NBauO müssen die Nachweise über den Schall- und Wärmeschutz von einer Person aufgestellt sein, die den Anforderungen nach § 75a Abs. 3 Satz 1 (eingetragen in die Liste der Tragwerksplaner bei der Architekten- bzw Ingenieurkammer Niedersachsen oder bis 31.12.2002 eingetragen als Entwurfsverfasser in die von der Ingenieurkammer Niedersachsen geführten Listen) oder nach § 58 Abs. 3 Nr. 1, 2 oder 3 entspricht.

Die Nachweise, die im Rahmen der Verordnung über energiesparenden Wärmeschutz und energiesparende Anlagentechnik bei Gebäuden (**Energieeinsparverordnung** – EnEV – vom 16.11.2001, BGBl. I S. 3085) zu erstellen sind, sind von Personen zu unterzeichnen, die den Anforderungen des § 58 Abs. 3 Nr. 1, 2 oder 3 oder des § 69a Abs. 1 Nr. 5 NBauO entsprechen. Hierunter fallen Ingenieure mit einem Abschluss in der Fachrichtung Bauingenieurwesen, die in die Liste der Entwurfsverfasser der Ingenieurkammer Niedersachsen eingetragen sind. Absolventen der Fachrichtung Versorgungstechnik erfüllen dagegen diese Voraussetzung nicht.

e) Genehmigungsbedürftige Baumaßnahmen, § 68 NBauO

Alle Baumaßnahmen, soweit nicht die oben aufgeführten Ausnahmen vorliegen, sind **genehmigungsbedürftig**, § 68 Abs. 1 NBauO. Dem Bauantrag sind die notwendigen Unterlagen nach §§ 68, 71 NBauO und die Bauvorlagen beizufügen. Der Antrag ist vom Bauherrn und vom Entwurfsverfasser zu unterzeichnen.

Die Bauaufsichtsbehörde nimmt eine vollständige Prüfung aller Unterlagen vor und erteilt die Genehmigung. Mit dem Bauvorhaben darf erst begonnen werden, wenn die **Baugenehmigung** vorliegt, § 78 NBauO.

Die **Bauaufsichtsbehörde** ist gehalten, den Antrag innerhalb einer Frist von einer Woche auf Vollständigkeit zu prüfen und je nach Sachlage die fehlenden Unterlagen unter Fristsetzung nachzufordern, § 73 Abs. 1 NBauO. Werden die Mängel nicht beseitigt, gilt der Antrag als zurückgenommen. Anträge, die so unvollständig sind, dass eine Prüfung nicht erfolgen kann, können zurückgewiesen werden, § 73 NBauO. Soweit die Genehmigung von der Zustimmung von vorgesetzten oder zu beteiligenden Behörden abhängt, gilt diese als erteilt, wenn bestimmte Fristen abgelaufen sind, § 73 Abs. 3 und 4 NBauO.

Die **Baugenehmigung** ist zu erteilen, § 75 NBauO, wenn die Baumaßnahme dem öffentlichen Baurecht entspricht, das heißt, es besteht kein Ermessensspielraum der Bauaufsichtsbehörde, sondern ein Anspruch auf Genehmigung. Gegen Maßnahmen der Bauaufsichtsbehörde ist der Verwaltungsrechtsweg gegeben (zum Baugenehmigungsverfahren s. Plankemann in: Praxishandbuch zur Niedersächsischen Bauordnung, Teil 3 D V, Randnummern 139–180, München/Berlin 2003).

3.2 Verantwortliche am Bau

Der Bauherr, d. h. derjenige, auf dessen Veranlassung und Willen eine Baumaßnahme geplant und durchgeführt wird, ist verantwortlich sowohl für die Art der **Durchführung** der Maßnahme als auch für den hergestellten **baurechtmäßigen Zustand,** § 57 NBauO. Dieser öffentlich-rechtlichen Pflicht kann sich der Bauherr nicht entziehen (Gefährdungshaftung), sondern nur dadurch begegnen, dass für den Entwurf und die Ausführung als zuverlässig und fachkundig geltende Personen eingeschaltet werden. Daneben bleibt die strafrechtliche Verantwortlichkeit und gegebenenfalls privatrechtliche Verantwortlichkeit, die sich ebenso auf unbeteiligte Dritte, wie etwa Passanten oder Besucher, beziehen kann. Dem Bauherrn obliegen außerdem die **Mitteilungspflichten** gegenüber dem Bauaufsichtsamt nach § 57 Abs. 4 bis 6 NBauO.

Der **Entwurfsverfasser** haftet dafür, dass sein Entwurf mit dem öffentlichen Baurecht übereinstimmt. Verändert der Bauherr den Entwurf nach Erstellung durch den Entwurfsverfasser, so hat dieser die **Ordnungsmäßigkeit** seines Entwurfes nachzuweisen. Die Bauaufsichtsbehörde kann verlangen, dass der Bauherr einen geeigneten Sachverständigen heranzieht, wenn die Besorgnis besteht, dass der Entwurfsverfasser den Anforderungen des § 58 NBauO nicht genügt; nötigenfalls kann sie sogar die Bauarbeiten einstellen lassen, bis der Bauherr den Anforderungen nachkommt, § 57 Abs. 3 NBauO.

Die Regelungen zur Verantwortlichkeit der **Unternehmer** finden sich in § 59 NBauO, mit besonderer Betonung der erforderlichen Sachkenntnisse, Fachkräfte und Vorrichtungen. Die Bauaufsichtsbehörde kann neben dem Bauherrn auch den Unternehmer nach § 89 NBauO zur **Beseitigung** baurechtswidriger Zustände heranziehen.

In § 58 spricht die NBauO von **Sachverständigen.** Im Rahmen der Baugenehmigungsverfahren sind damit nicht öffentlich bestellte und vereidigte Sachverständige oder anerkannte Sachverständige gemeint, sondern Fachleute, die in Einzelfällen vom Bauherrn für die Erledigung bestimmter Aufgaben herangezogen werden, so z. B. im Falle des § 58 Abs. 2 NBauO. Sie haften für die Richtigkeit ihres Entwurfs, § 58 Abs. 2 Satz 3 NBauO. Von der Ermächtigungsgrundlage in § 66 NBauO hat der Landesgesetzgeber durch die BauPrüfVO Gebrauch gemacht. Die Aufgaben und Pflichten des **Prüfingenieurs,** der als „Beliehener" Aufgaben der Bauaufsicht ausführt, sind darin festgelegt. Prüfingenieure unterstehen der Aufsicht der obersten Bauaufsichtsbehörde.

Seit dem Änderungsgesetz von 1986 findet sich in der NBauO das in anderen Landesbauordnungen verankerte Institut des **Bauleiters** nicht mehr. Argument für die Abschaffung war, dass die Bauleitertätigkeit mit der in § 15 Abs. 2 HOAI umschriebenen Tätigkeit der **Bauüberwachung** deckungsgleich sei. Mit der Beauftragung des Architekten oder Ingenieurs zur Bauüberwachung sei automatisch die Funktion des Bauleiters gegeben. Bei einem sorgfältigen und verantwortungsbewussten Bauherrn wird dies in der Regel zutreffend sein. Allerdings zeigt die Praxis, dass gerade unter Kostengesichtspunkten Bauherren meinen, sie könnten diesen Teil des Architekten-/Ingenieurhonorars sparen und es erfolgt gerade keine ausdrückliche Beauftragung. Daher bestehen die Forderungen der Praktiker, dieses Institut wieder einzuführen, durchaus zu Recht.

Der **Eigentümer** ist nach § 61 NBauO dafür verantwortlich, dass bauliche Anlagen und **Grundstücke** dem öffentlichen Baurecht entsprechen; besonders erwähnenswert ist dabei § 40 Abs. 9 NBauO betreffend die Lagerung von Brennstoffen und das Verbot, eine bauliche Anlage vor der Schlussabnahme in Gebrauch zu nehmen, § 80 Abs. 6 Satz 2 NBauO.

Bauherr, Entwurfsverfasser, Unternehmer und Sachverständiger tragen in unterschiedlicher Weise während des Verlaufs der baulichen Maßnahme die Verantwortung dafür, dass die Maßnahme dem öffentlichen Baurecht entspricht, §§ 57 bis 62 NBauO. Der Eigentümer des Grundstücks ist dafür verantwortlich, dass der Zustand baulicher Anlagen und des Grundstückes die baurechtlichen Anforderungen erfüllt. Seine Haftung besteht also über die Beendigung der Maßnahme hinaus.

4. Aufgabe und Verantwortung des Entwurfsverfassers

4.1 Definition/Liste

Nach § 57 NBauO ist der Bauherr verpflichtet, für genehmigungsbedürftige Baumaßnahmen grundsätzlich einen oder mehrere Entwurfsverfasser zu bestellen. Die Anforderungen an die **Qualifikation** dieser Personen sind in § 58 NBauO geregelt, der auch Umfang und Inhalt der Verantwortlichkeit festlegt. Dabei ist „Entwurfsverfasser" keine Berufsbezeichnung. Als Entwurfsverfasser im Sinne der Bauordnung wird die Person bezeichnet, die für eine konkrete Baumaßnahme den Entwurf liefert bzw. dafür verantwortlich zeichnet. In § 58 NBauO ist der Katalog der Personen aufgeführt, die je nach beabsichtigter Baumaßnahme berechtigt sind, als Entwurfsverfasser zu zeichnen.

Der Begriff des **Entwurfes** ist in § 58 Abs. 1 Satz 2 NBauO für genehmigungsbedürftige Baumaßnahmen umschrieben. Dazu gehören zunächst die Bauvorlagen, die nach § 71 Abs. 2 NBauO und § 1 ff. Bauvorlagenverordnung dem Antrag auf Baugenehmigung beizufügen sind, wie Übersichtsplan, Lageplan, Bauzeichnungen, Baubeschreibungen usw. Der Entwurf der so genannten **Ausführungsplanung** (als Begriff aus § 15 Abs. 2 HOAI entnommen) ist nur insoweit beizufügen, als von der Ausführungsplanung die öffentliche Sicherheit und Ordnung abhängt. Die einzelnen Teile des Entwurfs können von verschiedenen Personen angefertigt sein, allerdings muss dieses dem Bauaufsichtsamt gegenüber kenntlich gemacht werden und der Entwurf muss als Ganzes übersichtlich bleiben.

Neu geregelt wurde durch das 7. Änderungsgesetz der NBauO 1995 die Bauvorlageberechtigung von **Ingenieuren**. Architekten, d. h. die Personen, die in die Liste einer Architektenkammer eingetragen sind, waren stets bauvorlageberechtigt. Bei Ingenieuren mussten die Bauämter bis dahin allerdings in jedem Einzelfall prüfen, ob Ingenieure, also Personen, die über einen Abschluss in einem Ingenieurstudiengang verfügten, berechtigt waren, einen Bauantrag zu unterzeichnen. Dies führte immer wieder zu aufwändigen, das Bauverfahren verzögernden Überprüfungen. Zur Lösung dieses Problems und um die Bauämter von dieser aufwändigen Prüfungspflicht zu befreien, wurde die **„Liste der Entwurfsverfasserinnen und Entwurfsverfasser in der Fachrichtung Bauingenieurwesen"** eingeführt. Diese Liste wird seit 1995 bei der Ingenieurkammer Niedersachsen, Körperschaft des öffentlichen Rechts, geführt. Es reichen die Erklärung und gegebenenfalls der Nachweis durch Vorlage des Ausweises bzw. Auskunft durch die Kammer, dass die Eintragung in die Liste der Entwurfsverfasserinnen und Entwurfsverfasser der Ingenieurkammer vorliegt.

4.2 Aufgaben und Qualifikation des Entwurfsverfassers

a) Aufgaben

Die NBauO erlegt den am Bau beteiligten Personen unterschiedliche Pflichten auf und weist damit Aufgaben zu. Der Entwurfsverfasser steht nach der Bauordnung dafür ein, dass der Entwurf dem öffentlichen Baurecht entspricht, § 58 NBauO. Es ist damit seine Aufgabe, alle notwendigen Voraussetzungen zu ermitteln und den **Bauantrag** einschließlich der zugehörigen Bauvorlagen so zu erstellen, dass das Bauamt in die Lage versetzt wird, die erforderliche Prüfung durchzuführen. Aus § 2 Abs. 2 PrüfeVO geht hervor, dass das Bauamt die rechtlichen Vorschriften des städtebaulichen Planungsrechts prüft. Die meisten Vorschriften des Bauordnungsrechts sind aber im vereinfachten Verfahren ausschließlich vom Entwurfsverfasser zu überprüfen.

b) Qualifikation, § 69a NBauO

Die erforderliche Qualifikation, als Entwurfsverfasser bei Genehmigungsverfahren tätig zu sein, verdeutlichen nachstehende Übersichten.

Übersicht 1

Entwurfsverfasser	ja/nein	ergibt sich aus
Architekt	ja	§ 58 Abs. 3 Nr. 1 NBauO
Entwurfsverfasser Architektenliste (Architektenkammer Niedersachsen)	ja	§ 58 Abs. 3 Nr. 3 NBauO
Entwurfsverfasser Bauingenieurwesen (Ingenieurkammer Niedersachsen)	ja	§ 58 Abs. 3 Nr. 3 NBauO
Meister und Techniker	nein	gesetzlich nicht geregelt
Entwurfsverfasser	nein	gesetzlich nicht geregelt
Ingenieur für Statik	ja	Artikel II Abs. 9 des 7. Änderungsgesetzes NBauO § 2 Abs. 2 Nr. 1a PrüfVO

c) Voraussetzung für Entwurfsverfasser nach der NBauO

Als Entwurfsverfasser nach § 58 NBauO gelten folgende Personen:

Übersicht 2

	Vorschrift	Voraussetzungen
Architekt	§ 58 Abs. 3 Nr. 1 NBauO	Die Berufsbezeichnung „Architekt" ist den Personen vorbehalten, die als Mitglied in einer Architektenkammer in der Bundesrepublik Deutschland eingetragen sind

	Vorschrift	Voraussetzungen
Entwurfs-verfasser Fachrich-tung Archi-tektur	§ 58 Abs. 3 Nr. 2 NBauO in Verbindung mit § 7a NArchG	Studienabschluss in der Fachrichtung Architektur, 2-jährige Berufserfah-rung, Eintragung in die Liste der Entwurfsverfasser bei der Architek-tenkammer Niedersachsen
Entwurfs-verfasser Fachrich-tung Bau-ingenieur-wesen	§ 58 Abs. 3 Nr. 3 NBauO in Verbindung mit § 17a NIngG	Studienabschluss in der Fachrichtung Bauingenieurwesen, 2-jährige Berufs-erfahrung, Eintragung in die Liste der Entwurfsverfasser bei der Ingenieur-kammer Niedersachsen
Bedienstete des öffent-lichen Dienstes	§ 58 Abs. 3 Nr. 4 NBauO	Ausbildung in der Fachrichtung Architektur, Hochbau oder Bauinge-nieurwesen, 2-jährige Berufserfah-rung, nur für den dienstlichen Gebrauch
Meister und Tech-niker	§ 58 Abs. 5 NBauO	Handwerksmeister nach der Hand-werksordnung im Maurer-, Stahlbe-ton-, Zimmererhandwerk, staatl. geprüfte Techniker (Bautechnik mit Schwerpunkt Hochbau)
Innen-architekt	§ 58 Abs. 3 Nr. 4 NBauO	Als Innenarchitekt eingetragen bei einer Architektenkammer in der BRD, für die mit der Gestaltung verbunde-nen baulichen Änderungen von Innenräumen

d) Beratung des Bauherrn

Je unübersichtlicher und komplexer das Baurecht ist, desto wichtiger ist die Beratung des Bauherrn und eine Entwurfsplanung, die alle Vorgaben des öffentlichen Baurechts umfasst. Der Entwurfsverfasser, sei er Architekt oder Ingenieur, nimmt neben der fachlichen Planung auch zu einem nicht unerheblichen Teil Rechtsberatung im Zusam-menhang mit dem Baugenehmigungsverfahren vor. Grundsätzlich ist die Besorgung fremder Rechtsangelegenheiten Rechtsanwälten vor-behalten und den Personen, die eine Ausnahmegenehmigung nach dem Rechtsberatungsgesetz (vom 13. Dezember 1935 [RGBl. I S. 1478], zuletzt geändert am 19.12.1998 [BGBl. I S. 3836]) haben. Da der

Architekt oder Ingenieur im Rahmen seiner Beauftragung die (bau)rechtlichen Vorgaben zu prüfen hat, ist das Rechtsberatungsgesetz zwar nicht berührt. Allerdings darf der Entwurfsverfasser nicht weitergehen, er darf nicht selbst Widerspruch gegen Bescheide des Bauaufsichtsamtes einlegen, auch nicht in Vollmacht oder im Namen des Bauherrn. Damit hätte er die Grenze zur unerlaubten Rechtsberatung überschritten, was ihm im Zweifel neben anderen erheblichen Unannehmlichkeiten (Zurückweisung des Widerspruches wegen Unzulässigkeit) ein Verfahren der zuständigen Anwaltskammer oder des Anwaltsvereins einbringen kann.

Die Regelungen zur vereinfachten Bauvorlage sind umstritten. Die Mittel der **Prävention**, d. h. Prüfen und Einschreiten vor Baubeginn, stehen der zuständigen Bauaufsichtsbehörde nicht mehr zur Verfügung. Erst nach Fertigstellung des Baus, etwa auf die Einwendungen eines Nachbarn hin, werden baurechtswidrige Zustände festgestellt. In gravierenden Fällen hilft nur die **Abrissverfügung**. Es stellt sich die Frage, ob der Verzicht auf Prüfung durch die Bauaufsichtsämter in jedem Fall aus Sicht der öffentlichen Sicherheit und Ordnung gerechtfertigt ist.

Vorteil für den Bauherrn ist unumstritten, dass das Verfahren nach § 69a NBauO schneller und kostengünstiger abgewickelt werden kann. In Niedersachsen besteht weiterhin die Alternative, statt des vereinfachten Verfahrens das Baugenehmigungsverfahren zu wählen. Dies ist bei komplexen Vorhaben angeraten, denn der **Nachbarschutz** ist durch die neuen Regelungen betroffen. Da Bauantrag und Genehmigungsverfahren nicht mehr vorgeschrieben sind, stellt der Nachbar im Zweifelsfall erst nach Baubeginn oder -fertigstellung fest, ob in seine Rechte eingegriffen wird; häufig ist z. B. die Missachtung der Grenzabstandsregeln gegeben. Während beim baugenehmigungsbedürftigen Verfahren die Bauaufsichtsbehörde die Genehmigung schon dann verweigern kann, wenn auch nur geringfügige Abweichungen von den Vorgaben bestehen, ist dies bei den Freistellungsverfahren anders: Die Beseitigung des baurechtswidrigen Zustandes kann vom Bauherrn nicht mehr verlangt werden, wenn dies nur mit unverhältnismäßig hohem Aufwand zu erreichen ist. Im Zweifelsfall bleibt der baurechtswidrige Zustand zu Lasten des Nachbarn bestehen.

Dies zeigt einmal mehr, welch hohe Verantwortung dem Entwurfsverfasser übertragen worden ist. An die fachliche Qualifikation sind auf Grund der beschriebenen Aufgabenvielfalt und Verantwortung strenge Voraussetzungen zu stellen. Je nachdem, welche Art von Baugenehmigungsverfahren durchgeführt werden soll, sind besondere Anforderungen an den Entwurfsverfasser in der NBauO festgelegt.

4.3 Liste der Tragwerksplanerinnen und Tragwerksplaner

Mit der Novelle der NBauO vom 11.12.2002 wurde eine grundsätzliche Neuerung in die NBauO eingeführt: die Listen der Tragwerksplanerinnen und Tragwerksplaner.

Eintragungsfähig in diese Listen sind Architekten oder Bauingenieure, die einen erfolgreichen Studienabschluss in der jeweiligen Fachrichtung nachweisen sowie eine mindestens zweijährige Tätigkeit in der **Tragwerksplanung**.

Die Neuregelung findet sich bei § 69a Abs. 1 Nr. 4 NBauO und § 75a Abs. 3 NBauO. Nur wenn die **Standsicherheitsnachweise** von einer Person unterzeichnet sind, die in eine der vorgenannten Listen eingetragen ist, sind die Voraussetzungen für ein vereinfachtes Verfahren nach § 69a NBauO bzw. ein eingeschränktes Prüfverfahren nach § 75a NBauO gegeben.

Auch hier ist die Übergangsregelung zu beachten: Die Personen, die bis zum Inkrafttreten des Gesetzes befugt waren, Standsicherheitsnachweise zu erstellen, waren dies nur bis zum 31.12.2006.

4.4 Häufige Fehlerquellen

Es gehört auch zur Pflicht des Bauherrn und insbesondere des Entwurfsverfassers durch Einsicht in den **Bebauungsplan** nachzuprüfen, ob überhaupt die notwendigen Festsetzungen in dem Baugebiet vorliegen. Allein dadurch wird allerdings ein Bauvorhaben nicht zulässig. So sieht § 15 Abs. 1 Baunutzungsverordnung vor, dass ein konkretes Bauvorhaben dann unzulässig ist, wenn es aus der Umgebung Belästigungen oder Störungen ausgesetzt ist, die unzumutbar sind. Wann diese Unzumutbarkeit vorliegt, ist im Gesetz nicht weiter definiert. Letztlich entscheidet darüber im Einzelfall das Verwaltungsgericht verbindlich. Es kann deshalb, insbesondere im besonderen **Wohngebiet**, zu Problemfällen kommen. Dann sollte immer mit dem Bauherrn vereinbart werden, dass ein **formeller Bauantrag** gestellt wird. Im Bauantragsverfahren muss nämlich das Bauamt überprüfen, ob die Voraussetzungen nach dem städtebaulichen Planungsrecht vorliegen. In Niedersachsen gibt die Bauordnung dem Bauherrn immer die Möglichkeit, statt des Freistellungsverfahrens das normale Bauantragsverfahren zu wählen, § 69a Abs. 8 NBauO.

In der Praxis treten Probleme auch dann auf, wenn der Entwurfsverfasser bei der Anfertigung seines Entwurfs sich davon überzeugt hat, dass eine **Veränderungssperre** nach § 14 BauGB nicht besteht. Vergeht zwischen Anfertigung und Einreichen der Bauanzeige durch den Bauherrn längere Zeit, so kann in der Zwischenzeit die Gemeinde tätig geworden sein und eine Veränderungssperre verhängt haben. Um sich vor Inanspruchnahme durch die Bauaufsichtsbehörde (und des Bauherrn) zu schützen, ist eine sorgfältige Dokumentation des Zeitpunktes der Übergabe des Entwurfes an den Bauherrn erforderlich.

Der Entwurfsverfasser muss daneben beachten, dass durch das Verfahren nach § 69a NBauO nur die Baugenehmigung ersetzt wird. Sind aus anderen Vorschriften Genehmigungen erforderlich (z. B. nach dem Wassergesetz), so müssen diese natürlich vorher eingeholt werden.

4.5 Haftung

Im Rahmen des vereinfachten Verfahrens nach § 69a NBauO und vereinfachten Baugenehmigungsverfahrens nach § 75a NBauO gibt der Entwurfsverfasser durch seine Unterschrift unter den entsprechenden Vordruck eine **öffentlich-rechtliche Erklärung** ab, die sich aus zwei wesentlichen Teilen zusammensetzt: Sie enthält

1. die Bestätigung, dass für das jeweilige Vorhaben das vereinfachte Verfahren nach den genannten Vorschriften Anwendung findet und

2. die Versicherung, dass der Entwurf den öffentlich-rechtlichen Vorschriften entspricht.

Die vertraglichen Beziehungen zwischen Bauherrn und Entwurfsverfasser sind **zivilrechtlicher** Natur. Durch die Erklärung und damit Handeln in der Funktion als Entwurfsverfasser im Sinne der NBauO übernimmt dieser **Verantwortung** gegenüber der Bauaufsichtsbehörde und hat damit den Schutz öffentlicher Interessen zu gewährleisten. Erfüllt er diese Aufgabe nicht vollständig, übersieht er also, dass im konkreten Verfahren die Ausnahmebestimmungen nach § 69a NBauO nicht gegeben sind, oder ist der Entwurf etwa unvollständig oder fehlerhaft, so kann die Bauaufsichtsbehörde **mit öffentlich-rechtlichen Zwangsmitteln** gegen ihn vorgehen. Konsequenterweise erstreckt sich die Befugnis der zuständigen Behörde, ein **Ordnungswidrigkeitenverfahren** einzuleiten, gemäß § 91 Abs. 1 Nr. 8 NBauO auch auf den Entwurfsverfasser, der mit einem **empfindlichen Bußgeld**, welches von der Bauaufsicht nach Ermessen unter Berücksichtigung der Schwere des Verstoßes festgesetzt wird, belangt werden kann.

Außerdem kann die Bauaufsichtsbehörde vom Bauherrn verlangen, dass ein anderer Entwurfsverfasser bestellt wird, damit ein den Anforderungen entsprechender Entwurf vorgelegt wird und sogar die

Stilllegung der Bauarbeiten verfügen, um der Forderung Nachdruck zu verleihen, § 58 Abs. 2 NBauO.

Aus **vertragsrechtlicher** Sicht erscheint es nicht übertrieben, Architekten und Ingenieure darauf hinzuweisen, dass sie durch den Wegfall der Prüfungspflicht der Bauaufsichtsbehörden erhöhten **Haftungsrisiken** ausgesetzt sind. Dies beginnt schon mit der Auswahl des geeigneten Genehmigungsverfahrens: Der Bauherr ist auf die vereinfachten Verfahren hinzuweisen, da diese unter Umständen kostengünstiger sein können und schneller zur Fertigstellung führen, andererseits durchaus erhebliche Risiken in sich bergen können. Ferner haben Architekt oder Ingenieur nach Vertragsrecht eine **genehmigungsfähige Planung** zu leisten, sie schulden diesen Erfolg aus **Werkvertrag**. Bei schwierigen Verhältnissen oder Unklarheiten geht eine Nichtgenehmigung auch zu Lasten ihrer Vertragsansprüche. Angesichts der Komplexität der Rechtsmaterie und den fachlichen Anforderungen ist bei Vertragsabschluss die Hinzunahme einer **Haftungsausschlussvereinbarung** angeraten.

Für den Entwurfsverfasser ist der Abschluss einer **Haftpflichtversicherung** bereits nach Bauordnungsrecht vorgeschrieben, jeder Planer ist aber gut beraten, wenn er seinen Versicherungsvertrag hinsichtlich dieses Aufgabenbereiches sorgsam überprüft und nötigenfalls anpasst.

5. Rechtsschutz

Das Baugenehmigungsverfahren ist ein verwaltungsrechtliches Verfahren und unterliegt als solches der Überprüfung durch Rechtsmittel wie Widerspruch und, sofern dieser nicht erfolgreich ist, Klage vor dem Verwaltungsgericht.

Gegen die Ablehnung des Bauantrags oder der **Bauvoranfrage** (§ 74 NBauO – Erteilung eines **Vorbescheides**) kann der Bauherr Widerspruch einlegen und Klage vor dem Verwaltungsgericht erheben. Stellt das Gericht fest, dass die Voraussetzungen für die Baugenehmigung vorliegen, so wird die Bauaufsicht verpflichtet, die Baugenehmigung zu erteilen. Auch gegen Anordnungen der Bauaufsicht, wie etwa **Stilllegung** von Bauarbeiten („Baustopp") oder Abbruchverfügungen ist der Verwaltungsrechtsweg gegeben.

Rechtsschutzmöglichkeiten sind auch dem Nachbarn eingeräumt. Der **Nachbar** hat eine sehr starke Position in der Bauordnung; in der NBauO findet sich eine Vielzahl von nachbarschützenden Vorschriften, so z. B. hinsichtlich der Art der baulichen Nutzung und der Grenzabstände (vgl. hierzu ausführlich Himstedt in: Praxishandbuch der Niedersächsischen Bauordnung, s. Teil B 3, München/Berlin, 2003).

Gegen eine erteilte Baugenehmigung kann der Nachbar Widerspruch einlegen und Klage vor dem Verwaltungsgericht erheben. Der Klage wird aber nur dann Erfolg beschieden sein, wenn die Verletzung nachbarschützender Vorschriften gerügt wird, also etwa die Nichteinhaltung von Grenzabständen. Dies bedeutet, dass das Verwaltungsgericht nicht die Rechtmäßigkeit der Genehmigung an sich prüft, sondern nur dahingehend, ob nachbarrechtliche Belange verletzt werden.

Anders ist die Rechtslage, wenn keine Baugenehmigung erteilt wurde, weil entweder gar keine genehmigungspflichtige Maßnahme vorliegt oder ein **Schwarzbau**. In diesen Fällen liegt gerade kein Verwaltungsakt vor, der mit Rechtsmitteln angegriffen werden könnte. Der Nachbar muss bei der Bauaufsicht einen Antrag auf Erlass einer entsprechenden Anordnung gegenüber dem Bauherrn beantragen, um also beispielsweise zu erreichen, dass die Behörde den Abbruch verfügt. Lehnt dies die Baubehörde ab, so sind Widerspruch und Klage möglich.

6. Änderungen von Ausführungsbestimmungen 2004/2005

Mit der Verordnung zur Änderung baurechtlicher Vorschriften vom 22. Juli 2004 (Nds. GVBl. S. 263) hat sich vor allem die allgemeine Durchführungsverordnung zur Niedersächsischen Bauordnung (DVNBauO) geändert.

6.1 Allgemeine Durchführungsverordnung zur Niedersächsischen Bauordnung

Ziel des Verordnungsgebers war es, weitere Erleichterungen bei Anforderungen an bauliche Anlagen zu schaffen. Das wurde z. B. bei den Regelungen zu den Brandabschnitten in landwirtschaftlichen Gebäuden, bei den Abständen von reetgedeckten Häusern und bei der Errichtung von Toilettenräumen, s. hierzu §§ 8, 11 und 27 DVNBauO, umgesetzt.

Ferner war eine Anpassung an die Vorschriften der NBauO und Technischen Baubestimmungen zum barrierefreien Bauen erforderlich, so bei § 29 DVNBauO, der in Abs. 3 auch Regelungen zur Erleichterung beim Bau von **Einstellplätzen** enthält.

Technische Anlagen und Einrichtungen, wie **CO-Warnanlagen** in Garagen, **Rauchabzugsanlagen** in Theater oder Kino, in übrigen **Versammlungsstätten** und in **Verkaufsstätten**, erfüllen eine wichtige Aufgabe in Hinblick auf Schutz und Sicherheit. Nicht nur der Einbau solcher Anlagen muss den besonderen Anforderungen gerecht werden. Vielmehr sind diese außerdem regelmäßig zu warten und zu prüfen. Es wurde daher § 32 neu in die DVNBauO eingeführt. Die Prüfung erfolgt durch Sachverständige, die nach Bauordnungsrecht anerkannt sind (s. § 1 Bauordnungsrechtliche Sachverständigenverordnung – BauSVO)

6.2 Weitere Verordnungen

Die Änderungen in der

- **Garagenverordnung**,
- **Verkaufsstättenverordnung** und
- **Versammlungsstättenverordnung**

betreffen im Wesentlichen Folgeänderungen, die durch die Änderung der DVNBauO hervorgerufen worden sind.

Die Änderungen sind zum 1. August 2004 in Kraft getreten.

Mit der Änderung der Baugebührenordnung vom 2. Dezember 2004 (Nds. GVBl. S. 573) sind weitere „... Stellen oder Personen ..." genannt, für deren Amtshandlungen Gebühren und Auslagen zu erheben sind. Die Regelung gilt ab 1. Januar 2005.

Die **Versammlungsstättenverordnung** (VStättVO) wurde wiederum durch Erlass vom 8.11.2004 vom Nds. GVBl. S. 426) neu gefasst. Sie wurde strukturell gründlich Überarbeitet. So umfasst sie statt der bisherigen 134 Paragraphen nunmehr lediglich 49.

Besonders hervorzuheben sind die Regelungen

- zu den Rettungswegen, §§ 6–8, 31 f.,
- zu den Technischen Einrichtungen (Beleuchtung), §§ 14 bis 21,
- zur Brandverhüttung, §§ 33 bis 35.

Außerdem finden sich in Abschnitt 4 die Vorgaben für die Betreiber und Verantwortlichen (Verantwortliche Personen, Betriebsvorschriften, § 38 ff.). Der Katalog der Ordnungswidrigkeiten nach § 91 Abs. 3 NBauO findet in § 48 VStättVO eine umfangreiche Ergänzung, Verstöße gegen die Regelungen der Versammlungsstättenverordnung können danach mit einem Bußgeld bis zu 500 000 Euro belegt werden.

Die Neufassung trat am 1. Februar 2005 in Kraft.

Die Versammlungsstättenverordnung hat sich durch Art. 1 der Verordnung vom 22. April 2005 (Nds. GVBl. S. 126) abermals geändert. Die Änderungen betreffen vorwiegend Erleichterungen in den brandschutzrechtlichen Bestimmungen; so kann beispielsweise unter bestimmten Voraussetzungen auf Brandschutzbeauftragte und Feuerwehrpläne verzichtet werden (§ 42 NVStättVO).

Das Gebührenverzeichnis der Baugebührenordnung (Anlage 1) hat sich geändert (Nummer 7).

7. Änderungen der Bauordnung 2006

Die NBauO hat in 2006 geringfügige Änderungen durch das Gesetz zu dem Abkommmen zur Änderung des Abkommens über das Deutsche Institut für Bautechnik und zur Änderung der Niedersächsischen Bauordnung vom 11. November 2006 (Nds. GVBl. S. 530) erfahren. Zunächst wurde in § 91 (Ordnungswidrigkeiten) die Verweisung auf den Absatz 8 in § 75a korrigiert. Ferner wurde in § 95 (Verordnungen) die Ermächtigung der Obersten Bauaufsichtsbehörde aufgenommen, für das Verfahren nach § 69a (Genehmigungsfreie Wohngebäude) eine Verordnung zur Vorlage der notwendigen Unterlagen zu erlassen.

Der Katalog der genehmigungsfreien Baumaßnahmen im Anhang zu § 69 wurde durch die Ziffern 10.3 (Werbeanlagen) und 11.13 (Imbiss- und Verkaufswagen) erweitert.

2.
Gesetze/Verordnungen/Erlasse

2.1
Niedersächsische Bauordnung (NBauO)[1]

i.d.F. der Bek. vom 10.2.2003 (Nds. GVBl. S. 89),
zuletzt geändert durch Art. 3 G vom 12.7.2007 (Nds. GVBl. S. 324)

TEIL I
Allgemeine Vorschriften

TEIL II
Das Grundstück und seine Bebauung

---

1) Dieses Gesetz dient auch der Umsetzung der Richtlinie 89/106/EWG des Rates vom 21. Dezember 1988 zur Angleichung der Rechts- und Verwaltungsvorschriften der Mitgliedstaaten über Bauprodukte (ABl. EG Nr. L 40 S. 12).

TEIL V
Der Bau und seine Teile

TEIL VI
Besondere bauliche Anlagen und Räume; Gemeinschaftsanlagen

TEIL X
Genehmigungsverfahren

TEIL XI
Sonstige Vorschriften über die Bauaufsicht

TEIL I

Allgemeine Vorschriften

§ 1
Grundsätzliche Anforderungen

(1) [1]Bauliche Anlagen müssen so angeordnet, beschaffen und für ihre Benutzung geeignet sein, dass die öffentliche Sicherheit nicht gefährdet wird. [2]Insbesondere dürfen Leben, Gesundheit und die natürlichen Lebensgrundlagen nicht bedroht werden. [3]Unzumutbare Belästigungen oder unzumutbare Verkehrsbehinderungen dürfen nicht entstehen.

(2) ¹Bauliche Anlagen müssen den allgemeinen Anforderungen an gesunde Wohn- und Arbeitsverhältnisse entsprechen. ²Dazu gehört auch die Rücksicht auf Behinderte, alte Menschen, Kinder und Personen mit Kleinkindern.

(3) Bauliche Anlagen dürfen nicht verunstaltet wirken und dürfen auch das Gesamtbild ihrer Umgebung nicht verunstalten.

(4) Bauprodukte dürfen nur verwendet werden, wenn bei ihrer Verwendung die baulichen Anlagen bei ordnungsgemäßer Instandhaltung während einer dem Zweck entsprechenden angemessenen Zeitdauer die Anforderungen dieses Gesetzes oder aufgrund dieses Gesetzes erfüllen und gebrauchstauglich sind.

(5) ¹Baumaßnahmen dürfen keine Verhältnisse schaffen, die den vorstehenden Anforderungen widersprechen. ²Bauliche Anlagen sind so instand zu halten, dass diese Anforderungen gewahrt bleiben.

(6) Nicht bebaute Flächen der Baugrundstücke sind so herzurichten und zu unterhalten, dass die Erfüllung der Anforderungen in den Absätzen 1 bis 3 nicht beeinträchtigt wird.

(7) ¹Baumaßnahmen sind so durchzuführen, dass dabei die öffentliche Sicherheit nicht gefährdet wird. ²Absatz 1 Sätze 2 und 3 gilt entsprechend. ³Bauliche Anlagen dürfen erst in Gebrauch genommen werden, wenn sie sicher benutzbar sind.

§ 2
Begriffe

(1) ¹Bauliche Anlagen sind mit dem Erdboden verbundene oder auf ihm ruhende, aus Bauprodukten hergestellte Anlagen. ²Als bauliche Anlagen gelten, auch wenn sie nicht unter Satz 1 fallen,

1. ortsfeste Feuerstätten,

2. Werbeanlagen (§ 49),

3. Warenautomaten, die von allgemein zugänglichen Verkehrs- oder Grünflächen aus sichtbar sind,

4. Aufschüttungen, Abgrabungen und künstliche Hohlräume unterhalb der Erdoberfläche,

5. Anlagen, die auf ortsfesten Bahnen begrenzt beweglich sind oder dazu bestimmt sind, vorwiegend ortsfest benutzt zu werden,

6. Gerüste,

7. Fahrradabstellanlagen (§ 47b),

8. Lagerplätze, Abstell- und Ausstellungsplätze,

9. Stellplätze,

10. Kleingartenanlagen (§ 1 Abs. 1 Nr. 2 des Bundeskleingartengesetzes),

11. Camping- und Wochenendplätze,

12. Spiel- und Sportplätze,

13. sonstige Anlagen, die einen Zu- und Abgangsverkehr mit Kraftfahrzeugen erwarten lassen.

(2) Gebäude sind selbstständig benutzbare, überdeckte bauliche Anlagen, die von Menschen betreten werden können und geeignet oder bestimmt sind, dem Schutz von Menschen, Tieren oder Sachen zu dienen.

(3) Hochhäuser sind Gebäude, bei denen der Fußboden mindestens eines Aufenthaltsraumes mehr als 22 m über der Geländeoberfläche liegt.

(4) [1]Vollgeschoss ist ein Geschoss, das über mindestens der Hälfte seiner Grundfläche eine lichte Höhe von 2,20 m oder mehr hat und dessen Deckenunterseite im Mittel mindestens 1,40 m über der Geländeoberfläche liegt. [2]Ein oberstes Geschoss ist nur dann ein Vollgeschoss, wenn es die in Satz 1 genannte lichte Höhe über mehr als zwei Dritteln der Grundfläche des darunter liegenden Geschosses hat. [3]Zwischendecken oder Zwischenböden, die unbegehbare Hohlräume von einem Geschoss abtrennen, bleiben bei Anwendung der Sätze 1 und 2 unberücksichtigt. [4]Hohlräume zwischen der obersten Decke und der Dachhaut, in denen Aufenthaltsräume wegen der erforderlichen lichten Höhe nicht möglich sind, gelten nicht als oberste Geschosse.

(5) Baumaßnahmen sind die Errichtung, die Änderung, der Abbruch, die Beseitigung, die Nutzungsänderung und die Instandhaltung von baulichen Anlagen oder von Teilen baulicher Anlagen.

(6) Bauprodukte sind

1. Baustoffe, Bauteile und Anlagen, die hergestellt werden, um dauerhaft in bauliche Anlagen eingebaut zu werden,

2. aus Baustoffen und Bauteilen vorgefertigte Anlagen, die hergestellt werden, um mit dem Erdboden verbunden zu werden, wie Fertighäuser, Fertiggaragen und Silos.

(7) Bauart ist das Zusammenfügen von Bauprodukten zu baulichen Anlagen oder Teilen von baulichen Anlagen.

(8) Wohngebäude sind Gebäude, die nur Wohnungen und deren Nebenzwecken dienende Räume, wie Garagen, enthalten.

(9) [1]Gebäude geringer Höhe sind Gebäude, in denen jeder Aufenthaltsraum mit seinem Fußboden um höchstens 7 m höher als die Stellen der Geländeoberfläche liegt, von denen aus er über Rettungsgeräte der Feuerwehr erreichbar ist. [2]Gebäude ohne Aufenthaltsräume stehen Gebäuden geringer Höhe gleich.

(10) Öffentliches Baurecht sind die Vorschriften dieses Gesetzes, die Vorschriften aufgrund dieses Gesetzes, das städtebauliche Planungsrecht und die sonstigen Vorschriften des öffentlichen Rechts, die Anforderungen an bauliche Anlagen, Bauprodukte oder Baumaßnahmen stellen oder die Bebaubarkeit von Grundstücken regeln.

§ 3
Von der Bauordnung ausgenommene Anlagen

(1) Dieses Gesetz gilt nicht für

1. öffentliche Verkehrsanlagen einschließlich des Zubehörs, der Nebenanlagen und der Nebenbetriebe,

2. Anlagen und Einrichtungen unter der Aufsicht der Bergbehörden,

3. Leitungen, die dem Fernmeldewesen, dem Rundfunk, dem Fernsehen, dem Ferntransport von Stoffen oder der öffentlichen Versorgung mit Wasser, Gas, Elektrizität oder Wärme dienen,

4. Kräne und Krananlagen.

(2) Nicht ausgenommen sind jedoch

1. Gebäude,

2. Bahnsteige und ihre Zugänge,

3. Schachtfördergerüste.

TEIL II
Das Grundstück und seine Bebauung

§ 4
Baugrundstück

(1) [1]Baugrundstück ist das Grundstück im Sinne des Bürgerlichen Rechts, auf dem eine Baumaßnahme durchgeführt wird oder auf dem sich eine bauliche Anlage befindet. [2]Das Baugrundstück kann auch aus mehreren aneinander grenzenden Grundstücken bestehen, wenn und solange durch Baulast gesichert ist, dass alle baulichen Anlagen auf

den Grundstücken das öffentliche Baurecht so einhalten, als wären die Grundstücke ein Grundstück.

(2) Eine bauliche Anlage darf nicht auf mehreren Baugrundstücken gelegen sein.

§ 5
Zugänglichkeit des Baugrundstücks

(1) Das Baugrundstück muss so an einer mit Kraftfahrzeugen befahrbaren öffentlichen Verkehrsfläche liegen oder einen solchen Zugang zu ihr haben, dass der von der baulichen Anlage ausgehende Zu- und Abgangsverkehr und der für den Brandschutz erforderliche Einsatz von Feuerlösch- und Rettungsgeräten jederzeit ordnungsgemäß und ungehindert möglich sind.

(2) ¹Ist das Baugrundstück nur über Flächen zugänglich, die nicht dem öffentlichen Verkehr gewidmet sind, so muss ihre Benutzung für diesen Zweck durch Baulast oder Miteigentum gesichert sein; bei Wohngebäuden geringer Höhe mit nicht mehr als zwei Wohnungen genügt eine Sicherung durch Grunddienstbarkeit. ²Dies gilt auch, wenn der erforderliche Zugang zu einem Grundstück über ein anderes Grundstück führt, das mit ihm zusammen nach § 4 Abs. 1 Satz 2 ein Baugrundstück bildet.

§ 6
Anordnung der baulichen Anlagen auf dem Baugrundstück

¹Bauliche Anlagen müssen auf dem Baugrundstück so angeordnet sein, dass sie sicher zugänglich sind, das erforderliche Tageslicht erhalten und zweckentsprechend gelüftet werden können. ²Für den Einsatz der Feuerlösch- und Rettungsgeräte muss die erforderliche Bewegungsfreiheit und Sicherheit gewährleistet sein.

§ 7
Grenzabstände

(1) ¹Gebäude müssen mit allen auf ihren Außenflächen oberhalb der Geländeoberfläche gelegenen Punkten von den Grenzen des Baugrundstücks Abstand halten. ²Der Abstand ist zur nächsten Lotrechten über der Grenzlinie zu messen. ³Er richtet sich jeweils nach der Höhe des Punktes über der Geländeoberfläche (H). ⁴Der Abstand darf auf volle 10 cm abgerundet werden.

(2) Erhebt sich über einen nach § 8 an eine Grenze gebauten Gebäudeteil ein nicht an diese Grenze gebauter Gebäudeteil, so ist für dessen Abstand von dieser Grenze abweichend von Absatz 1 Satz 3 die Höhe des Punktes über der Oberfläche des niedrigeren Gebäudeteils an der Grenze maßgebend.

(3) Der Abstand beträgt 1 H, mindestens jedoch 3 m.

(4) [1]Der Abstand beträgt ½ H, mindestens jedoch 3 m,

1. in Baugebieten, die ein Bebauungsplan als Kerngebiet festsetzt,

2. in Gewerbe- und Industriegebieten sowie in Gebieten, die nach ihrer Bebauung diesen Baugebieten entsprechen,

3. in anderen Baugebieten, in denen nach dem Bebauungsplan Wohnungen nicht allgemein zulässig sind.

[2]Satz 1 gilt nicht für den Abstand von den Grenzen solcher Nachbargrundstücke, die ganz oder überwiegend außerhalb der genannten Gebiete liegen.

§ 7a
Verringerte Abstände von zwei Grenzen

(1) [1]Abweichend von § 7 Abs. 3 braucht der Abstand eines Gebäudes gegenüber je einem höchstens 17 m langen Abschnitt zweier beliebiger Grenzen nur ½ H, mindestens jedoch 3 m, zu betragen. [2]Dabei gelten aneinander gebaute Gebäude auf demselben Baugrundstück als ein Gebäude. [3]Grenzen, die einen Winkel von mehr als 120 Grad bilden, gelten als eine Grenze.

(2) [1]Ist ein Gebäude ohne Abstand an eine Grenze gebaut, so darf sein Abstand nur noch gegenüber einer weiteren Grenze nach Absatz 1 verringert werden. [2]Ist ein Gebäude ohne Abstand an zwei Grenzen gebaut, so darf sein Abstand gegenüber keiner weiteren Grenze mehr nach Absatz 1 verringert werden. [3]Soweit ein Gebäude auf eine Länge von weniger als 17 m an eine Grenze gebaut ist, brauchen Teile des Gebäudes, die nicht an diese Grenze gebaut werden, innerhalb des Grenzabschnitts von 17 m nur den Abstand nach Absatz 1 zu halten.

§ 7b
Untergeordnete Gebäudeteile

(1) [1]Eingangsüberdachungen, Windfänge, Hauseingangstreppen, Kellerlichtschächte und Balkone dürfen die Abstände nach den §§ 7 und 7a um 1,50 m, höchstens jedoch um ein Drittel, unterschreiten.

²Dies gilt auch für andere vortretende Gebäudeteile wie Gesimse, Dachvorsprünge, Erker und Blumenfenster, wenn sie untergeordnet sind.

(2) ¹Antennen, Geländer und Schornsteine bleiben als untergeordnete Gebäudeteile außer Betracht. ²Außer Betracht bleiben ferner Giebeldreiecke, soweit sie, waagerecht gemessen, weniger als 6 m breit sind. ³Entsprechendes gilt für andere Giebelformen.

(3) ¹Ist ein Gebäude nach § 8 Abs. 1 an eine Grenze gebaut, so sind nicht an diese Grenze gebaute Teile des Gebäudes, die unter Absatz 1 fallen, in beliebigem Abstand von dieser Grenze zulässig. ²Ist ein Gebäude nach § 8 Abs. 2 oder 3 an eine Grenze gebaut, so darf der Abstand der in Satz 1 genannten Gebäudeteile von dieser Grenze bis auf 2 m verringert werden. ³Er darf weiter verringert werden, wenn der Nachbar zugestimmt hat oder auf dem Nachbargrundstück entsprechende Gebäudeteile vorhanden sind, ausnahmsweise auch ohne Vorliegen dieser Voraussetzungen, wenn die Gebäudeteile sonst nicht oder nur unter Schwierigkeiten auf dem Baugrundstück errichtet werden können.

§ 8
Grenzbebauung

(1) Soweit ein Gebäude nach städtebaulichem Planungsrecht ohne Grenzabstand errichtet werden muss, ist § 7 nicht anzuwenden.

(2) ¹Soweit ein Gebäude nach städtebaulichem Planungsrecht ohne Grenzabstand errichtet werden darf, ist es abweichend von § 7 an der Grenze zulässig, wenn durch Baulast gesichert ist, dass auf dem Nachbargrundstück entsprechend an diese Grenze gebaut wird. ²Die Bauaufsichtsbehörde kann zulassen, dass die Baulast eine andere als eine entsprechende Grenzbebauung festlegt, wenn den allgemeinen Anforderungen an gesunde Wohn- und Arbeitsverhältnisse mindestens gleichwertig entsprochen wird und baugestalterische Bedenken nicht bestehen. ³Sie kann auf die Baulast verzichten, wenn für die Gebäude auf beiden Grundstücken Bauanträge vorliegen und die Grundstückseigentümer der Grenzbebauung zugestimmt haben.

(3) ¹Soweit ein Gebäude nach städtebaulichem Planungsrecht ohne Grenzabstand errichtet werden darf, ist es ferner an der Grenze zulässig, wenn auf dem Nachbargrundstück ein Gebäude ohne Abstand an der Grenze vorhanden ist und die neue Grenzbebauung der vorhandenen, auch in der Nutzung, entspricht. ²Die Bauaufsichtsbehörde kann eine andere als eine entsprechende Grenzbebauung zulassen, wenn den allgemeinen Anforderungen an gesunde Wohn-

und Arbeitsverhältnisse mindestens gleichwertig entsprochen wird, baugestalterische Bedenken nicht bestehen und der Nachbar zugestimmt hat. [3]Sie kann aus städtebaulichen oder baugestalterischen Gründen verlangen, dass an eine auf dem Nachbargrundstück vorhandene Grenzbebauung angebaut wird.

(4) Die Bauaufsichtsbehörde kann verlangen, dass abweichend von den Absätzen 1 bis 3 Abstand nach den §§ 7 bis 7b gehalten wird, wenn die vorhandene Bebauung dies erfordert.

§ 9
Hinzurechnung benachbarter Grundstücke

(1) [1]Benachbarte Verkehrsflächen öffentlicher Straßen dürfen für die Bemessung des Grenzabstandes bis zu ihrer Mittellinie dem Baugrundstück zugerechnet werden, unter den Voraussetzungen des Absatzes 2 auch über die Mittellinie hinaus. [2]Ausnahmsweise kann mit Zustimmung der Eigentümer zugelassen werden, dass öffentliche Grün- und Wasserflächen sowie Betriebsanlagen öffentlicher Eisenbahnen und Straßenbahnen entsprechend Satz 1 zugerechnet werden.

(2) Andere benachbarte Grundstücke dürfen für die Bemessung des Grenzabstandes dem Baugrundstück bis zu einer gedachten Grenze zugerechnet werden, wenn durch Baulast gesichert ist, dass auch bauliche Anlagen auf dem benachbarten Grundstück den vorgeschriebenen Abstand von dieser Grenze halten.

§ 10
Abstände auf demselben Baugrundstück

(1) Zwischen Gebäuden auf demselben Baugrundstück, die nicht unmittelbar aneinander gebaut sind, muss ein Abstand gehalten werden, der so zu bemessen ist, wie wenn zwischen ihnen eine Grenze verliefe.

(2) Der Abstand nach Absatz 1 darf, soweit hinsichtlich des Brandschutzes, des Tageslichts und der Lüftung keine Bedenken bestehen, unterschritten werden

1. auf einem Baugrundstück, das in einem durch Bebauungsplan festgesetzten Gewerbe- oder Industriegebiet liegt oder entsprechend genutzt werden darf, zwischen Gebäuden, die in den genannten Gebieten allgemein zulässig sind,

2. zwischen landwirtschaftlichen Betriebsgebäuden ohne Aufenthaltsräume.

(3) [1]Wenn Teile desselben Gebäudes oder aneinander gebauter Gebäude auf demselben Baugrundstück einander in einem Winkel von weniger als 75 Grad zugekehrt sind, so muss zwischen ihnen Abstand nach Absatz 1 gehalten werden. [2]Dies gilt nicht für Dachgauben, Balkone und sonstige geringfügig vor- oder zurücktretende Teile desselben Gebäudes. [3]Die Abstände nach Satz 1 dürfen unterschritten werden, soweit die Gebäudeteile keine Öffnungen zu Aufenthalts-räumen haben und der Brandschutz und eine ausreichende Belüftung gewährleistet sind.

(4) Die Absätze 1 bis 3 gelten nicht für fliegende Bauten.

§ 11
Mindestabstände für Öffnungen

[1]Zwischen einander in einem Winkel von weniger als 120 Grad zugekehrten Fenstern von Aufenthaltsräumen eines Gebäudes muss ein Abstand von mindestens 6 m gehalten werden, wenn die Aufent-haltsräume dem Wohnen dienen und nicht zu derselben Wohnung gehören. [2]Satz 1 gilt auch für Fenster aneinander gebauter Gebäude auf demselben Baugrundstück.

§ 12
Wegfall oder Verringerung der Abstände von Gebäuden besonderer Art

(1) [1]Auf einem Baugrundstück sind jeweils

1. eine Garage oder eine Anlage, die aus mehreren aneinander gebauten Garagen besteht,

2. ein Gebäude ohne Feuerstätten und Aufenthaltsräume, das dem Fernmeldewesen, der öffentlichen Energie- oder Wasserversor-gung oder der öffentlichen Abwasserbeseitigung dient, und

3. ein sonstiges Gebäude ohne Feuerstätten und Aufenthaltsräume

ohne Grenzabstand oder mit einem bis auf 1 m verringerten Grenz-abstand zulässig. [2]Soweit die in Satz 1 genannten Gebäude den Grenz-abstand nach § 7 unterschreiten, darf

1. ihre Grundfläche im Fall der Nummer 1 höchstens 36 m², im Fall der Nummer 2 höchstens 20 m² und im Fall der Nummer 3 höchstens 15 m² betragen,

2. ihre Gesamtlänge an keiner Grenze größer als 9 m sein und

3. ihre Höhe 3 m nicht übersteigen.

[3]Sind Gebäude der in Satz 1 genannten Art nach § 8 Abs. 2 oder 3 ohne Abstand an eine Grenze gebaut, so sind diese bei Anwendung der Sätze 1 und 2 anzurechnen.

(2) Ausnahmsweise können Garagen mit notwendigen Einstellplätzen (§ 47) für das Baugrundstück und Gewächshäuser, die einem landwirtschaftlichen Betrieb dienen, in größerer Anzahl und in größerem Ausmaß als nach Absatz 1 Sätze 1 und 2 Nrn. 1 und 2 gestattet, ohne oder mit einem bis auf 1 m verringertem Grenzabstand zugelassen werden, wenn sie sonst nicht oder nur unter Schwierigkeiten auf dem Baugrundstück errichtet werden können.

(3) Ausnahmsweise kann eine größere als die in Absatz 1 Satz 2 Nr. 3 vorgeschriebene Höhe zugelassen werden, wenn der Nachbar zugestimmt hat, das Gelände hängig ist oder Gründe des § 13 Abs. 1 Nrn. 1 bis 3 vorliegen.

(4) [1]Garagen und Gebäude ohne Feuerstätten und Aufenthaltsräume dürfen den in § 10 vorgeschriebenen Abstand von Gebäuden und Gebäudeteilen auf demselben Baugrundstück unterschreiten, soweit sie nicht höher als 3 m sind und hinsichtlich des Brandschutzes, des Tageslichts und der Lüftung keine Bedenken bestehen. [2]Ausnahmsweise kann, wenn solche Bedenken nicht bestehen, eine größere Höhe als 3 m zugelassen werden.

(5) [1]In Baugebieten, in denen nach dem Bebauungsplan nur Gebäude mit einem fremder Sicht entzogenen Gartenhof zulässig sind, brauchen Gebäude, soweit sie nicht höher als 3,50 m sind, Abstand nach den §§ 7 bis 10 nicht zu halten. [2]§ 7 Abs. 4 Satz 2 gilt entsprechend. [3]Gartenhöfe, denen mindestens ein Aufenthaltsraum – ausgenommen Küchen – überwiegend zugeordnet ist, müssen jedoch eine Seitenlänge von mindestens 5 m und eine Fläche von mindestens 36 m² haben. [4]Die Bauaufsichtsbehörde kann ausnahmsweise zulassen, dass Gebäudeteile über 3,50 m Höhe die Abstände unterschreiten und Gartenhöfe eine geringere als die in Satz 3 genannte Größe haben, wenn hinsichtlich des Tageslichts und der Lüftung keine Bedenken bestehen und das Ortsbild nicht beeinträchtigt wird. [5]Soweit nach Satz 4 Grenzabstände unterschritten werden, ist auch die Zustimmung des Nachbarn erforderlich.

§ 12a
Abstände sonstiger baulicher Anlagen

(1) [1]Bauliche Anlagen, die keine Gebäude sind, müssen, soweit sie höher als 1 m über der Geländeoberfläche sind und soweit von ihnen Wirkungen wie von Gebäuden ausgehen, wie Gebäude Abstand nach

den §§ 7 bis 10 halten. [2]Terrassen müssen, soweit sie höher als 1 m sind, wie Gebäude Abstand halten.

(2) Abstand brauchen nicht zu halten

1. Einfriedungen bis zur Höhe von 2 m, Einfriedungen, die oberhalb einer Höhe von 1,80 m undurchsichtig sind, jedoch nur, wenn der Nachbar zugestimmt hat,

2. Einfriedungen bis zur Höhe von 3,50 m, soweit sie Gartenhöfe abschließen und die Voraussetzungen des § 12 Abs. 5 vorliegen,

3. Stützmauern und Aufschüttungen bis zu einer Höhe von 1,50 m.

(3) Abweichend von Absatz 2 Nrn. 1 und 3 kann die Bauaufsichtsbehörde ausnahmsweise zulassen, dass Einfriedungen, Stützmauern oder Aufschüttungen bis zur Höhe von 3 m den vorgeschriebenen Abstand unterschreiten, wenn der Nachbar zugestimmt hat und das Ortsbild nicht beeinträchtigt wird.

§ 13
Abweichungen von den Abstandsvorschriften in besonderen Fällen

(1) Geringere als die in den §§ 7 bis 12a vorgeschriebenen Abstände können ausnahmsweise zugelassen werden

1. zur Verwirklichung besonderer baugestalterischer oder städtebaulicher Absichten,

2. zur Wahrung der Eigenart oder des besonderen Eindrucks von Baudenkmalen (§ 3 Abs. 2 und 3 des Niedersächsischen Denkmalschutzgesetzes),

3. zur Wahrung baugestalterischer oder städtebaulicher Belange bei Baumaßnahmen in bebauten Bereichen entsprechend der vorhandenen Bebauung,

4. zur Durchführung von Nutzungsänderungen in Baudenkmalen sowie in sonstigen Gebäuden mit genehmigten Aufenthaltsräumen,

5. für Baumaßnahmen an Außenwänden vorhandener Gebäude, wie Verkleidung oder Verblendung,

6. für Antennenanlagen, die hoheitlichen Aufgaben oder Aufgaben der Deutschen Bahn AG, dem öffentlichen Fernmeldewesen oder der Verbreitung von Rundfunk oder Fernsehen dienen, wenn sie sonst nicht oder nur unter Schwierigkeiten auf dem Baugrundstück errichtet werden können,

7. mit Zustimmung des Nachbarn

    a) für Windkraftanlagen, ausgenommen Gebäude,

    b) für Masten von Freileitungen zur Versorgung mit elektrischer Energie.

(2) [1]In den Fällen des Absatzes 1 muss den Erfordernissen des Brandschutzes genügt werden. [2]Den allgemeinen Anforderungen an gesunde Wohn- und Arbeitsverhältnisse, auch auf den Nachbargrundstücken, muss in den Fällen der Nummer 1 mindestens gleichwertig, in den übrigen Fällen unter angemessener Berücksichtigung der besonderen Gegebenheiten entsprochen werden.

(3) Einer Ausnahme unter den Voraussetzungen der Absätze 1 und 2 bedarf es auch dann, wenn Festsetzungen in einem Bebauungsplan zwingend zu geringeren als den vorgeschriebenen Abständen führen.

§ 14
Nicht überbaute Flächen

(1) [1]Die nicht überbauten Flächen der Baugrundstücke sind so herzurichten und zu unterhalten, dass sie nicht verunstaltet wirken und auch ihre Umgebung nicht verunstalten. [2]Dies gilt auch für die nicht im Außenbereich gelegenen nach öffentlichem Baurecht bebaubaren Grundstücke.

(2) Die nicht überbauten Flächen der Baugrundstücke müssen Grünflächen sein, soweit sie nicht für eine andere zulässige Nutzung erforderlich sind.

(3) Bäume oder Sträucher sind anzupflanzen und zu erhalten, soweit dies zur Abschirmung beeinträchtigender Anlagen erforderlich ist.

(4) [1]Stellplätze, deren Zu- und Abfahrten und Fahrgassen sowie die Zu- und Abfahrten von Garagen dürfen, wenn die Versickerung des Niederschlagswassers nicht auf andere Weise ermöglicht wird, nur eine Befestigung haben, durch die das Niederschlagswasser mindestens zum überwiegenden Teil versickern kann. [2]Satz 1 gilt nicht, soweit die Flächen für das Warten von Kraftfahrzeugen oder ähnliche Arbeiten, die das Grundwasser verunreinigen können, genutzt werden. [3]Im Übrigen kann die Bauaufsichtsbehörde Ausnahmen zulassen, soweit die Anforderung des Satzes 1 wegen der örtlichen Bodenverhältnisse nicht oder nur unter Schwierigkeiten erfüllt werden kann oder soweit die Nutzung der Flächen unzumutbar erschwert würde.

§ 15
Einfriedung von Grundstücken

Die Baugrundstücke und die nicht im Außenbereich gelegenen nach öffentlichem Baurecht bebaubaren Grundstücke müssen entlang den öffentlichen Verkehrsflächen eingefriedet sein, soweit dies erforderlich ist, um Gefährdungen oder unzumutbare Verkehrsbehinderungen zu verhüten.

§ 16
Höhe der Geländeoberfläche

(1) ¹Die nach den §§ 7 bis 12a maßgebliche Höhe der Geländeoberfläche ist die der gewachsenen Geländeoberfläche. ²Eine Veränderung dieser Geländeoberfläche durch Abgrabung ist zu berücksichtigen, eine Veränderung durch Aufschüttung dagegen nur, wenn die Geländeoberfläche dadurch an die vorhandene oder genehmigte Geländeoberfläche des Nachbargrundstücks angeglichen wird.

(2) ¹Die Bauaufsichtsbehörde setzt die Höhe der Geländeoberfläche fest, soweit dies erforderlich ist. ²Dabei kann sie unter Würdigung nachbarlicher Belange den Anschluss an die Verkehrsflächen und die Abwasserbeseitigungsanlagen sowie Aufschüttungen berücksichtigen, die wegen des vorhandenen Geländeverlaufs gerechtfertigt sind.

TEIL III
Allgemeine Anforderungen an Baumaßnahmen und bauliche Anlagen

§ 17
Einrichtung der Baustelle

(1) ¹Bei Baumaßnahmen müssen die Teile der Baustellen, auf denen unbeteiligte Personen gefährdet werden können, abgegrenzt oder durch Warnzeichen gekennzeichnet sein. ²Soweit es aus Sicherheitsgründen erforderlich ist, müssen Baustellen ganz oder teilweise mit Bauzäunen abgegrenzt, mit Schutzvorrichtungen gegen herabfallende Gegenstände versehen und beleuchtet sein.

(2) ¹Öffentliche Verkehrsflächen, Versorgungs-, Abwasserbeseitigungs- und Fernmeldeanlagen sowie Grundwassermessstellen, Grenz- und Vermessungsmale sind während der Bauausführung zu schützen und, soweit erforderlich, unter den notwendigen Sicherungsvorkehrungen zugänglich zu halten. ²Bäume, Hecken und Sträucher, die

aufgrund anderer Rechtsvorschriften zu erhalten sind, müssen während der Bauausführung geschützt werden.

(3) [1]Vor der Durchführung genehmigungsbedürftiger oder nach § 69a genehmigungsfreier Baumaßnahmen hat der Bauherr auf dem Baugrundstück ein von der öffentlichen Verkehrsfläche (§ 5 Abs. 1) aus lesbares Schild dauerhaft anzubringen, das die Bezeichnung der Baumaßnahme und die Namen und Anschriften des Bauherrn, der Entwurfsverfasserin oder des Entwurfsverfassers und der Unternehmer enthält (Bauschild). [2]Liegt das Baugrundstück nicht an einer öffentlichen Verkehrsfläche, so genügt es, wenn das Bauschild von dem Zugang zum Baugrundstück aus lesbar ist. [3]Unternehmer geringfügiger Bauarbeiten brauchen auf dem Bauschild nicht angegeben zu werden. [4]Die Bauaufsichtsbehörde kann ausnahmsweise auf das Bauschild verzichten, wenn an der Baustelle nur geringfügige Bauarbeiten auszuführen sind oder sonst ein außergewöhnlicher Einzelfall vorliegt.

§ 18
Standsicherheit

[1]Jede bauliche Anlage muss im Ganzen, in ihren einzelnen Teilen und für sich allein und dem Zweck entsprechend dauerhaft standsicher sein. [2]Die Verwendung gemeinsamer Bauteile für mehrere bauliche Anlagen kann gestattet werden, wenn technisch gesichert ist, dass die gemeinsamen Bauteile beim Abbruch einer der baulichen Anlagen stehen bleiben können. [3]Die Standsicherheit anderer baulicher Anlagen darf nicht gefährdet werden.

§ 19
Schutz gegen schädliche Einflüsse

[1]Bauliche Anlagen müssen so angeordnet, beschaffen und gebrauchstauglich sein, dass durch Wasser, Feuchtigkeit, pflanzliche oder tierische Schädlinge sowie andere chemische, physikalische oder mikrobiologische Einflüsse, Gefahren oder unzumutbare Belästigungen nicht entstehen. [2]Das Baugrundstück muss für die bauliche Anlage entsprechend geeignet sein.

§ 20
Brandschutz

(1) [1]Bauliche Anlagen müssen so angeordnet, beschaffen und für ihre Benutzung geeignet sein, dass der Entstehung eines Brandes und der Ausbreitung von Feuer und Rauch vorgebeugt wird und bei einem

Brand die Rettung von Menschen und Tieren sowie wirksame Löscharbeiten möglich sind. [2]Soweit die Mittel der Feuerwehr zur Rettung von Menschen nicht ausreichen, sind stattdessen geeignete bauliche Vorkehrungen zu treffen.

(2) [1]Jede Nutzungseinheit mit mindestens einem Aufenthaltsraum muss in jedem Geschoss mindestens zwei voneinander unabhängige Rettungswege haben. [2]Dies gilt nicht, wenn die Rettung über einen durch besondere Vorkehrungen gegen Feuer und Rauch geschützten Treppenraum (Sicherheitstreppenraum) möglich ist.

(3) Bauliche Anlagen, bei denen nach Lage, Bauart oder Benutzung Blitzschlag leicht eintreten oder zu schweren Folgen führen kann, müssen mit dauernd wirksamen Blitzschutzanlagen versehen sein.

§ 21
Schall-, Wärme- und Erschütterungsschutz

(1) Bauliche Anlagen müssen einen für ihre Benutzung ausreichenden Schall- und Wärmeschutz bieten.

(2) Von technischen Bauteilen der Gebäude wie von Anlagen für Wasserversorgung, Abwässer oder Abfallstoffe, von Heizungs- oder Lüftungsanlagen oder von Aufzügen dürfen, auch für Nachbarn, keine Gefahren oder unzumutbaren Belästigungen durch Geräusche, Erschütterungen oder Schwingungen ausgehen.

§ 22
– aufgehoben –

§ 23
Verkehrssicherheit

[1]Bauliche Anlagen sowie Verkehrsflächen in baulichen Anlagen und auf dem Baugrundstück müssen verkehrssicher sein. [2]Bauteile in den Verkehrsflächen, wie Stufen, Rampen, Abtreter und Abdeckungen von Schächten und Kanälen, müssen auch für Behinderte, alte Menschen, Kinder und Personen mit Kleinkindern leicht benutzbar sein, außer wenn eine Benutzung durch solche Personen nicht oder nur in seltenen Ausnahmefällen zu erwarten ist.

TEIL IV

Bauprodukte und Bauarten

§ 24
Bauprodukte

(1) ¹Bauprodukte dürfen für die Errichtung, Änderung und Instandhaltung baulicher Anlagen nur verwendet werden, wenn sie für den Verwendungszweck

1. von den nach Absatz 2 bekannt gemachten technischen Regeln nicht oder nicht wesentlich abweichen (geregelte Bauprodukte) oder nach Absatz 3 zulässig sind und wenn sie aufgrund des Übereinstimmungsnachweises nach § 28 das Übereinstimmungszeichen (Ü-Zeichen) tragen oder

2. nach den Vorschriften

   a) des Bauproduktengesetzes (BauPG),

   b) zur Umsetzung der Richtlinie 89/106/EWG des Rates vom 21. Dezember 1988 zur Angleichung der Rechts- und Verwaltungsvorschriften der Mitgliedstaaten über Bauprodukte (ABl. EG Nr. L 40 S. 12) – Bauproduktenrichtlinie – durch andere Mitgliedstaaten der Europäischen Gemeinschaften und andere Vertragsstaaten des Abkommens über den Europäischen Wirtschaftsraum oder

   c) zur Umsetzung sonstiger Richtlinien der Europäischen Gemeinschaften, soweit diese die wesentlichen Anforderungen nach § 5 Abs. 1 BauPG berücksichtigen,

   in den Verkehr gebracht und gehandelt werden dürfen, insbesondere das Zeichen der Europäischen Gemeinschaften (CE-Zeichen) tragen und dieses Zeichen die nach Absatz 7 Nr. 1 festgelegten Klassen und Leistungsstufen ausweist.

²Sonstige Bauprodukte, die von allgemein anerkannten Regeln der Technik nicht abweichen, dürfen auch verwendet werden, wenn diese Regeln nicht in der Bauregelliste A bekannt gemacht sind. ³Sonstige Bauprodukte, die von allgemein anerkannten Regeln der Technik abweichen, bedürfen keines Nachweises ihrer Verwendbarkeit nach Absatz 3.

(2) ¹Das Deutsche Institut für Bautechnik macht im Einvernehmen mit der obersten Bauaufsichtsbehörde für Bauprodukte, für die nicht

nur die Vorschriften nach Absatz 1 Satz 1 Nr. 2 maßgebend sind, in der Bauregelliste A die technischen Regeln bekannt, die zur Erfüllung der in diesem Gesetz und in Vorschriften aufgrund dieses Gesetzes an bauliche Anlagen gestellten Anforderungen erforderlich sind. [2]Diese technischen Regeln gelten als Technische Baubestimmungen im Sinne des § 96 Abs. 2.

(3) [1]Bauprodukte, für die technische Regeln in der Bauregelliste A nach Absatz 2 bekannt gemacht worden sind und die von diesen wesentlich abweichen oder für die es Technische Baubestimmungen oder allgemein anerkannte Regeln der Technik nicht gibt (nicht geregelte Bauprodukte), müssen

1.   eine allgemeine bauaufsichtliche Zulassung (§ 25),

2.   ein allgemeines bauaufsichtliches Prüfzeugnis (§ 25a) oder

3.   eine Zustimmung im Einzelfall (§ 26)

haben. [2]Ausgenommen sind Bauprodukte, die für die Erfüllung der Anforderungen dieses Gesetzes oder aufgrund dieses Gesetzes nur eine untergeordnete Bedeutung haben und die das Deutsche Institut für Bautechnik im Einvernehmen mit der obersten Bauaufsichtsbehörde in einer Liste C bekannt gemacht hat.

(4) Die oberste Bauaufsichtsbehörde kann durch Verordnung vorschreiben, dass für bestimmte Bauprodukte, soweit sie Anforderungen nach anderen Rechtsvorschriften unterliegen, hinsichtlich dieser Anforderungen bestimmte Nachweise der Verwendbarkeit und bestimmte Übereinstimmungsnachweise nach Maßgabe der §§ 24 bis 26 und 28 bis 28c zu führen sind, wenn die anderen Rechtsvorschriften diese Nachweise verlangen oder zulassen.

(5) [1]Bei Bauprodukten nach Absatz 1 Satz 1 Nr. 1, deren Herstellung in außergewöhnlichem Maß von der Sachkunde und Erfahrung der damit betrauten Personen oder von einer Ausstattung mit besonderen Vorrichtungen abhängt, kann in der allgemeinen bauaufsichtlichen Zulassung, in der Zustimmung im Einzelfall oder durch Verordnung der obersten Bauaufsichtsbehörde vorgeschrieben werden, dass der Hersteller über solche Fachkräfte und Vorrichtungen verfügt und den Nachweis hierüber gegenüber einer Prüfstelle nach § 28c zu erbringen hat. [2]In der Verordnung können Mindestanforderungen an die Ausbildung, die durch Prüfung nachzuweisende Befähigung und die Ausbildungsstätten einschließlich der Anerkennungsvoraussetzungen gestellt werden.

(6) Für Bauprodukte, die wegen ihrer besonderen Eigenschaften oder ihres besonderen Verwendungszweckes einer außergewöhnlichen Sorgfalt bei Einbau, Transport, Instandhaltung oder Reinigung bedür-

fen, kann in der allgemeinen bauaufsichtlichen Zulassung, in der Zustimmung im Einzelfall oder durch Verordnung der obersten Bauaufsichtsbehörde die Überwachung dieser Tätigkeiten durch eine Überwachungsstelle nach § 28c vorgeschrieben werden.

(7) Das Deutsche Institut für Bautechnik kann im Einvernehmen mit der obersten Bauaufsichtsbehörde in der Bauregelliste B

1. festlegen, welche der Klassen und Leistungsstufen, die in Normen, Leitlinien oder europäischen technischen Zulassungen nach dem Bauproduktengesetz oder in anderen Vorschriften zur Umsetzung von Richtlinien der Europäischen Gemeinschaften enthalten sind, Bauprodukte nach Absatz 1 Satz 1 Nr. 2 erfüllen müssen, und

2. bekannt machen, inwieweit andere Vorschriften zur Umsetzung von Richtlinien der Europäischen Gemeinschaften die wesentlichen Anforderungen nach § 5 Abs. 1 BauPG nicht berücksichtigen.

§ 25
Allgemeine bauaufsichtliche Zulassung

(1) Das Deutsche Institut für Bautechnik erteilt eine allgemeine bauaufsichtliche Zulassung für nicht geregelte Bauprodukte, wenn deren Verwendbarkeit im Sinne des § 1 Abs. 4 nachgewiesen ist.

(2) ¹Die zur Begründung des Antrags erforderlichen Unterlagen sind beizufügen. ²Soweit erforderlich, sind Probestücke vom Antragsteller zur Verfügung zu stellen oder durch Sachverständige, die das Deutsche Institut für Bautechnik bestimmen kann, zu entnehmen oder Probeausführungen unter Aufsicht der Sachverständigen herzustellen.

(3) Das Deutsche Institut für Bautechnik kann für die Durchführung der Prüfung die sachverständige Stelle und für Probeausführungen die Ausführungsstelle und Ausführungszeit vorschreiben.

(4) ¹Die allgemeine bauaufsichtliche Zulassung wird widerruflich und für eine bestimmte Frist erteilt, die in der Regel fünf Jahre beträgt. ²Die Zulassung kann mit Nebenbestimmungen erteilt werden. ³Sie kann auf schriftlichen Antrag in der Regel um fünf Jahre verlängert werden; § 77 Satz 4 gilt entsprechend.

(5) Die Zulassung wird unbeschadet der Rechte Dritter erteilt.

(6) Das Deutsche Institut für Bautechnik macht die von ihm erteilten allgemeinen bauaufsichtlichen Zulassungen nach Gegenstand und wesentlichem Inhalt öffentlich bekannt.

(7) Allgemeine bauaufsichtliche Zulassungen nach dem Recht anderer Länder gelten auch in Niedersachsen.

§ 25a
Allgemeines bauaufsichtliches Prüfzeugnis

(1) [1]Bauprodukte,

1. deren Verwendung nicht der Erfüllung erheblicher Anforderungen an die Sicherheit baulicher Anlagen dient oder

2. die nach allgemein anerkannten Prüfverfahren beurteilt werden,

bedürfen an Stelle einer allgemeinen bauaufsichtlichen Zulassung nur eines allgemeinen bauaufsichtlichen Prüfzeugnisses. [2]Das Deutsche Institut für Bautechnik macht dies mit der Angabe der maßgebenden technischen Regeln und, soweit es keine allgemein anerkannten Regeln der Technik gibt, mit der Bezeichnung der Bauprodukte im Einvernehmen mit der obersten Bauaufsichtsbehörde in der Bauregelliste A bekannt.

(2) [1]Ein allgemeines bauaufsichtliches Prüfzeugnis wird von einer Prüfstelle nach § 28c Abs. 1 Satz 1 Nr. 1 für nicht geregelte Bauprodukte nach Absatz 1 erteilt, wenn deren Verwendbarkeit im Sinne des § 1 Abs. 4 nachgewiesen ist. [2]§ 25 Abs. 2 bis 7 gilt entsprechend.

§ 26
Nachweis der Verwendbarkeit von Bauprodukten im Einzelfall

(1) [1]Mit Zustimmung der obersten Bauaufsichtsbehörde dürfen im Einzelfall

1. Bauprodukte, die ausschließlich nach dem Bauproduktengesetz oder nach sonstigen Vorschriften zur Umsetzung von Richtlinien der Europäischen Gemeinschaften in Verkehr gebracht und gehandelt werden dürfen, jedoch deren Anforderungen nicht erfüllen, und

2. nicht geregelte Bauprodukte

verwendet werden, wenn deren Verwendbarkeit im Sinne des § 1 Abs. 4 nachgewiesen ist. [2]Wenn Gefahren im Sinne des § 1 Abs. 1 nicht zu erwarten sind, kann die oberste Bauaufsichtsbehörde im Einzelfall erklären, dass ihre Zustimmung nicht erforderlich ist.

(2) Die Zustimmung für Bauprodukte nach Absatz 1, die in Baudenkmalen verwendet werden sollen, erteilt die untere Bauaufsichtsbehörde.

§ 27
Bauarten

(1) [1]Bauarten, die von Technischen Baubestimmungen wesentlich abweichen oder für die es allgemein anerkannte Regeln der Technik nicht gibt (nicht geregelte Bauarten), dürfen bei der Errichtung, Änderung und Instandhaltung baulicher Anlagen nur angewendet werden, wenn für sie

1. eine allgemeine bauaufsichtliche Zulassung oder

2. eine Zustimmung im Einzelfall

erteilt worden ist. [2]An Stelle einer allgemeinen bauaufsichtlichen Zulassung genügt ein allgemeines bauaufsichtliches Prüfzeugnis, wenn die Bauart nicht der Erfüllung erheblicher Anforderungen an die Sicherheit baulicher Anlagen dient oder nach allgemein anerkannten Prüfverfahren beurteilt wird. [3]Das Deutsche Institut für Bautechnik macht diese Bauarten mit der Angabe der maßgebenden technischen Regeln und, soweit es keine allgemein anerkannten Regeln der Technik gibt, mit der Bezeichnung der Bauarten im Einvernehmen mit der obersten Bauaufsichtsbehörde in der Bauregelliste A bekannt. [4]§ 24 Abs. 5 und 6 sowie die §§ 25, 25a Abs. 2 und § 26 gelten entsprechend. [5]Wenn Gefahren im Sinne des § 1 Abs. 1 nicht zu erwarten sind, kann die oberste Bauaufsichtsbehörde im Einzelfall oder für genau begrenzte Fälle allgemein festlegen, dass eine allgemeine bauaufsichtliche Zulassung, ein allgemeines bauaufsichtliches Prüfzeugnis oder eine Zustimmung im Einzelfall nicht erforderlich ist.

(2) Die oberste Bauaufsichtsbehörde kann durch Verordnung vorschreiben, dass für bestimmte Bauarten, soweit sie Anforderungen nach anderen Rechtsvorschriften unterliegen, Absatz 1 ganz oder teilweise anwendbar ist, wenn die anderen Rechtsvorschriften dies verlangen oder zulassen.

§ 27a
– aufgehoben –

§ 28
Übereinstimmungsnachweis

(1) Bauprodukte bedürfen einer Bestätigung ihrer Übereinstimmung mit den technischen Regeln nach § 24 Abs. 2, den allgemeinen bauaufsichtlichen Zulassungen, den allgemeinen bauaufsichtlichen Prüfzeugnissen oder den Zustimmungen im Einzelfall; als Übereinstimmung gilt auch eine Abweichung, die nicht wesentlich ist.

(2) ¹Die Bestätigung der Übereinstimmung erfolgt durch

1. Übereinstimmungserklärung des Herstellers (§ 28a) oder

2. Übereinstimmungszertifikat (§ 28b).

²Die Bestätigung durch Übereinstimmungszertifikat kann in der Bauregelliste A, in der allgemeinen bauaufsichtlichen Zulassung oder in der Zustimmung im Einzelfall vorgeschrieben werden, wenn dies zum Nachweis einer ordnungsgemäßen Herstellung erforderlich ist. ³Bauprodukte, die nicht in Serie hergestellt werden, bedürfen nur der Übereinstimmungserklärung des Herstellers nach § 28a Abs. 1, sofern nichts anderes bestimmt ist. ⁴Die oberste Bauaufsichtsbehörde kann im Einzelfall die Verwendung von Bauprodukten ohne das erforderliche Übereinstimmungszertifikat gestatten, wenn nachgewiesen ist, dass diese Bauprodukte den technischen Regeln, Zulassungen, Prüfzeugnissen oder Zustimmungen nach Absatz 1 entsprechen.

(3) Für Bauarten gelten die Absätze 1 und 2 entsprechend.

(4) Die Übereinstimmungserklärung und die Erklärung, dass ein Übereinstimmungszertifikat erteilt ist, hat der Hersteller durch Kennzeichnung der Bauprodukte mit dem Ü-Zeichen unter Hinweis auf den Verwendungszweck abzugeben.

(5) Das Ü-Zeichen ist auf dem Bauprodukt, auf einem Beipackzettel oder auf seiner Verpackung oder, wenn dies Schwierigkeiten bereitet, auf dem Lieferschein oder auf einer Anlage zum Lieferschein anzubringen.

(6) Ü-Zeichen aus anderen Ländern und aus anderen Staaten gelten auch in Niedersachsen.

(7) Die oberste Bauaufsichtsbehörde kann durch Verordnung das Ü-Zeichen festlegen und zu diesem Zeichen zusätzliche Angaben verlangen.

§ 28a
Übereinstimmungserklärung des Herstellers

(1) Der Hersteller darf eine Übereinstimmungserklärung nur abgeben, wenn er durch werkseigene Produktionskontrolle sichergestellt hat, dass das von ihm hergestellte Bauprodukt den maßgebenden technischen Regeln, der allgemeinen bauaufsichtlichen Zulassung, dem allgemeinen bauaufsichtlichen Prüfzeugnis oder der Zustimmung im Einzelfall entspricht.

(2) ¹In den technischen Regeln nach § 24 Abs. 2, in der Bauregelliste A, in den allgemeinen bauaufsichtlichen Zulassungen, in den

allgemeinen bauaufsichtlichen Prüfzeugnissen oder in den Zustimmungen im Einzelfall kann eine Prüfung der Bauprodukte durch eine Prüfstelle vor Abgabe der Übereinstimmungserklärung vorgeschrieben werden, wenn dies zur Sicherung einer ordnungsgemäßen Herstellung erforderlich ist. ²In diesen Fällen hat die Prüfstelle das Bauprodukt daraufhin zu überprüfen, ob es den maßgebenden technischen Regeln, der allgemeinen bauaufsichtlichen Zulassung, dem allgemeinen bauaufsichtlichen Prüfzeugnis oder der Zustimmung im Einzelfall entspricht.

§ 28b
Übereinstimmungszertifikat

(1) Ein Übereinstimmungszertifikat ist von einer Zertifizierungsstelle nach § 28c zu erteilen, wenn das Bauprodukt

1. den maßgebenden technischen Regeln, der allgemeinen bauaufsichtlichen Zulassung, dem allgemeinen bauaufsichtlichen Prüfzeugnis oder der Zustimmung im Einzelfall entspricht und

2. einer werkseigenen Produktionskontrolle sowie einer Fremdüberwachung nach Maßgabe des Absatzes 2 unterliegt.

(2) ¹Die Fremdüberwachung ist von Überwachungsstellen nach § 28c durchzuführen. ²Die Fremdüberwachung hat regelmäßig zu überprüfen, ob das Bauprodukt den maßgebenden technischen Regeln, der allgemeinen bauaufsichtlichen Zulassung oder der Zustimmung im Einzelfall entspricht.

§ 28c
Prüf-, Zertifizierungs- und Überwachungsstellen

(1) ¹Die oberste Bauaufsichtsbehörde kann eine Person, Stelle oder Überwachungsgemeinschaft als

1. Prüfstelle für die Erteilung allgemeiner bauaufsichtlicher Prüfzeugnisse (§ 25a Abs. 2),

2. Prüfstelle für die Überprüfung von Bauprodukten vor Bestätigung der Übereinstimmung (§ 28a Abs. 2),

3. Zertifizierungsstelle (§ 28b Abs. 1),

4. Überwachungsstelle für die Fremdüberwachung (§ 28b Abs. 2),

5. Überwachungsstelle für die Überwachung nach § 24 Abs. 6 oder

6. Prüfstelle für die Überprüfung nach § 24 Abs. 5

anerkennen, wenn sie oder die bei ihr Beschäftigten nach ihrer Ausbildung, Fachkenntnis, persönlichen Zuverlässigkeit, ihrer Unparteilichkeit und ihren Leistungen die Gewähr dafür bieten, dass diese Aufgaben den öffentlich-rechtlichen Vorschriften entsprechend wahrgenommen werden, und wenn sie über die erforderlichen Vorrichtungen verfügen. [2]Satz 1 ist entsprechend auf Behörden anzuwenden, wenn sie ausreichend mit geeigneten Fachkräften besetzt und mit den erforderlichen Vorrichtungen ausgestattet sind.

(2) [1]Die Anerkennung von Prüf-, Zertifizierungs- und Überwachungsstellen anderer Länder gilt auch in Niedersachsen. [2]Prüf-, Zertifizierungs- und Überwachungsergebnisse von Stellen, die nach Artikel 16 Abs. 2 der Bauproduktenrichtlinie von einem anderen Mitgliedstaat der Europäischen Gemeinschaften oder von einem anderen Vertragsstaat des Abkommens über den Europäischen Wirtschaftsraum anerkannt worden sind, stehen den Ergebnissen der in Absatz 1 genannten Stellen gleich. [3]Dies gilt auch für Prüf-, Zertifizierungs- und Überwachungsergebnisse von Stellen anderer Staaten, wenn sie in einem Artikel 16 Abs. 2 der Bauproduktenrichtlinie entsprechenden Verfahren anerkannt worden sind.

(3) [1]Die oberste Bauaufsichtsbehörde erkennt auf Antrag eine Person, Stelle, Überwachungsgemeinschaft oder Behörde als Stelle nach Artikel 16 Abs. 2 der Bauproduktenrichtlinie an, wenn in dem in Artikel 16 Abs. 2 der Bauproduktenrichtlinie vorgesehenen Verfahren nachgewiesen ist, dass die Person, Stelle, Überwachungsgemeinschaft oder Behörde die Voraussetzungen erfüllt, nach den Vorschriften eines anderen Mitgliedstaates der Europäischen Gemeinschaften oder eines anderen Vertragsstaates des Abkommens über den Europäischen Wirtschaftsraum zu prüfen, zu zertifizieren oder zu überwachen. [2]Dies gilt auch für die Anerkennung von Personen, Stellen, Überwachungsgemeinschaften oder Behörden, die nach den Vorschriften eines anderen Staates zu prüfen, zu zertifizieren oder zu überwachen beabsichtigen, wenn der erforderliche Nachweis in einem Artikel 16 Abs. 2 der Bauproduktenrichtlinie entsprechenden Verfahren geführt wird.

TEIL V

Der Bau und seine Teile

§ 29
– aufgehoben –

§ 30
Wände, Pfeiler und Stützen

(1) ¹Wände müssen die für ihre Standsicherheit und Belastung nötige Dicke, Festigkeit und Aussteifung haben und, soweit erforderlich, die bauliche Anlage aussteifen. ²Sie müssen ausreichend sicher gegen Stoßkräfte sein.

(2) ¹Wände müssen gegen aufsteigende und gegen eindringende Feuchtigkeit hinreichend geschützt sein. ²Außenwände müssen aus frostbeständigen und gegen Niederschläge widerstandsfähigen Baustoffen hergestellt oder mit einem Wetterschutz versehen sein.

(3) Wände von Räumen, in denen Gase oder Dünste in gesundheitsschädlichem oder unzumutbar belästigendem Maße auftreten können, müssen dicht sein, wenn diese Wände an Aufenthaltsräume oder andere Räume grenzen, deren Benutzung beeinträchtigt werden kann.

(4) ¹Wände müssen, soweit es der Brandschutz unter Berücksichtigung ihrer Beschaffenheit, Anordnung und Funktion erfordert, nach ihrer Bauart und in ihren Baustoffen widerstandsfähig gegen Feuer sein. ²Dies gilt auch für Verkleidungen und Dämmschichten.

(5) ¹Soweit dies erforderlich ist, um die Ausbreitung von Feuer zu verhindern, insbesondere wegen geringer Gebäude- oder Grenzabstände, innerhalb ausgedehnter Gebäude oder bei baulichen Anlagen mit erhöhter Brandgefahr, müssen Brandwände vorhanden sein. ²Brandwände müssen so beschaffen und angeordnet sein, dass sie bei einem Brand ihre Standsicherheit nicht verlieren und der Verbreitung von Feuer entgegenwirken.

(6) Wände von Wohnungen und Aufenthaltsräumen müssen wärme- und schalldämmend sein, soweit Lage oder Benutzung der Wohnungen, Aufenthaltsräume oder Gebäude dies erfordert.

(7) Für Pfeiler und Stützen gelten die Absätze 1 bis 6 sinngemäß.

§ 31
Decken und Böden

(1) Decken müssen den Belastungen sicher standhalten, die auftretenden Kräfte sicher auf ihre Auflager übertragen und, soweit erforderlich, die bauliche Anlage waagerecht aussteifen.

(2) ¹Böden nicht unterkellerter Räume müssen gegen aufsteigende Feuchtigkeit geschützt sein, wenn es sich um Aufenthaltsräume oder andere Räume handelt, deren Benutzung durch Feuchtigkeit beeinträchtigt werden kann. ²Decken unter Räumen, die der Feuchtigkeit

erheblich ausgesetzt sind, insbesondere unter Waschküchen, Toiletten, Waschräumen und Loggien, müssen wasserundurchlässig sein.

(3) Decken von Räumen, in denen Gase oder Dünste in gesundheitsschädlichem oder unzumutbar belästigendem Maße auftreten können, müssen dicht sein, wenn diese Decken an Aufenthaltsräume oder an andere Räume grenzen, deren Benutzung beeinträchtigt werden kann.

(4) [1]Decken müssen, soweit es der Brandschutz unter Berücksichtigung ihrer Beschaffenheit, Anordnung und Funktion erfordert, nach ihrer Bauart und in ihren Baustoffen widerstandsfähig gegen Feuer sein. [2]Dies gilt auch für Verkleidungen und Dämmschichten.

(5) Decken über und unter Wohnungen und Aufenthaltsräumen sowie Böden nicht unterkellerter Aufenthaltsräume müssen wärme- und schalldämmend sein, soweit Lage oder Benutzung der Wohnungen, Aufenthaltsräume oder Gebäude dies erfordert.

§ 32
Dächer

(1) [1]Die Dachhaut muss gegen die Einflüsse der Witterung genügend beständig sein. [2]Sie muss gegen Flugfeuer und strahlende Wärme widerstandsfähig sein, soweit nicht der Brandschutz auf andere Weise gesichert ist. [3]Das Tragwerk der Dächer einschließlich des Trägers der Dachhaut muss, soweit es der Brandschutz erfordert, widerstandsfähig gegen Feuer sein.

(2) Soweit es die Verkehrssicherheit erfordert, müssen Dächer mit Schutzvorrichtungen gegen das Herabfallen von Schnee und Eis versehen sein.

(3) Dachaufbauten, Glasdächer und Oberlichte müssen so angeordnet und hergestellt sein, dass Feuer nicht auf andere Gebäudeteile oder Nachbargebäude übertragen werden kann.

(4) Für die vom Dach aus vorzunehmenden Arbeiten sind sicher benutzbare Vorrichtungen anzubringen.

(5) Für Dächer, die Aufenthaltsräume abschließen, gilt § 31 Abs. 5 sinngemäß.

(6) Der Dachraum muss für die Brandbekämpfung erreichbar sein.

§ 33
– aufgehoben –

§ 34
Treppen

(1) Treppen und Treppenabsätze müssen gut begehbar und verkehrssicher sein.

(2) ¹Räume in Gebäuden müssen, soweit sie nicht zu ebener Erde liegen, über Treppen zugänglich sein. ²Treppen müssen in solcher Zahl vorhanden und so angeordnet und ausgebildet sein, dass sie für den größten zu erwartenden Verkehr ausreichen und die erforderlichen Rettungswege bieten (notwendige Treppen).

(3) Statt der notwendigen Treppen sind Rampen mit flacher Neigung zulässig.

(4) Einschiebbare Treppen und Rolltreppen sind als notwendige Treppen unzulässig.

(5) Leitern oder einschiebbare Treppen genügen als Zugang

1. zum Dachraum ohne Aufenthaltsräume in Wohngebäuden mit nicht mehr als zwei Wohnungen,

2. zu anderen Räumen, die keine Aufenthaltsräume sind, wenn hinsichtlich des Brandschutzes und der Art ihrer Benutzung keine Bedenken bestehen.

(6) ¹Treppen müssen mindestens einen Handlauf haben. ²Notwendige Treppen müssen beiderseits Handläufe haben. ³Die Handläufe müssen fest und griffsicher sein. ⁴Satz 2 gilt nicht, wenn Behinderte oder alte Menschen die Treppe nicht oder nur in seltenen Fällen zu benutzen brauchen, und nicht für Treppen von Wohngebäuden mit nicht mehr als zwei Wohnungen und in Wohnungen.

§ 34a
Treppenräume

(1) Jede notwendige Treppe muss in einem eigenen Treppenraum liegen, der so angeordnet und ausgebildet ist, dass die Treppe einen geeigneten Rettungsweg bietet.

(2) Absatz 1 gilt nicht

1. für notwendige Treppen in Wohngebäuden mit nicht mehr als zwei Wohnungen,

2. für die innere Verbindung von Geschossen derselben Wohnung, wenn in jedem Geschoss ein zweiter Rettungsweg erreichbar ist.

(3) [1]Treppenräume müssen zu belüften und zu beleuchten sein. [2]Treppenräume, die an einer Außenwand liegen, müssen Fenster haben. [3]Satz 2 gilt nicht für Wohngebäude mit nicht mehr als zwei Wohnungen.

(4) Als Zugang zu Wohnungen können notwendige Treppen ohne Treppenräume vor Außenwänden zugelassen werden, wenn die Treppe auf eine Höhe von nicht mehr als 7 m über der Geländeoberfläche hinaufführt und hinsichtlich des Brandschutzes und der Gestaltung keine Bedenken bestehen.

§ 35
Ein- und Ausgänge, Flure

[1]Ein- und Ausgänge, Flure und Gänge müssen gut begehbar und verkehrssicher sein. [2]Sie müssen in solcher Zahl vorhanden und so angeordnet und ausgebildet sein, dass sie für den größten zu erwartenden Verkehr ausreichen und die erforderlichen Rettungswege bieten.

§ 36
Aufzugsanlagen

(1) [1]Aufzugsanlagen müssen betriebssicher und brandsicher sein. [2]Sie müssen so angeordnet und beschaffen sein, dass bei ihrer Benutzung Gefahren oder unzumutbare Belästigungen nicht entstehen.

(2) [1]Gebäude mit Aufenthaltsräumen, deren Fußboden mehr als 12,25 m über der Eingangsebene liegt, müssen Aufzüge in ausreichender Zahl und Anordnung haben. [2]Satz 1 gilt nicht bei Nutzungsänderungen oberster Geschosse zu Wohnzwecken in Gebäuden, die am 31. Dezember 1992 errichtet oder genehmigt waren.

(3) [1]In den Fällen des Absatzes 2 muss mindestens ein Aufzug Kinderwagen, Rollstühle, Krankentragen und Lasten aufnehmen können und Haltestellen in allen Geschossen haben. [2]Dieser Aufzug muss von allen Wohnungen in dem Gebäude und von der öffentlichen Verkehrsfläche aus stufenlos erreichbar sein. [3]Dabei sind für Rollstühle geeignete Rampen zulässig. [4]Haltestellen im obersten Geschoss, im Erdgeschoss und in Kellergeschossen können ausnahmsweise entfallen, wenn sie nur unter besonderen Schwierigkeiten eingerichtet werden können.

§ 37
Fenster, Türen und Lichtschächte

(1) [1]Fenster und Fenstertüren müssen gefahrlos gereinigt werden können. [2]Fenster, die dem Lüften dienen, müssen gefahrlos zu öffnen sein.

(2) Für größere Glasflächen müssen, soweit erforderlich, Schutzmaßnahmen zur Sicherung des Verkehrs vorhanden sein.

(3) An Fenster und Türen, die bei Gefahr der Rettung von Menschen dienen, können wegen des Brandschutzes besondere Anforderungen gestellt werden.

(4) Gemeinsame Lichtschächte für übereinander liegende Kellergeschosse sind unzulässig.

§ 38
– aufgehoben –

§ 39
Lüftungsanlagen, Installationsschächte und -kanäle

(1) [1]Lüftungsanlagen müssen betriebssicher und brandsicher sein und dürfen den ordnungsgemäßen Betrieb von Feuerungsanlagen nicht beeinträchtigen. [2]Sie müssen so angeordnet und ausgebildet sein, dass sie Gerüche und Staub nicht in andere Räume übertragen. [3]Die Weiterleitung von Schall in fremde Räume muss ausreichend gedämmt sein.

(2) Lüftungsanlagen müssen, soweit es der Brandschutz erfordert, so angeordnet und ausgebildet sein, dass Feuer und Rauch nicht in andere Geschosse oder Brandabschnitte übertragen werden können.

(3) Für Installationsschächte und -kanäle sowie für Klimaanlagen und Warmluftheizungen gelten die Absätze 1 und 2 sinngemäß.

§ 40
Feuerungsanlagen, Wärme- und Brennstoffversorgungsanlagen

(1) [1]Feuerstätten und Abgasanlagen wie Schornsteine, Abgasleitungen und Verbindungsstücke (Feuerungsanlagen), Anlagen zur Abführung von Verbrennungsgasen ortsfester Verbrennungsmotoren sowie Behälter und Rohrleitungen für brennbare Gase und Flüssigkeiten müssen betriebssicher und brandsicher sein. [2]Die Weiterleitung von

Schall in fremde Räume muss ausreichend gedämmt sein. [3]Abgasanlagen müssen leicht und sicher zu reinigen sein.

(2) Für Anlagen zur Verteilung von Wärme und zur Warmwasserversorgung gilt Absatz 1 sinngemäß.

(3) Feuerstätten, ortsfeste Verbrennungsmotoren und Verdichter sowie Behälter für brennbare Gase und Flüssigkeiten dürfen nur in Räumen aufgestellt werden, bei denen nach Lage, Größe, baulicher Beschaffenheit und Benutzungsart Gefahren nicht entstehen.

(4) [1]Die Abgase der Feuerstätten sind durch Abgasanlagen über Dach, die Verbrennungsgase ortsfester Verbrennungsmotoren sind durch Anlagen zur Abführung dieser Abgase über Dach abzuleiten. [2]Abgasanlagen müssen in solcher Zahl und Lage vorhanden und so beschaffen sein, dass alle anzuschließenden Feuerstätten ordnungsgemäß betrieben werden können. [3]Ausnahmen von Satz 1 können zugelassen werden, wenn Gefahren oder unzumutbare Belästigungen nicht entstehen. [4]Dies gilt nicht für die in Absatz 5 genannten Gasfeuerstätten.

(5) Die Abgase von Gasfeuerstätten mit abgeschlossenem Verbrennungsraum, denen die Verbrennungsluft durch dichte Leitungen vom Freien zuströmt (raumluftunabhängige Gasfeuerstätten), dürfen abweichend von Absatz 4 durch die Gebäudeaußenwand ins Freie geleitet werden,

1. wenn das Gebäude am 30. April 1986 errichtet oder genehmigt war und wenn die Abgase nur unter unverhältnismäßigen Schwierigkeiten über Dach abgeführt werden können oder

2. wenn die Gasfeuerstätten nur der Warmwasserbereitung dienen

und wenn Gefahren oder unzumutbare Belästigungen nicht entstehen.

(6) Ohne Abgasanlage sind zulässig

1. Gasfeuerstätten, wenn durch einen sicheren Luftwechsel im Aufstellraum gewährleistet ist, dass Gefahren oder unzumutbare Belästigungen nicht entstehen,

2. nicht leitungsgebundene Gasfeuerstätten zur Beheizung von Räumen, die nicht gewerblichen Zwecken dienen, sowie Gas-Durchlauferhitzer, wenn diese Gasfeuerstätten besondere Sicherheitseinrichtungen haben, die die Kohlenmonoxidkonzentration im Aufstellraum so begrenzen, dass Gefahren oder unzumutbare Belästigungen nicht entstehen.

(7) Gasfeuerstätten dürfen in Räumen nur aufgestellt werden, wenn durch besondere Vorrichtungen an den Feuerstätten oder durch

Lüftungsanlagen sichergestellt ist, dass gefährliche Ansammlungen von unverbranntem Gas in den Räumen nicht entstehen.

(8) Feuerungsanlagen dürfen, auch wenn sie geändert worden sind, erst in Betrieb genommen werden, wenn die Bezirksschornsteinfegermeisterin oder der Bezirksschornsteinfegermeister die Tauglichkeit der Abgasanlagen und die sichere Benutzbarkeit der Feuerungsanlagen bescheinigt hat.

(9) Brennstoffe sind so zu lagern, dass Gefahren oder unzumutbare Belästigungen nicht entstehen.

§ 41
– aufgehoben –

§ 42
Wasserversorgungsanlagen; Anlagen für Abwässer, Niederschlagswasser und Abfälle

(1) [1]Gebäude mit Aufenthaltsräumen müssen, soweit es ihre Benutzung erfordert, eine Versorgung mit Trinkwasser haben, die dauernd gesichert ist. [2]Zur Brandbekämpfung muss eine ausreichende Wassermenge in einer den örtlichen Verhältnissen entsprechenden Weise zur Verfügung stehen.

(2) [1]Bei baulichen Anlagen müssen die einwandfreie Beseitigung der Abwässer und der Niederschlagswässer sowie die ordnungsgemäße Entsorgung der Abfälle dauernd gesichert sein. [2]Das gilt auch für den Verbleib von Wirtschaftsdünger.

(3) Anlagen zur Versorgung mit Trinkwasser, zur Verwendung oder Beseitigung der Abwässer und der Niederschlagswässer sowie zur Entsorgung und vorübergehenden Aufbewahrung von Abfällen einschließlich der in Absatz 2 Satz 2 genannten Stoffe müssen betriebssicher und so angeordnet und beschaffen sein, dass Gefahren oder unzumutbare Belästigungen, insbesondere durch Geruch oder Geräusch, nicht entstehen.

(4) [1]Jede Wohnung muss einen eigenen Wasserzähler haben. [2]Dies gilt nicht bei Nutzungsänderungen, wenn die Anforderung nach Satz 1 nur mit unverhältnismäßigem Mehraufwand erfüllt werden kann.

TEIL VI

Besondere bauliche Anlagen und Räume; Gemeinschaftsanlagen

§ 43
Aufenthaltsräume

(1) Aufenthaltsräume sind Räume, die zum nicht nur vorübergehenden Aufenthalt von Menschen bestimmt sind oder nach Lage, Größe und Beschaffenheit für diesen Zweck benutzt werden können.

(2) [1]Aufenthaltsräume müssen eine für ihre Benutzung ausreichende Grundfläche und eine lichte Höhe von mindestens 2,40 m über mindestens zwei Dritteln ihrer Grundfläche haben. [2]Dabei bleiben Raumteile mit einer lichten Höhe bis 1,50 m außer Betracht. [3]Für Aufenthaltsräume in Wohngebäuden mit nicht mehr als zwei Wohnungen kann ausnahmsweise eine geringere lichte Höhe zugelassen werden, wenn die Anforderungen des § 1 Abs. 1 und 2 gewahrt bleiben.

(3) [1]Für Aufenthaltsräume, die im obersten Geschoss im Dachraum liegen, genügt eine lichte Höhe von 2,20 m über mindestens der Hälfte ihrer Grundfläche. [2]Absatz 2 Satz 2 und § 2 Abs. 4 Satz 4 gelten entsprechend. [3]Die Sätze 1 und 2 gelten auch für Aufenthaltsräume, deren Grundfläche überwiegend unter Dachschrägen liegt.

(4) [1]Aufenthaltsräume müssen unmittelbar ins Freie führende und senkrecht stehende Fenster von solcher Zahl, Größe und Beschaffenheit haben, dass die Räume das erforderliche Tageslicht erhalten und zweckentsprechend gelüftet werden können (notwendige Fenster). [2]Geneigte Fenster sowie Oberlichte sind als notwendige Fenster zulässig, wenn hinsichtlich des Brandschutzes, der Verkehrssicherheit und der Gesundheit keine Bedenken bestehen.

(5) Verglaste Vorbauten und Loggien sind vor notwendigen Fenstern zulässig, wenn die dahinter liegenden Räume das erforderliche Tageslicht erhalten und zweckentsprechend gelüftet werden können.

(6) [1]Kellerräume sind Räume, deren Fußboden im Mittel mehr als 70 cm unter der Geländeoberfläche liegt. [2]Kellerräume sind als Aufenthaltsräume nur zulässig, wenn das Gelände vor den notwendigen Fenstern der Räume in einer für gesunde Wohn- oder Arbeitsverhältnisse ausreichenden Entfernung und Breite nicht mehr als 70 cm über deren Fußboden liegt.

(7) Aufenthaltsräume, die nicht dem Wohnen dienen, brauchen die Anforderungen der Absätze 4 und 6 nicht zu erfüllen, soweit durch

besondere Maßnahmen oder Einrichtungen sichergestellt wird, dass den Anforderungen des § 1 entsprochen wird und die Rettung von Menschen möglich ist.

§ 44[1]

Wohnungen

(1) [1]Jede Wohnung muss von fremden Wohnungen oder fremden Räumen baulich abgeschlossen sein und einen eigenen abschließbaren Zugang unmittelbar vom Freien oder von einem Treppenraum, Flur oder Vorraum haben. [2]Satz 1 gilt nicht für Wohngebäude mit nicht mehr als zwei Wohnungen. [3]Bei Wohnungsteilungen, ausnahmsweise auch in ähnlichen Fällen, darf von Satz 1 abgewichen werden, wenn unzumutbare Belästigungen oder erhebliche Nachteile für die Benutzerinnen und Benutzer der Wohnungen nicht entstehen.

(2) [1]In Gebäuden, die nicht nur dem Wohnen dienen, müssen Wohnungen einen besonderen Zugang haben. [2]Gemeinsame Zugänge sind zulässig, wenn Gefahren oder unzumutbare Belästigungen für die Benutzerinnen und Benutzer der Wohnungen nicht entstehen.

(3) [1]In Gebäuden mit mehr als vier Wohnungen müssen die Wohnungen eines Geschosses barrierefrei sein. [2]In jeder achten Wohnung eines Gebäudes müssen die Wohn- und Schlafräume, eine Toilette, ein Bad und die Küche oder Kochnische zusätzlich rollstuhlgerecht sein. [3]Die Sätze 1 und 2 gelten nicht, soweit die Anforderungen, insbesondere wegen schwieriger Geländeverhältnisse, wegen des Einbaus eines sonst nicht erforderlichen Aufzugs oder wegen ungünstiger vorhandener Bebauung, nur mit unverhältnismäßigem Mehraufwand erfüllt werden können.

(4) Jede Wohnung mit mehreren Aufenthaltsräumen muss mindestens einen besonnten Aufenthaltsraum haben.

(5) [1]Jede Wohnung muss eine Küche haben. [2]Die Küche ist ohne Fenster, die ins Freie führen, zulässig, wenn sie für sich lüftbar ist und

1. eine Sichtverbindung zu einem anderen Aufenthaltsraum hat oder

---

1) **Anm. d. Verlages:** Art. 2 G vom 23.6.2005 (Nds. GVBl. S. 208) enthält folgende Regelung:

„Befristete Aussetzung des § 44 Abs. 3 Satz 2 der Niedersächsischen Bauordnung

§ 44 Abs. 3 Satz 2 des Niedersächsischen Bauordnung in der Fassung vom 10. Februar 2003 (Nds. GVBl. S. 89), zuletzt geändert durch Artikel 1 dieses Gesetzes, gilt nicht für Gebäude, deren Errichtung während des Zeitraums vom 1. Juli 2005 bis zum 30. Juni 2009 genehmigt wurde oder, sofern keine Baugenehmigung erforderlich ist, mit deren Errichtung während dieses Zeitraums rechtmäßig begonnen wurde."

2. zu einer Wohnung gehört, deren Wohnfläche nicht größer als 50 m² ist.

³In einer Wohnung mit nicht mehr als 50 m² Wohnfläche genügt an Stelle der Küche auch eine für sich lüftbare Kochnische.

(6) Für jede Wohnung muss ausreichender Abstellraum zur Verfügung stehen.

(7) In Gebäuden mit mehr als zwei Wohnungen oder in zumutbarer Entfernung davon müssen

1. leicht erreichbare, gut zugängliche und ausreichend große Abstellräume für Kinderwagen und Fahrräder sowie

2. geeignete Räume zum Trocknen von Wäsche

für alle Wohnungen zur Verfügung stehen.

§ 45
Toilettenräume und Bäder

(1) ¹Jede Wohnung muss mindestens eine Toilette haben. ²Für Betriebs- oder Arbeitsstätten und für bauliche Anlagen, die für einen größeren Personenkreis bestimmt sind, muss eine ausreichende Anzahl von Toiletten vorhanden sein.

(2) ¹Toilettenräume müssen ausreichend groß sein und nach Lage und Einrichtung den Anforderungen der Hygiene und des Anstandes genügen. ²Toiletten ohne Wasserspülung sind innerhalb von Gebäuden nur zulässig, wenn die Einrichtung von Spültoiletten nicht möglich ist. ³Ausnahmen von Satz 2 können zugelassen werden, wenn gesundheitliche Bedenken nicht bestehen und eine Gefährdung des Grundwassers ausgeschlossen ist.

(3) ¹In den Fällen des § 48 muss eine ausreichende Zahl von Toilettenräumen so groß und so zugänglich sein, dass auch Behinderte sie aufsuchen können. ²§ 48 Abs. 3 gilt sinngemäß.

(4) ¹Jede Wohnung muss eine Badewanne oder Dusche haben, wenn eine ausreichende Wasserversorgung und Abwasserbeseitigung möglich ist. ²Absatz 2 Satz 1 gilt sinngemäß.

§ 46
Bauliche Anlagen für Kraftfahrzeuge

(1) ¹Garagen, insbesondere Parkhäuser, sowie im Freien außerhalb der öffentlichen Verkehrsflächen gelegene Flächen zum Abstellen von Kraftfahrzeugen (Stellplätze) müssen einschließlich ihrer Nebenanla-

gen verkehrs- und betriebssicher sein und dem Brandschutz genügen. [2]Sie müssen so angeordnet und beschaffen sein, dass ihre Benutzung nicht zu unzumutbaren Belästigungen oder zu einer Gefährdung der Sicherheit oder Ordnung des Verkehrs führt. [3]Die oberste Bauaufsichtsbehörde kann durch Verordnung an Garagen Anforderungen stellen, die besonderen Sicherheitsbedürfnissen von Benutzerinnen und Benutzern dienen.

(2) Zur Verwirklichung bestimmter verkehrlicher oder sonstiger städtebaulicher Absichten können die Gemeinden durch örtliche Bauvorschrift in bestimmten Teilen des Gemeindegebietes oder für bestimmte Nutzungen in bestimmten Teilen des Gemeindegebietes die Herstellung von Garagen und Stellplätzen untersagen oder einschränken.

(3) Absatz 1 Sätze 1 und 2 ist sinngemäß anzuwenden auf Ausstellungs-, Verkaufs-, Werk- und Lagerräume für Kraftfahrzeuge sowie auf Räume zum Abstellen nicht ortsfester Geräte mit Verbrennungsmotoren.

§ 47
Notwendige Einstellplätze

(1) Ein Einstellplatz ist eine Fläche, die dem Abstellen eines Kraftfahrzeuges außerhalb der öffentlichen Verkehrsflächen dient.

(2) [1]Für bauliche Anlagen, die einen Zu- und Abgangsverkehr mit Kraftfahrzeugen erwarten lassen, müssen Einstellplätze in solcher Anzahl und Größe zur Verfügung stehen, dass sie die vorhandenen oder zu erwartenden Kraftfahrzeuge der ständigen Benutzerinnen und Benutzer und der Besucherinnen und Besucher der baulichen Anlagen aufnehmen können (notwendige Einstellplätze). [2]Wird die Nutzung einer baulichen Anlage geändert, so braucht, auch wenn ihr notwendige Einstellplätze bisher fehlten, nur der durch die Nutzungsänderung verursachte Mehrbedarf gedeckt zu werden. [3]Die Einstellplatzpflicht nach den Sätzen 1 und 2 entfällt, soweit die Gemeinde durch örtliche Bauvorschrift nach § 46 Abs. 2 oder durch städtebauliche Satzung die Herstellung von Garagen und Stellplätzen untersagt oder einschränkt.

(3) Wird in einem Gebäude, das am 31. Dezember 1992 errichtet war, eine Wohnung geteilt oder Wohnraum durch Änderung der Nutzung, durch Aufstocken oder durch Änderung des Daches eines solchen Gebäudes geschaffen, so braucht der dadurch verursachte Mehrbedarf an Einstellplätzen nicht gedeckt zu werden, wenn dies

nicht oder nur unter außergewöhnlichen Schwierigkeiten entsprechend dem öffentlichen Baurecht auf dem Baugrundstück möglich ist.

(4) [1]Die Bauaufsichtsbehörde kann ausnahmsweise zulassen, dass notwendige Einstellplätze innerhalb einer angemessenen Frist nach Ingebrauchnahme der baulichen Anlage hergestellt werden. [2]Sie kann in diesem Fall die Baugenehmigung von einer Sicherheitsleistung abhängig machen.

(5) Die oberste Bauaufsichtsbehörde kann durch Verordnung für bestimmte bauliche Anlagen die erforderliche Anzahl der Einstellplätze abweichend von Absatz 2 Satz 1 festlegen, soweit Benutzerinnen und Benutzer und Besucherinnen und Besucher der baulichen Anlage nicht auf ein Kraftfahrzeug angewiesen sind, weil ausreichende öffentliche Verkehrsmittel zur Verfügung stehen oder die Benutzung eines Kraftfahrzeuges aus anderen Gründen nicht erforderlich ist.

(6) [1]Die Bauaufsichtsbehörde kann die Pflicht zur Herstellung notwendiger Einstellplätze, ausgenommen für Wohnungen, auf Antrag aussetzen,

1. solange ständigen Benutzerinnen und Benutzern der baulichen Anlage Zeitkarten für den öffentlichen Personennahverkehr verbilligt zur Verfügung gestellt werden und

2. soweit hierdurch ein verringerter Bedarf an notwendigen Einstellplätzen erwartet werden kann.

[2]Wird die Pflicht zur Herstellung notwendiger Einstellplätze ganz oder teilweise ausgesetzt, so ist zum 1. März eines jeden Jahres der Bauaufsichtsbehörde nachzuweisen, ob und inwieweit die Voraussetzungen für die Aussetzung noch erfüllt sind. [3]Soweit der Nachweis nicht erbracht wird, ist die Aussetzung zu widerrufen.

(7) [1]Die notwendigen Einstellplätze müssen auf dem Baugrundstück oder in dessen Nähe auf einem anderen Grundstück gelegen sein, dessen Benutzung zu diesem Zweck durch Baulast gesichert ist. [2]Eine Sicherung durch Baulast ist auch erforderlich, wenn die notwendigen Einstellplätze für ein Grundstück auf einem anderen Grundstück liegen und beide Grundstücke ein Baugrundstück nach § 4 Abs. 1 Satz 2 bilden. [3]Sind notwendige Einstellplätze nach öffentlichem Baurecht auf dem Baugrundstück oder in dessen Nähe unzulässig, so können sie auch auf Grundstücken gelegen sein, die vom Baugrundstück mit einem öffentlichen oder vergleichbaren Verkehrsmittel leicht erreichbar sind.

§ 47a
Ablösung der Pflicht zur Herstellung notwendiger Einstellplätze

(1) [1]Können notwendige Einstellplätze nicht oder nur unter außergewöhnlichen Schwierigkeiten entsprechend den Anforderungen des öffentlichen Baurechts hergestellt werden und ist die Pflicht zur Herstellung nicht nach § 47 Abs. 6 ausgesetzt, so kann die Bauaufsichtsbehörde im Einvernehmen mit der Gemeinde ausnahmsweise zulassen, dass die Herstellung der Einstellplätze durch die Zahlung eines Geldbetrages an die Gemeinde ersetzt wird. [2]Zur Zahlung des Geldbetrages sind der Bauherr und die nach § 61 Verantwortlichen als Gesamtschuldner verpflichtet, sobald und soweit die bauliche Anlage ohne notwendige Einstellplätze in Benutzung genommen wird. [3]§ 47 Abs. 4 Satz 2 gilt entsprechend.

(2) [1]Der Geldbetrag nach Absatz 1 ist nach dem Vorteil zu bemessen, der dem Bauherrn oder dem nach § 61 Verantwortlichen daraus erwächst, dass er die Einstellplätze nicht herzustellen braucht. [2]Die Gemeinde kann den Geldbetrag durch Satzung für das Gemeindegebiet oder Teile des Gemeindegebietes einheitlich festsetzen und dabei auch andere Maßstäbe wie die durchschnittlichen örtlichen Herstellungskosten von Parkplätzen oder Parkhäusern zugrunde legen.

(3) Die Gemeinde hat den Geldbetrag nach Absatz 1 zu verwenden für

1. Parkplätze, Stellplätze oder Garagen,

2. Anlagen und Einrichtungen für den öffentlichen Personennahverkehr,

3. a) Anlagen zum Abstellen von Fahrrädern,

   b) Fahrradwege oder

   c) sonstige Anlagen und Einrichtungen,die den Bedarf an Einstellplätzen verringern.

§ 47b
Fahrradabstellanlagen

(1) [1]Fahrradabstellanlagen sind Gebäude, Gebäudeteile oder im Freien gelegene Anlagen zum Abstellen von Fahrrädern außerhalb der öffentlichen Verkehrsflächen. [2]Fahrradabstellanlagen müssen leicht erreichbar und gut zugänglich sein.

(2) [1]Für bauliche Anlagen, die einen Zu- und Abgangsverkehr mit Fahrrädern erwarten lassen, ausgenommen Wohnungen, müssen Fahr-

radabstellanlagen in solcher Größe zur Verfügung stehen, dass sie die vorhandenen oder zu erwartenden Fahrräder der ständigen Benutzerinnen und Benutzer und der Besucherinnen und Besucher der baulichen Anlagen aufnehmen können (notwendige Fahrradabstellanlagen). [2]Die notwendigen Fahrradabstellanlagen müssen auf dem Baugrundstück oder in dessen Nähe auf einem anderen Grundstück gelegen sein, dessen Benutzung zu diesem Zweck durch Baulast gesichert ist.

(3) Notwendige Fahrradabstellanlagen für Besucherinnen und Besucher der baulichen Anlagen brauchen nicht errichtet zu werden, wenn dies nicht oder nur unter außergewöhnlichen Schwierigkeiten auf dem Baugrundstück möglich ist.

§ 48
Barrierefreie Zugänglichkeit und Benutzbarkeit bestimmter baulicher Anlagen

(1) Folgende bauliche Anlagen oder Teile baulicher Anlagen müssen von Behinderten, besonders Rollstuhlfahrerinnen und Rollstuhlfahrern, sowie alten Menschen und Personen mit Kleinkindern ohne fremde Hilfe zweckentsprechend besucht und benutzt werden können:

1. Büro- und Verwaltungsgebäude, Gerichte, soweit sie für den Publikumsverkehr bestimmt sind,

2. Schalter und Abfertigungsanlagen der Verkehrs- und Versorgungsbetriebe sowie der Banken und Sparkassen,

3. Theater, Museen, öffentliche Bibliotheken, Freizeitheime, Gemeinschaftshäuser, Versammlungsstätten und Anlagen für den Gottesdienst,

4. Verkaufsstätten,

5. Schulen, Hochschulen und sonstige vergleichbare Ausbildungsstätten,

6. Krankenanstalten, Praxisräume der Heilberufe und Kureinrichtungen,

7. Tagesstätten und Heime für Behinderte, alte Menschen oder Kinder,

8. Altenwohnungen, in Gebäuden mit nicht mehr als zwei Vollgeschossen jedoch nur Altenwohnungen im Erdgeschoss,

9. Sport-, Spiel- und Erholungsanlagen, soweit sie für die Allgemeinheit bestimmt sind,

10. Campingplätze mit mehr als 200 Standplätzen,

11. Geschosse mit Aufenthaltsräumen, die nicht Wohnzwecken dienen und insgesamt mehr als 500 m² Nutzfläche haben,

12. öffentliche Bedürfnisanstalten,

13. Stellplätze oder Garagen für Anlagen nach den Nummern 1 bis 11 sowie Parkhäuser. ²Eine dem Bedarf entsprechende Zahl von Einstellplätzen oder Standplätzen muss für Behinderte hergerichtet und gekennzeichnet sein.

(2) Bahnsteige der Bahnen des öffentlichen Personenverkehrs müssen für die in Absatz 1 genannten Personen ohne fremde Hilfe erreichbar sein und eine Höhe haben, die ihnen das Ein- und Aussteigen so weit erleichtert, wie dies die auf der Bahn verkehrenden Fahrzeuge zulassen.

(3) ¹Die Absätze 1 und 2 gelten nicht, soweit wegen der Eigenart oder Zweckbestimmung der baulichen Anlage oder des Teils der baulichen Anlage nicht damit zu rechnen ist, dass Behinderte, alte Menschen oder Personen mit Kleinkindern sie besuchen oder benutzen werden. ²Im Übrigen können Ausnahmen zugelassen werden, soweit wegen schwieriger Geländeverhältnisse oder ungünstiger vorhandener Bebauung die Anforderungen der Absätze 1 und 2 nur mit unverhältnismäßigem Mehraufwand erfüllt werden können.

§ 49
Werbeanlagen

(1) ¹Werbeanlagen sind alle örtlich gebundenen Einrichtungen, die der Ankündigung oder Anpreisung oder als Hinweis auf Gewerbe oder Beruf dienen und von allgemein zugänglichen Verkehrs- oder Grünflächen aus sichtbar sind. ²Hierzu zählen insbesondere Schilder, Beschriftungen, Bemalungen, Lichtwerbungen, Schaukästen sowie für Zettel- und Bogenanschläge oder Lichtwerbung bestimmte Säulen, Tafeln und Flächen.

(2) Werbeanlagen dürfen nicht erheblich belästigen, insbesondere nicht durch ihre Größe, Häufung, Lichtstärke oder Betriebsweise.

(3) ¹Werbeanlagen sind im Außenbereich unzulässig und dürfen auch nicht erheblich in den Außenbereich hineinwirken. ²Ausgenommen sind, soweit in sonstigen Rechtsvorschriften nicht anderes bestimmt ist:

1. Werbeanlagen an der Stätte der Leistung,

2. Schilder, die Inhaber und Art gewerblicher Betriebe kennzeichnen oder die auf landwirtschaftliche Betriebe, die landwirtschaftliche Produkte zum Verkauf anbieten, und auf diese Produkte hin-

weisen, wenn die Schilder vor Ortsdurchfahrten auf einer Tafel zusammengefasst sind (Hinweisschilder),

3. einzelne Schilder bis zur Größe von 0,50 m², die an Wegabzweigungen im Interesse des Verkehrs auf Betriebe im Außenbereich, auf selbst erzeugte Produkte, die diese an der Betriebsstätte anbieten, oder auf versteckt gelegene Stätten hinweisen,

4. Werbeanlagen an und auf Flugplätzen, Sportanlagen und auf abgegrenzten Versammlungsstätten, soweit sie nicht erheblich in den übrigen Außenbereich hineinwirken,

5. Werbeanlagen auf Ausstellungs- und Messegeländen.

(4) [1]In Kleinsiedlungsgebieten, reinen Wohngebieten, allgemeinen Wohngebieten, Dorfgebieten und Wochenendhausgebieten sowie in Gebieten, die nach ihrer vorhandenen Bebauung den genannten Baugebieten entsprechen, sind nur zulässig:

1. Werbeanlagen an der Stätte der Leistung und

2. Anlagen für amtliche Mitteilungen und zur Unterrichtung über kirchliche, kulturelle, politische, sportliche und ähnliche Veranstaltungen.

[2]Auf Verkehrsflächen öffentlicher Straßen können ausnahmsweise auch andere Werbeanlagen zugelassen werden, soweit diese die Eigenart des Gebietes und das Ortsbild nicht beeinträchtigen.

(5) [1]An Brücken, Bäumen, Böschungen und Leitungsmasten, die von allgemein zugänglichen Verkehrs- oder Grünflächen aus sichtbar sind, dürfen Werbeanlagen nicht angebracht sein. [2]Satz 1 gilt nicht für Wandflächen der Widerlager von Brücken; die Absätze 3 und 4 bleiben unberührt.

(6) Auf Werbemittel, die an den für diesen Zweck genehmigten Säulen, Tafeln oder Flächen angebracht sind, sowie auf Auslagen und Dekorationen in Schaufenstern und in Schaukästen ist dieses Gesetz nicht anzuwenden.

(7) Die Absätze 1 bis 5 gelten nicht für Werbeanlagen, die vorübergehend für öffentliche Wahlen oder Abstimmungen angebracht oder aufgestellt werden.

§ 50
Ausnahmen für bestimmte bauliche Anlagen

(1) Für bauliche Anlagen, die nur für eine vorübergehende Verwendung bestimmt sind (Behelfsbauten), können befristet oder widerruflich Ausnahmen von den §§ 5 bis 49 und 53 sowie von den

Vorschriften, die deren Anforderungen näher bestimmen, und von örtlichen Bauvorschriften zugelassen werden, wenn die Anforderungen des § 1 Abs. 1 erfüllt werden.

(2) Ausnahmen von den §§ 30 bis 45 und von den Vorschriften, die deren Anforderungen näher bestimmen, können zugelassen werden

1. für Gebäude ohne Aufenthaltsräume und mit nur einem Vollgeschoss,

2. für fliegende Bauten,

3. zur Erhaltung und weiteren Nutzung von Baudenkmalen,

4. für die Änderung der Nutzung von Gebäuden, die am 31. Dezember 1992 errichtet oder genehmigt waren, wenn die Nutzungsänderung Wohnzwecken dient,

5. zur Erneuerung von Bauteilen vorhandener baulicher Anlagen,

wenn die Anforderungen des § 1 Abs. 1 und 2 erfüllt werden, insbesondere keine Bedenken hinsichtlich des Brandschutzes bestehen.

§ 51
Bauliche Anlagen und Räume besonderer Art oder Nutzung

(1) [1]Soweit die Vorschriften der §§ 5 bis 49 und die zu ihrer näheren Bestimmung erlassenen Verordnungen nicht ausreichen, um die Anforderungen des § 1 zu wahren, können an bauliche Anlagen oder Räume besonderer Art oder Nutzung im Einzelfall besondere Anforderungen gestellt werden. [2]Erleichterungen können gestattet werden, soweit es der Einhaltung von Vorschriften und Verordnungen nach Satz 1 wegen der besonderen Art oder Nutzung baulicher Anlagen oder Räume oder wegen besonderer Anforderungen nicht bedarf. [3]Die besonderen Anforderungen nach Satz 1 und die Erleichterungen nach Satz 2 können sich insbesondere erstrecken auf

1. die Abstände,

2. die Anordnung der baulichen Anlage auf dem Grundstück,

3. die Benutzung und den Betrieb der baulichen Anlage,

4. die Öffnungen nach öffentlichen Verkehrsflächen und nach angrenzenden Grundstücken,

5. die Bauart und Anordnung aller für die Standsicherheit, Verkehrssicherheit, den Brandschutz, Schallschutz oder Gesundheitsschutz wesentlichen Bauteile,

6. die Feuerungsanlagen und Heizräume,

7. die Zahl, Anordnung und Beschaffenheit der Treppen, Aufzüge, Ausgänge und Rettungswege,

8. die zulässige Benutzerzahl, Anordnung und Zahl der zulässigen Sitze und Stehplätze bei Versammlungsstätten, Tribünen und fliegenden Bauten,

9. die Lüftung,

10. die Beleuchtung und Energieversorgung,

11. die Wasserversorgung,

12. die Aufbewahrung und Beseitigung von Abwässern sowie die Aufbewahrung und Entsorgung von Abfällen,

13. die notwendigen Einstellplätze,

14. Zu- und Abfahrten,

15. Grünstreifen, Baum- und andere Pflanzungen sowie die Begrünung oder Beseitigung von Halden und Gruben,

16. den Blitzschutz,

17. die erforderliche Gasdichtigkeit.

(2) Bauliche Anlagen oder Räume besonderer Art oder Nutzung sind insbesondere

1. Hochhäuser,

2. Verkaufsstätten,

3. Versammlungsstätten,

4. bauliche Anlagen für Kraftfahrzeuge (§ 46),

5. Büro- und Verwaltungsgebäude,

6. Krankenanstalten, Altenpflegeheime, Entbindungs- und Säuglingsheime,

7. Schulen und Sportstätten,

8. bauliche Anlagen und Räume von großer Ausdehnung oder mit erhöhter Brand-, Explosions-, Strahlen- oder Verkehrsgefahr,

9. Anlagen zur Lagerung von Öl und anderen schädlichen oder brennbaren Flüssigkeiten,

10. bauliche Anlagen und Räume, die für gewerbliche oder landwirtschaftliche Zwecke bestimmt sind,

11. bauliche Anlagen und Räume, deren Nutzung mit einem starken Abgang unreiner Stoffe verbunden ist,

12. fliegende Bauten,

13. Blitzschutzanlagen,

14. Aufzugsanlagen,

15. Campingplätze und Wochenendplätze,

16. Tragluftbauten,

17. bauliche Anlagen und Räume, in denen mehr als 100 t Getreide, Gewürze oder Futtermittel gelagert werden,

18. Antennenanlagen,

19. Windkraftanlagen.

§ 52
Gemeinschaftsanlagen

(1) ¹Nach öffentlichem Baurecht erforderliche Nebenanlagen baulicher Anlagen wie Stellplätze und Garagen, nicht öffentliche Verkehrsanlagen sowie Anlagen für Wasserversorgung, Abwässer oder Abfälle sind auch als Gemeinschaftsanlagen für mehrere bauliche Anlagen auf verschiedenen Baugrundstücken (beteiligte Grundstücke) zulässig, soweit dies mit dem Zweck der Nebenanlage vereinbar ist. ²Soweit erforderlich, kann die Bauaufsichtsbehörde verlangen, dass die Beteiligung dieser Grundstücke und die zweckentsprechende Verwendung des für die Gemeinschaftsanlage vorgesehenen Grundstücks durch Baulast gesichert wird.

(2) ¹Die Nebenanlagen sind nur als Gemeinschaftsanlagen zulässig, soweit ein Bebauungsplan hierfür Flächen festsetzt und die beteiligten Grundstücke bestimmt. ²Für die Zeit bis zur Herstellung einer Gemeinschaftsanlage können behelfsmäßige Einzelanlagen ausnahmsweise zugelassen werden.

(3) Eine Baugenehmigung kann davon abhängig gemacht werden, dass der Antragsteller in Höhe des voraussichtlich auf ihn entfallenden Anteils der Herstellungskosten Sicherheit leistet.

(4) Die Bauaufsichtsbehörde kann verlangen, dass die Beteiligten ihr gegenüber eine Vertreterin oder einen Vertreter bestellen.

TEIL VII
Baugestaltung; Vorschriften im Interesse von Natur und Landschaft

§ 53
Gestaltung baulicher Anlagen

Bauliche Anlagen sind in der Form, im Maßstab, im Verhältnis der Baumassen und Bauteile zueinander, im Werkstoff einschließlich der Art seiner Verarbeitung und in der Farbe so durchzubilden, dass sie weder verunstaltet wirken noch das bestehende oder geplante Straßen-, Orts- oder Landschaftsbild verunstalten.

§ 54
Abbruch verfallender baulicher Anlagen

[1]Soweit bauliche Anlagen nicht genutzt werden und im Verfall begriffen sind, kann die Bauaufsichtsbehörde die nach § 61 Verantwortlichen verpflichten, die baulichen Anlagen abzubrechen oder zu beseitigen, es sei denn, dass ein öffentliches oder schutzwürdiges privates Interesse an ihrer Erhaltung besteht. [2]Für die Grundstücke gilt § 14 Abs. 1 Satz 1 und Abs. 2 entsprechend.

§ 55
– aufgehoben –

§ 56
Örtliche Bauvorschriften

(1) Um bestimmte städtebauliche, baugestalterische oder ökologische Absichten zu verwirklichen oder um die Eigenart oder den Eindruck von Baudenkmalen zu erhalten oder hervorzuheben, können die Gemeinden, auch über die Anforderungen der §§ 14, 49 und 53 hinausgehend, durch örtliche Bauvorschrift für bestimmte Teile des Gemeindegebietes

1. besondere Anforderungen an die Gestaltung von Gebäuden stellen, namentlich für die Gebäude- und Geschosshöhe, die Auswahl der Baustoffe und der Farben der von außen sichtbaren Bauteile sowie für die Neigung der Dächer einen Rahmen setzen,

2. besondere Anforderungen an die Art, Gestaltung oder Einordnung von Werbeanlagen und Warenautomaten stellen, sie insbesondere auf bestimmte Gebäudeteile, auf bestimmte Arten, Größen, Formen und Farben beschränken oder in bestimmten Gebieten oder an bestimmten baulichen Anlagen ausschließen,

3. die Gestaltung, Art und Höhe von Einfriedungen wie Mauern, Zäunen und Hecken bestimmen sowie die Einfriedung von Vorgärten vorschreiben oder ausschließen,

4. die Verwendung von Einzelantennen und Freileitungen beschränken oder ausschließen, die Verwendung von Freileitungen jedoch nur, soweit sie unter wirtschaftlich zumutbarem Aufwand durch andere Anlagen ersetzt werden können,

5. besondere Anforderungen an die Gestaltung sonstiger baulicher Anlagen, namentlich der in § 2 Abs. 1 Satz 2 Nrn. 5 und 8 bis 11 genannten Anlagen stellen,

6. die Gestaltung der nicht überbauten Flächen der bebauten Grundstücke regeln, insbesondere Vorgärten vorschreiben,

7. die Begrünung baulicher Anlagen vorschreiben,

8. die Versickerung, Verregnung oder Verrieselung von Niederschlagswasser auf dem Baugrundstück vorschreiben.

(2) Von örtlichen Bauvorschriften können Ausnahmen zugelassen werden, wenn die städtebaulichen, baugestalterischen oder ökologischen Zielsetzungen nicht wesentlich beeinträchtigt werden.

TEIL VIII
Verantwortliche Personen

§ 57
Bauherr

(1) Der Bauherr ist dafür verantwortlich, dass die von ihm veranlasste Baumaßnahme dem öffentlichen Baurecht entspricht.

(2) [1]Der Bauherr hat für genehmigungsbedürftige Baumaßnahmen eine Entwurfsverfasserin oder einen Entwurfsverfasser (§ 58) zu bestellen, es sei denn, dass die Baumaßnahme keines Entwurfs bedarf. [2]Ferner hat der Bauherr Unternehmer nach Maßgabe des § 59 zu bestellen. [3]Seine Verantwortlichkeit nach Absatz 1 bleibt unberührt. [4]Der Bauherr darf selbst als Entwurfsverfasserin oder Entwurfsverfasser oder Unternehmer tätig werden, wenn er den Anforderungen des § 58 oder 59 genügt.

(3) [1]Liegen Tatsachen vor, die besorgen lassen, dass eine als Entwurfsverfasserin oder Entwurfsverfasser oder als Unternehmer bestellte Person nicht den Anforderungen des § 58 oder 59 genügt, so kann die Bauaufsichtsbehörde verlangen, dass der Bauherr sie durch

eine geeignete Person ersetzt oder geeignete Sachverständige heranzieht. [2]Die Bauaufsichtsbehörde kann die Bauarbeiten einstellen lassen, bis der Bauherr ihrer Aufforderung nachgekommen ist.

(4) Wechselt die Entwurfsverfasserin oder der Entwurfsverfasser, so hat der Bauherr der Bauaufsichtsbehörde dies schriftlich mitzuteilen.

(5) Die Bauaufsichtsbehörde kann verlangen, dass ihr für bestimmte Arbeiten die Unternehmer benannt werden.

(6) [1]Wechselt der Bauherr, so hat der neue Bauherr dies der Bauaufsichtsbehörde unverzüglich schriftlich mitzuteilen. [2]Tritt eine Personenmehrheit als Bauherr auf, so hat sie auf Verlangen der Bauaufsichtsbehörde eine Vertreterin oder einen Vertreter zu bestellen.

§ 58
Entwurfsverfasserin und Entwurfsverfasser

(1) [1]Die Entwurfsverfasserin oder der Entwurfsverfasser ist dafür verantwortlich, dass der Entwurf dem öffentlichen Baurecht entspricht. [2]Zum Entwurf gehören die Bauvorlagen, bei Baumaßnahmen nach § 69a die Unterlagen, die im Fall der Baugenehmigungsbedürftigkeit als Bauvorlagen einzureichen wären, und die Ausführungsplanung, soweit von dieser die Einhaltung des öffentlichen Baurechts abhängt.

(2) [1]Die Entwurfsverfasserin oder der Entwurfsverfasser muss über die Sachkenntnis verfügen, die für den jeweiligen Entwurf erforderlich ist. [2]Verfügt sie oder er auf einzelnen Teilgebieten nicht über diese Sachkenntnis, so genügt es, wenn der Bauherr insoweit geeignete Sachverständige bestellt. [3]Diese sind für ihre Beiträge ausschließlich verantwortlich. [4]Die Entwurfsverfasserin oder der Entwurfsverfasser ist dafür verantwortlich, dass die Beiträge der Sachverständigen dem öffentlichen Baurecht entsprechend aufeinander abgestimmt und im Entwurf berücksichtigt werden.

(3) Für eine genehmigungsbedürftige Baumaßnahme darf als Entwurfsverfasserin oder Entwurfsverfasser nur bestellt werden, wer

1. die Berufsbezeichnung „Architektin" oder „Architekt" führen darf,

2. in die von der Architektenkammer Niedersachsen geführte Liste der Entwurfsverfasserinnen und Entwurfsverfasser der Fachrichtung Architektur eingetragen ist,

3. in die von der Ingenieurkammer Niedersachsen geführte Liste der Entwurfsverfasserinnen und Entwurfsverfasser der Fachrichtung Bauingenieurwesen eingetragen ist oder

4. die Berufsbezeichnung „Ingenieurin" oder „Ingenieur" in den Fachrichtungen Architektur, Hochbau oder Bauingenieurwesen führen darf, danach mindestens zwei Jahre in einer dieser Fachrichtungen praktisch tätig gewesen und Bedienstete oder Bediensteter einer juristischen Person des öffentlichen Rechts ist, für die dienstliche Tätigkeit.

(4) Für die mit der Gestaltung von Innenräumen verbundenen genehmigungsbedürftigen baulichen Änderungen von Gebäuden darf als Entwurfsverfasserin oder Entwurfsverfasser auch bestellt werden, wer berechtigt ist, die Berufsbezeichnung „Innenarchitektin" oder „Innenarchitekt" zu führen.

(5) [1]Für genehmigungsbedürftige Baumaßnahmen, die Handwerksmeisterinnen oder Handwerksmeister aufgrund ihrer beruflichen Ausbildung und Erfahrung entwerfen können, dürfen auch Meisterinnen oder Meister des Maurer-, des Beton- und Stahlbetonbauer- oder des Zimmerer-Handwerks und Personen, die diesen nach § 7 Abs. 3, 7 oder 9 der Handwerksordnung gleichgestellt sind, als Entwurfsverfasserin oder Entwurfsverfasser bestellt werden. [2]Das Gleiche gilt für staatlich geprüfte Technikerinnen und Techniker der Fachrichtung Bautechnik mit Schwerpunkt Hochbau.

(6) Die Absätze 3 bis 5 gelten nicht für

1. Stützmauern, selbstständige Aufschüttungen und Abgrabungen,

2. Entwürfe, die üblicherweise von Fachkräften mit anderer Ausbildung als nach den Absätzen 3 bis 5 verfasst werden, wie Entwürfe für Werbeanlagen und Behälter, und

3. Entwürfe einfacher Art, wenn ein Standsicherheitsnachweis nicht erforderlich ist.

§ 59
Unternehmer

(1) [1]Jeder Unternehmer ist dafür verantwortlich, dass seine Arbeiten dem öffentlichen Baurecht entsprechend ausgeführt und insoweit auf die Arbeiten anderer Unternehmer abgestimmt werden. [2]Er hat die vorgeschriebenen Nachweise über die Verwendbarkeit der Bauprodukte und Bauarten zu erbringen und auf der Baustelle bereitzuhalten.

(2) Der Unternehmer muss über die für seine Arbeiten erforderlichen Sachkenntnisse, Fachkräfte und Vorrichtungen verfügen.

(3) Erfordern bestimmte Arbeiten außergewöhnliche Fachkenntnisse oder besondere Vorrichtungen, so kann die Bauaufsichtsbehörde im

Einzelfall oder die oberste Bauaufsichtsbehörde allgemein durch Verordnung vorschreiben,

1. dass der Unternehmer dabei nur Fachkräfte mit bestimmter Ausbildung oder Erfahrung einsetzen darf,

2. dass er dabei bestimmte Vorrichtungen zu verwenden hat und

3. wie er die Erfüllung der Anforderungen nach den Nummern 1 und 2 nachzuweisen hat.

§ 60
– aufgehoben –

§ 61
Verantwortlichkeit für den Zustand der baulichen Anlagen und Grundstücke

[1]Die Eigentümer sind dafür verantwortlich, dass bauliche Anlagen und Grundstücke dem öffentlichen Baurecht entsprechen. [2]Erbbauberechtigte treten an die Stelle der Eigentümer. [3]Wer die tatsächliche Gewalt über eine bauliche Anlage oder ein Grundstück ausübt, ist neben dem Eigentümer oder Erbbauberechtigten verantwortlich.

§ 62
Sonstige verantwortliche Personen

Verhalten sich andere als die in den §§ 57 bis 61 genannten Personen so, dass öffentliches Baurecht verletzt wird oder eine Verletzung zu besorgen ist, so richtet sich die Verantwortlichkeit nach § 6 des Niedersächsischen Gesetzes über die öffentliche Sicherheit und Ordnung.

TEIL IX
Behörden

§ 63
Bauaufsichtsbehörden

(1) [1]Die Landkreise, die kreisfreien und die großen selbstständigen Städte nehmen die Aufgaben der unteren Bauaufsichtsbehörden wahr; § 12 Abs. 1 Satz 3 der Niedersächsischen Gemeindeordnung findet keine Anwendung. [2]Oberste Bauaufsichtsbehörde ist das Fachministerium.

(2) ¹Die oberste Bauaufsichtsbehörde kann auf Antrag die Aufgaben der unteren Bauaufsichtsbehörde einer Gemeinde übertragen, wenn sie mindestens 30 000 Einwohnerinnen und Einwohner hat und die Voraussetzungen des § 64 erfüllt. ²Hat eine Gemeinde bis zum 1. August 1977 die Aufgaben der unteren Bauaufsichtsbehörde wahrgenommen, so bleiben ihr diese Aufgaben übertragen. ³Die Übertragung kann in den Fällen der Sätze 1 und 2 widerrufen werden, wenn die Gemeinde dies beantragt oder die Voraussetzungen des § 64 nicht erfüllt. ⁴§ 12 Abs. 1 Satz 2 und § 137 der Niedersächsischen Gemeindeordnung gelten sinngemäß.

§ 63a
Übertragung der Bauaufsicht auf Gemeinden für bestimmte bauliche Anlagen

(1) ¹Die oberste Bauaufsichtsbehörde kann einer Gemeinde oder Samtgemeinde auf Antrag die Aufgaben der unteren Bauaufsichtsbehörde übertragen für Wohngebäude geringer Höhe sowie Nebengebäude und Nebenanlagen für diese Wohngebäude in Baugebieten, die ein Bebauungsplan im Sinne des § 30 Abs. 1 oder 2 des Baugesetzbuchs als Kleinsiedlungsgebiete oder als reine, allgemeine oder besondere Wohngebiete festsetzt. ²§ 63 Abs. 2 Satz 3 gilt entsprechend.

(2) In Gemeinden und Samtgemeinden, denen nach Absatz 1 Teilaufgaben der unteren Bauaufsichtsbehörde übertragen worden sind, genügt es, wenn anstelle von Bediensteten des höheren technischen Verwaltungsdienstes im Sinne von § 64 Abs. 2 Satz 1 Bedienstete beschäftigt werden, die mindestens einen Fachhochschulabschluss der Fachrichtung Architektur, Städtebau oder konstruktiver Ingenieurbau erworben haben.

(3) Gemeinden und Samtgemeinden, denen Teilaufgaben nach Absatz 1 übertragen worden sind, nehmen nicht die Aufgaben der unteren Denkmalschutzbehörde wahr.

(4) Absatz 1 gilt nicht für Mitgliedsgemeinden von Samtgemeinden.

§ 64
Besetzung und Ausstattung der Bauaufsichtsbehörden

(1) Die Bauaufsichtsbehörden sind zur Durchführung ihrer Aufgaben ausreichend mit geeigneten Fachkräften zu besetzen und mit den erforderlichen Einrichtungen auszustatten.

(2) [1]Den Bauaufsichtsbehörden müssen Bedienstete mit der Befähigung zum höheren technischen Verwaltungsdienst angehören, die die erforderlichen Kenntnisse der Bautechnik, der Baugestaltung und des öffentlichen Baurechts haben. [2]Ausnahmen von Satz 1 kann die oberste Bauaufsichtsbehörde zulassen, wenn anderweitig sichergestellt ist, dass die Aufgaben ordnungsgemäß wahrgenommen werden.

§ 65
Aufgaben und Zuständigkeiten der Bauaufsichtsbehörden

(1) [1]Die Bauaufsichtsbehörden haben, soweit erforderlich, darüber zu wachen und darauf hinzuwirken, dass bauliche Anlagen, Grundstücke und Baumaßnahmen dem öffentlichen Baurecht entsprechen. [2]Sie haben in diesem Rahmen auch die Verantwortlichen zu beraten.

(2) Die unteren Bauaufsichtsbehörden werden im übertragenen Wirkungskreis tätig.

(3) [1]Die unteren Bauaufsichtsbehörden sind zuständig, soweit nichts anderes bestimmt ist. [2]Sie üben die Fachaufsicht über die Bezirksschornsteinfegermeisterinnen und Bezirksschornsteinfegermeister hinsichtlich der Aufgaben nach § 40 Abs. 8 aus.

(4) [1]Die oberste Bauaufsichtsbehörde übt die Fachaufsicht über die unteren Bauaufsichtsbehörden aus. [2]Sie kann einzelne Befugnisse, die ihr nach diesem Gesetz zustehen, auf andere Behörden des Landes übertragen.

(5) Eine Fachaufsichtsbehörde kann an Stelle einer nachgeordneten Behörde tätig werden, wenn diese eine Weisung der Fachaufsichtsbehörde innerhalb einer bestimmten Frist nicht befolgt oder wenn Gefahr im Verzuge ist.

(6) Ist die oberste Bauaufsichtsbehörde mangels örtlicher Zuständigkeit einer unteren Bauaufsichtsbehörde zuständig, so kann sie ihre Zuständigkeit im Einzelfall einvernehmlich auf eine untere Bauaufsichtsbehörde übertragen.

§ 66
Übertragung von Aufgaben der Bauaufsicht auf andere Stellen

(1) Die oberste Bauaufsichtsbehörde kann durch Verordnung

1. einzelne Aufgaben der Bauaufsichtsbehörden, wie Teile der Prüfung von Bauvorlagen, der Bauüberwachung und der Bauabnahmen sowie der Überprüfung von Anlagen nach § 87 auf Personen oder Stellen übertragen, die nach ihrer Ausbildung, Fachkenntnis,

persönlichen Zuverlässigkeit und ihren Leistungen die Gewähr dafür bieten, dass die Aufgaben dem öffentlichen Baurecht entsprechend wahrgenommen werden,

2. bestimmen, dass die Übertragung nach Nummer 1 von den Bauaufsichtsbehörden vorgenommen werden kann,

3. das Anerkennungsverfahren, die Voraussetzungen für die Anerkennung, ihren Widerruf, ihre Rücknahme und ihr Erlöschen regeln, insbesondere auch eine Altersgrenze festsetzen,

4. eine ausreichende Haftpflichtversicherung fordern sowie

5. die Fachaufsicht über die Personen oder Stellen nach Nummer 1 regeln.

(2) Die oberste Bauaufsichtsbehörde kann widerruflich oder befristet die Zuständigkeit für

1. die Anerkennung von Prüf-, Zertifizierungs- und Überwachungsstellen (§ 28c Abs. 1 und 3),

2. Ausführungsgenehmigungen für fliegende Bauten, Ausnahmen und Befreiungen für genehmigungsfreie fliegende Bauten und Gebrauchsabnahmen fliegender Bauten

auf eine Behörde auch eines anderen Landes oder auf eine andere Stelle oder Person übertragen, die die Gewähr dafür bietet, dass die Aufgaben dem öffentlichen Baurecht entsprechend wahrgenommen werden, und die der Aufsicht der obersten Bauaufsichtsbehörde untersteht oder an deren Willensbildung die oberste Bauaufsichtsbehörde mitwirkt.

(3) Die oberste Bauaufsichtsbehörde kann Vergütungen, Gebühren und Auslagen für die Tätigkeit der in den Absätzen 1 und 2 genannten Personen und Stellen sowie der in § 28c genannten Prüf-, Zertifizierungs- und Überwachungsstellen durch Verordnung nach den Grundsätzen des Niedersächsischen Verwaltungskostengesetzes regeln.

§ 67
– aufgehoben –

TEIL X
Genehmigungsverfahren

§ 68
Genehmigungsvorbehalt

(1) Baumaßnahmen bedürfen der Genehmigung durch die Bauaufsichtsbehörde (Baugenehmigung), soweit sich aus Absatz 2 und den §§ 69 bis 70, 82 und 84 nichts anderes ergibt.

(2) [1]Eine Erlaubnis, die in einer Verordnung nach § 14 des Geräte- und Produktsicherheitsgesetzes vom 6. Januar 2004 (BGBl. I S. 2, 219), vorgesehen ist, schließt eine Baugenehmigung ein, wenn die Erlaubnis davon abhängt, dass die Baumaßnahme dem öffentlichen Baurecht entspricht. [2]Unberührt bleiben Vorschriften des Bundes- und Landesrechts, nach denen weitere behördliche Entscheidungen eine Baugenehmigung einschließen.

§ 69
Genehmigungsfreie Baumaßnahmen

(1) [1]Die im Anhang genannten baulichen Anlagen und Teile baulicher Anlagen dürfen in den dort festgelegten Grenzen ohne Baugenehmigung errichtet oder in bauliche Anlagen eingefügt und geändert werden. [2]Ohne Baugenehmigung dürfen weitere im Anhang aufgeführte Baumaßnahmen im Zusammenhang mit den dort genannten baulichen Anlagen oder Teilen von baulichen Anlagen durchgeführt werden.

(2) Die oberste Bauaufsichtsbehörde kann durch Verordnung weitere bauliche Anlagen oder Teile baulicher Anlagen vom Baugenehmigungsvorbehalt freistellen, soweit sie nach Ausmaß und möglichen Auswirkungen nicht über die im Anhang genannten baulichen Anlagen oder Teile baulicher Anlagen hinausgehen.

(3) Ohne Baugenehmigung dürfen abgebrochen oder beseitigt werden

1. Gebäude, ausgenommen Hochhäuser,

2. bauliche Anlagen, die keine Gebäude sind,

3. die im Anhang genannten Teile baulicher Anlagen.

(4) Keiner Baugenehmigung bedürfen

1. die Änderung der Nutzung einer baulichen Anlage, wenn das öffentliche Baurecht an die bauliche Anlage in der neuen Nutzung keine anderen oder weitergehenden Anforderungen stellt,

2. die Umnutzung von Räumen im Dachgeschoss eines Wohngebäudes mit nur einer Wohnung in Aufenthaltsräume, die zu dieser Wohnung gehören,

3. die Umnutzung von Räumen in vorhandenen Wohngebäuden und Wohnungen in Räume für Bäder oder Toiletten.

(5) Keiner Baugenehmigung bedarf die Instandhaltung.

(6) [1]Genehmigungsfreie Baumaßnahmen müssen die Anforderungen des öffentlichen Baurechts ebenso wie genehmigungsbedürftige Baumaßnahmen erfüllen, es sei denn, dass sich die Anforderungen auf genehmigungsbedürftige Baumaßnahmen beschränken. [2]Genehmigungsvorbehalte in anderen Vorschriften, namentlich im Niedersächsischen Denkmalschutzgesetz und im städtebaulichen Planungsrecht, bleiben unberührt.

§ 69a
Genehmigungsfreie Wohngebäude

(1) Keiner Baugenehmigung bedarf in Baugebieten, die ein Bebauungsplan im Sinne des § 30 Abs. 1 oder 2 des Baugesetzbuchs als Kleinsiedlungsgebiete oder als reine, allgemeine oder besondere Wohngebiete festsetzt, die Errichtung von Wohngebäuden geringer Höhe, Nebengebäuden und Nebenanlagen für diese Wohngebäude, ausgenommen unterirdische Garagen mit mehr als 100 m² Nutzfläche, wenn

1. das Vorhaben den Festsetzungen des Bebauungsplanes nicht widerspricht oder notwendige Ausnahmen oder Befreiungen bereits erteilt sind,

2. die Gemeinde dem Bauherrn bestätigt hat, dass

    a) die Erschließung im Sinne des § 30 Abs. 1 oder 2 des Baugesetzbuchs gesichert ist, und

    b) sie die vorläufige Untersagung nach § 15 Abs. 1 Satz 2 des Baugesetzbuchs nicht beantragen wird,

3. der Bauherr eine Entwurfsverfasserin oder einen Entwurfsverfasser im Sinne des § 58 Abs. 1 und 2 bestellt hat, die oder der den Anforderungen nach § 58 Abs. 3 Nr. 1, 2 oder 3 entspricht und ausreichend gegen Haftpflichtgefahren versichert ist; der Bauherr darf selbst als Entwurfsverfasserin oder Entwurfsverfasser tätig sein, wenn er den genannten Anforderungen entspricht,

4. die Nachweise über die Standsicherheit von einer Architektin oder einem Architekten oder einer Bauingenieurin oder einem Bau-

ingenieur erstellt sind, die oder der in die heirfür bestimmte von der Ingenieurkammer Niedersachsen geführte Liste eingetragen ist und ausreichend gegen Haftpflichtgefahren versichert ist,

5. die Nachweise über den Schall- und Wärmeschutz von einer Person aufgestellt worden sind, die den Anforderungen nach Nummer 4 oder nach § 58 Abs. 3 Nr. 1, 2 oder 3 entspricht.

(2) Absatz 1 gilt auch für Änderungen und Nutzungsänderungen von baulichen Anlagen, die nach Durchführung dieser Baumaßnahmen bauliche Anlagen im Sinne des Absatzes 1 sind.

(3) Der Bauherr hat bei der Gemeinde einzureichen

1. den Entwurf, ausgenommen die bautechnischen Nachweise,

2. eine Erklärung der Entwurfsverfasserin oder des Entwurfsverfassers, dass

   a) die Voraussetzungen für die Freistellung vom Baugenehmigungsvorbehalt nach Absatz 1 Nrn. 1 und 3 bis 5 vorliegen,

   b) der Entwurf dem öffentlichen Baurecht entspricht und

   c) die von Sachverständigen im Sinne des § 58 Abs. 2 Satz 2 gefertigten Unterlagen dem öffentlichen Baurecht entsprechend aufeinander abgestimmt und im Entwurf berücksichtigt sind,

3. eine Erklärung von Sachverständigen im Sinne des § 58 Abs. 2 Satz 2, dass die von ihnen gefertigten Unterlagen dem öffentlichen Baurecht entsprechen.

(4) ¹Die Gemeinde hat dem Bauherrn, wenn die Erschließung im Sinne des § 30 Abs. 1 oder 2 des Baugesetzbuchs gesichert ist und wenn sie die vorläufige Untersagung nach § 15 Abs. 1 Satz 2 des Baugesetzbuchs nicht beantragen will, innerhalb eines Monats nach Eingang der Unterlagen nach Absatz 3 die Bestätigung nach Absatz 1 Nr. 2 Buchst. a und b auszustellen. ²Eine darüber hinausgehende Prüfpflicht besteht nicht. ³Liegt eine der Voraussetzungen nach Absatz 1 Nr. 2 nicht vor, so ist dies dem Bauherrn ebenfalls innerhalb der Frist nach Satz 1 mitzuteilen. ⁴Bestätigt die Gemeinde die Voraussetzungen nach Satz 1 oder beantragt sie die vorläufige Untersagung nach § 15 Abs. 1 Satz 2 des Baugesetzbuchs, so legt sie, wenn sie nicht selbst Bauaufsichtsbehörde ist, eine Ausfertigung ihrer Bestätigung an den Bauherrn mit den Unterlagen nach Absatz 3 der Bauaufsichtsbehörde vor. ⁵Über den Antrag auf vorläufige Untersagung hat die Bauaufsichtsbehörde innerhalb eines Monats nach Eingang der Unterlagen zu entscheiden. ⁶Teilt die Gemeinde dem Bauherrn mit, dass die Erschlie-

ßung im Sinne des § 30 Abs. 1 oder 2 des Baugesetzbuchs nicht gesichert ist, so hat sie ihm gleichzeitig die vorgelegten Unterlagen zurückzugeben.

(5) [1]Mit der Baumaßnahme darf begonnen werden, sobald die Bestätigung der Gemeinde nach Absatz 1 Nr. 2 beim Bauherrn vorliegt. [2]Will der Bauherr mit der Baumaßnahme mehr als drei Jahre, nachdem sie nach Satz 1 zulässig geworden ist, beginnen, so gelten die Absätze 3 und 4 entsprechend.

(6) Die Durchführung der Baumaßnahme darf von dem Entwurf nicht abweichen.

(7) Der Entwurf einschließlich der bautechnischen Nachweise muss während der Durchführung der Baumaßnahme an der Baustelle vorgelegt werden können.

(8) Der Bauherr kann verlangen, dass für Baumaßnahmen nach den Absätzen 1 und 2 ein Baugenehmigungsverfahren durchgeführt wird.

(9) Die vorstehenden Vorschriften sind nicht anzuwenden, soweit Baumaßnahmen nach den Absätzen 1 und 2 schon nach anderen Vorschriften keiner Baugenehmigung bedürfen.

(10) Eine nach den vorstehenden Vorschriften genehmigungsfreie Baumaßnahme bedarf auch dann, wenn nach ihrer Durchführung die Unwirksamkeit oder Nichtigkeit des Bebauungsplans festgestellt wird, keiner Baugenehmigung.

§ 70
Genehmigungsfreie öffentliche Baumaßnahmen

§82

(1) Keiner Baugenehmigung bedürfen die Errichtung, die Änderung und der Abbruch oder die Beseitigung von Brücken, Durchlässen, Tunnels, Stützmauern sowie von Stauanlagen und sonstigen Anlagen des Wasserbaus, ausgenommen Gebäude, wenn die Wasser- und Schifffahrtsverwaltung des Bundes, die Straßenbau-, Hafen- oder Wasserwirtschaftsverwaltung des Landes oder eine untere Wasserbehörde, die wasserbautechnisch ausgebildetes Personal hat (§ 168 Abs. 4 des Niedersächsischen Wassergesetzes), die Entwurfsarbeiten leitet und die Bauarbeiten überwacht.

(2) Keiner Baugenehmigung bedürfen die Errichtung, die Änderung und der Abbruch oder die Beseitigung von Betriebsanlagen der Straßenbahnen (§ 4 des Personenbeförderungsgesetzes), ausgenommen oberirdische Gebäude.

(3) Keiner Baugenehmigung bedürfen

1. Baumaßnahmen innerhalb vorhandener Gebäude, ausgenommen Nutzungsänderungen,

2. die Änderung des Äußeren vorhandener Gebäude, wenn sie deren Rauminhalt nicht vergrößert,

3. der Abbruch von Gebäuden,

wenn das Staatliche Baumanagement Niedersachsen die Klosterkammer Hannover oder die Bauverwaltung eines Landkreises oder einer Gemeinde die Entwurfsarbeiten leitet und die Bauarbeiten überwacht.

(4) § 69 Abs. 6 gilt entsprechend.

§ 71
Bauantrag und Bauvorlagen

(1) Der Antrag auf Baugenehmigung (Bauantrag) ist schriftlich bei der Gemeinde einzureichen.

(2) ¹Zum Bauantrag sind alle für die Beurteilung der Baumaßnahmen und die Bearbeitung erforderlichen Unterlagen (Bauvorlagen) einzureichen. ²Die oberste Bauaufsichtsbehörde kann durch Verordnung nähere Vorschriften über Umfang, Inhalt und Form des Bauantrags und der Bauvorlagen erlassen.

(3) Die Bauaufsichtsbehörde kann verlangen, dass die bauliche Anlage in geeigneter Weise auf dem Grundstück dargestellt wird, soweit sich in besonderen Fällen anders nicht ausreichend beurteilen lässt, wie sie sich in die Umgebung einfügt.

§ 72
Beteiligung der Nachbarn

(1) ¹Nachbarn, deren Belange eine Baumaßnahme berühren kann, dürfen den Entwurf bei der Bauaufsichtsbehörde oder bei der Gemeinde einsehen. ²Dies gilt nicht für die Teile des Entwurfs, die Belange der Nachbarn nicht berühren können.

(2) ¹Soll eine Ausnahme von Vorschriften des öffentlichen Baurechts, die auch dem Schutz von Nachbarn dienen, insbesondere von den Vorschriften über die Grenzabstände, zugelassen oder eine Befreiung von solchen Vorschriften erteilt werden, so soll die Bauaufsichtsbehörde den betroffenen Nachbarn, soweit sie erreichbar sind, Gelegenheit zur Stellungnahme innerhalb angemessener Frist geben. ²Auch sonst kann die Bauaufsichtsbehörde nach Satz 1 verfahren, wenn eine

Baumaßnahme möglicherweise Belange berührt, die durch Vorschriften des öffentlichen Baurechts geschützt werden.

(3) Der Bauherr hat der Bauaufsichtsbehörde auf Verlangen die betroffenen Nachbarn namhaft zu machen und Unterlagen zur Verfügung zu stellen, die zur Unterrichtung der Nachbarn erforderlich sind.

(4) Absatz 2 ist nicht anzuwenden, soweit Nachbarn der Baumaßnahme schriftlich zugestimmt haben.

§ 73
Behandlung des Bauantrags

(1) Die Gemeinde hat, wenn sie nicht selbst Bauaufsichtsbehörde ist, den Bauantrag innerhalb von einer Woche an die Bauaufsichtsbehörde weiterzuleiten.

(2) Die Bauaufsichtsbehörde soll die Behandlung des Bauantrags unter Angabe der Gründe ablehnen, wenn die Bauvorlagen wesentliche Mängel aufweisen.

(3) Äußert sich eine Behörde, die im Baugenehmigungsverfahren beteiligt ist, nicht innerhalb eines Monats nach Anforderung der Stellungnahme oder verlangt sie nicht innerhalb dieser Frist unter Angabe der Hinderungsgründe eine angemessene Nachfrist für ihre Stellungnahme, so kann die Bauaufsichtsbehörde davon ausgehen, dass die Baumaßnahme mit den von dieser Behörde wahrzunehmenden öffentlichen Belangen in Einklang steht.

(4) Bedarf die Baugenehmigung nach landesrechtlichen Vorschriften der Zustimmung oder des Einvernehmens einer anderen Behörde, so gelten diese als erteilt, wenn sie nicht zwei Monate nach Eingang des Ersuchens unter Angabe der Gründe verweigert werden.

(5) Erhebt ein Nachbar Einwendungen gegen die Baumaßnahme, so hat die Bauaufsichtsbehörde den Bauherrn davon zu unterrichten.

§ 74
Bauvoranfrage; Bauvorbescheid

(1) [1]Für eine Baumaßnahme ist auf Antrag (Bauvoranfrage) über einzelne Fragen, über die im Baugenehmigungsverfahren zu entscheiden wäre und die selbstständig beurteilt werden können, durch Bauvorbescheid zu entscheiden. [2]Dies gilt auch für die Frage, ob eine Baumaßnahme nach städtebaulichem Planungsrecht zulässig ist.

(2) ¹Der Bauvorbescheid wird ungültig, wenn nicht innerhalb von drei Jahren nach seiner Erteilung der Bauantrag gestellt wird. ²Im Übrigen gelten die §§ 71 bis 73, 75 und 77 Sätze 2 bis 4 sinngemäß.

§ 75
Baugenehmigung

(1) ¹Die Baugenehmigung ist zu erteilen, wenn die Baumaßnahme, soweit sie genehmigungsbedürftig ist und soweit die Prüfung nicht entfällt, dem öffentlichen Baurecht entspricht. ²Bedarf die Baumaßnahme einer Umweltverträglichkeitsprüfung im Baugenehmigungsverfahren, so darf die Baugenehmigung nur erteilt werden, wenn sichergestellt ist, dass keine erheblichen Auswirkungen auf die in § 2 Abs. 1 Satz 2 des Gesetzes über die Umweltverträglichkeitsprüfung genannten Schutzgüter hervorgerufen werden können.

(2) ¹Bauliche Anlagen, die nur auf beschränkte Zeit errichtet werden dürfen oder sollen, Werbeanlagen und Warenautomaten können widerruflich oder befristet genehmigt werden. ²Behelfsbauten dürfen nur widerruflich oder befristet genehmigt werden.

(3) Die Baugenehmigung bedarf der Schriftform.

(4) Hat ein Nachbar Einwendungen gegen die Baumaßnahme erhoben, so ist die Baugenehmigung mit dem Teil der Bauvorlagen, auf den sich die Einwendungen beziehen, auch ihm mit einer Rechtsbehelfsbelehrung zuzustellen.

(5) Die Baugenehmigung ist auf Antrag des Bauherrn auch Nachbarn, die keine Einwendungen erhoben haben, mit einer Rechtsbehelfsbelehrung zuzustellen.

(6) Die Baugenehmigung gilt auch für und gegen die Rechtsnachfolger des Bauherrn und der Nachbarn.

§ 75a
Vereinfachtes Baugenehmigungsverfahren

(1) Das vereinfachte Baugenehmigungsverfahren wird durchgeführt für

1. Wohngebäude, ausgenommen Hochhäuser, auch mit Räumen für freie Berufe nach § 13 der Baunutzungsverordnung, wenn die Gebäude überwiegend Wohnungen und deren Nebenzwecken dienende Räume enthalten,

2. eingeschossige Gebäude bis 200 m² Grundfläche,

3. landwirtschaftliche Betriebsgebäude mit nicht mehr als einem Geschoss bis 1000 m² Grundfläche und Dachkonstruktionen bis 6 m Stützweite, bei fachwerkartigen Dachbindern bis 20 m Stützweite; Geschosse zur ausschließlichen Lagerung von Jauche und Gülle bleiben unberücksichtigt,

4. Gebäude ohne Aufenthaltsräume mit nicht mehr als drei Geschossen und bis 100 m² Grundfläche.

(2) Bei Gebäuden nach Absatz 1 prüft die Bauaufsichtsbehörde die Bauvorlagen nur auf ihre Vereinbarkeit mit

1. dem städtebaulichen Planungsrecht,

2. den §§ 7 bis 13,

3. den §§ 47 und 47a,

4. den Vorschriften über den Brandschutz und die Standsicherheit bei unterirdischen Garagen mit mehr als 100 m² Nutzfläche sowie bei Wohngebäuden, die nicht Gebäude geringer Höhe sind,

5. den sonstigen Vorschriften des öffentlichen Rechts nach § 2 Abs. 10, bei Gebäuden nach Absatz 1 Nr. 3 erstreckt sich die Prüfung zusätzlich auf § 42 Abs. 2.

(3) [1]Die Nachweise über die Standsicherheit müssen von einer Architektin oder einem Architekten oder einer Bauingenieurin oder einem Bauingenieur aufgestellt sein, die oder der in die hierfür bestimmte von der Ingenieurkammer Niedersachsen geführte Liste eingetragen ist. [2]Die Nachweise über den Schall- und Wärmeschutz müssen von einer Person aufgestellt sein, die den Anforderungen nach Satz 1 oder nach § 58 Abs. 3 Nr. 1, 2 oder 3 entspricht. [3]Abweichend von den Sätzen 1 und 2 ist die Aufstellung der bautechnischen Nachweise auch von Personen zulässig, die nicht die dort genannten Voraussetzungen erfüllen; die von diesen Personen aufgestellten Nachweise sind abweichend von Absatz 2 zu prüfen.

(4) Die Bauaufsichtsbehörde kann abweichend von Absatz 2 die Prüfung von Nachweisen über die Standsicherheit anordnen, wenn besondere statisch-konstruktive Nachweise oder Maßnahmen insbesondere wegen des Baugrundes erforderlich sind.

(5) Das vereinfachte Baugenehmigungsverfahren gilt auch für die Änderung und Nutzungsänderung von baulichen Anlagen, die nach Durchführung dieser Maßnahme bauliche Anlagen im Sinne des Absatzes 1 sind oder werden.

(6) Über erforderliche Ausnahmen und Befreiungen von Vorschriften, die nach Absatz 2 nicht geprüft werden, wird auf besonderen Antrag entschieden.

(7) Bauabnahmen erstrecken sich nicht auf die Anforderungen, deren Einhaltung nicht zu prüfen ist.

(8) Der Bauherr hat der Bauaufsichtsbehörde vor Erteilung der Baugenehmigung einzureichen

1. eine Erklärung der Entwurfsverfasserin oder des Entwurfsverfassers, dass

    a) die Voraussetzungen für das vereinfachte Baugenehmigungsverfahren vorliegen,

    b) der Entwurf dem öffentlichen Baurecht entspricht, soweit die Prüfung der Vereinbarkeit der Bauvorlagen mit dem öffentlichen Baurecht nach Absatz 2 eingeschränkt ist, und

    c) die von Sachverständigen im Sinne des § 58 Abs. 2 Satz 2 gefertigten Unterlagen dem öffentlichen Baurecht entsprechend aufeinander abgestimmt und im Entwurf berücksichtigt sind, soweit die Prüfung der Unterlagen nach Absatz 2 eingeschränkt ist, sowie

2. eine Erklärung von Sachverständigen im Sinne des § 58 Abs. 2 Satz 2, dass die von ihnen gefertigten Unterlagen dem öffentlichen Baurecht entsprechen, soweit die Prüfung der Unterlagen nach Absatz 2 eingeschränkt ist.

§ 75b
Weitere Vereinfachungen

(1) [1]In Verfahren nach den §§ 75 und 75a entfällt die Prüfung von Bauvorlagen auf ihre Vereinbarkeit mit den Anforderungen der Arbeitsstättenverordnung vom 12. August 2004 (BGBl. I S. 2179). [2]Der Bauherr hat der Bauaufsichtsbehörde vor Erteilung der Baugenehmigung eine Erklärung der Entwurfsverfasserin oder des Entwurfsverfassers darüber einzureichen, dass der Entwurf diesen Anforderungen entspricht.

(2) § 75a Abs. 5 bis 7 gilt entsprechend.

(3) Die Absätze 1 und 2 gelten nicht, wenn der Bauherr im Bauantrag die Prüfung der Bauvorlagen auf ihre Vereinbarkeit mit den Anforderungen der Arbeitsstättenverordnung beantragt.

§ 76
Teilbaugenehmigung

(1) [1]Ist ein Bauantrag eingereicht, so kann der Beginn der Bauarbeiten für die Baugrube und für einzelne Bauteile oder Bauabschnitte auf schriftlichen Antrag schon vor Erteilung der Baugenehmigung schriftlich zugelassen werden, wenn nach dem Stand der Prüfung des Bauantrags gegen die Teilausführung keine Bedenken bestehen (Teilbaugenehmigung).[2] § 75 gilt sinngemäß.

(2) In der Baugenehmigung können für die bereits genehmigten Teile der Baumaßnahme, auch wenn sie schon durchgeführt sind, zusätzliche Anforderungen gestellt werden, wenn sie sich bei der weiteren Prüfung der Bauvorlagen als erforderlich herausstellen.

§ 77
Geltungsdauer

[1]Die Baugenehmigung und die Teilbaugenehmigung erlöschen, wenn innerhalb von drei Jahren nach ihrer Erteilung mit der Ausführung der Baumaßnahme nicht begonnen oder wenn die Ausführung drei Jahre unterbrochen worden ist. [2]Wird die Baugenehmigung oder die Teilbaugenehmigung angefochten, so wird der Lauf der Frist bis zur rechtskräftigen Entscheidung gehemmt. [3]Die Frist kann auf schriftlichen Antrag um jeweils höchstens drei Jahre verlängert werden. [4]Sie kann auch rückwirkend verlängert werden, wenn der Antrag vor Fristablauf bei der Bauaufsichtsbehörde eingegangen ist.

§ 78
Durchführung genehmigungsbedürftiger Baumaßnahmen

(1) [1]Vor Erteilung der Baugenehmigung darf mit der Baumaßnahme nicht begonnen werden. [2]Sie darf nur so durchgeführt werden, wie sie genehmigt worden ist.

(2) Die Bauaufsichtsbehörde kann im Einzelfall anordnen, dass die Absteckung der Grundfläche der baulichen Anlage und deren Höhenlage vor Baubeginn von ihr abgenommen werden müssen.

(3) Baugenehmigung und Bauvorlagen müssen während der Ausführung von Bauarbeiten an der Baustelle vorgelegt werden können.

§ 79
Bauüberwachung

(1) ¹Die Bauaufsichtsbehörde überwacht, soweit erforderlich, die Durchführung genehmigungsbedürftiger Baumaßnahmen. ²Sie kann sich dabei auf Stichproben beschränken. ³Sie kann verlangen, dass Beginn und Ende bestimmter Bauarbeiten angezeigt werden.

(2) ¹Die mit der Überwachung beauftragten Personen können Einblick in Genehmigungen, Zulassungen, Prüfzeugnisse, Übereinstimmungserklärungen, Übereinstimmungszertifikate, Überwachungsnachweise, in Zeugnisse und Aufzeichnungen über die Prüfung von Bauprodukten, in Bautagebücher und in vorgeschriebene andere Aufzeichnungen verlangen. ²Sie dürfen Proben von Bauprodukten, soweit erforderlich auch aus fertigen Bauteilen, entnehmen und prüfen oder prüfen lassen. ³Der Bauherr oder die Unternehmer haben auf Verlangen die für die Überwachung erforderlichen Arbeitskräfte und Geräte zur Verfügung zu stellen.

(3) Die Bauaufsichtsbehörde kann verlangen, dass ihr vom Bauherrn ein amtlicher Nachweis eines Katasteramtes, einer anderen zu Vermessungen für die Einrichtung und Fortführung der Landesvermessung und des Liegenschaftskatasters befugten behördlichen Vermessungsstelle, einer Öffentlich bestellten Vermessungsingenieurin oder eines Öffentlich bestellten Vermessungsingenieurs darüber vorgelegt wird, dass die Abstände sowie die Grundflächen und Höhenlagen eingehalten sind.

(4) ¹Ist für genehmigungspflichtige Baumaßnahmen ein Nachweis über den Wärmeschutz erforderlich, so hat der Bauherr der Bauaufsichtsbehörde spätestens vor Ingebrauchnahme der baulichen Anlage eine Bescheinigung einer oder eines Sachverständigen darüber vorzulegen, dass die Baumaßnahmen entsprechend dem Nachweis über den Wärmeschutz durchgeführt worden sind. ²Die Sachverständigen müssen die Anforderungen nach § 58 Abs. 3 oder 5 erfüllen.

§ 80
Bauabnahmen

(1) Soweit es bei genehmigungsbedürftigen Baumaßnahmen zur Wirksamkeit der Bauüberwachung, namentlich zur Beurteilung kritischer Bauzustände, erforderlich ist, kann in der Baugenehmigung, der Teilbaugenehmigung oder Typengenehmigung, aber auch noch während der Baudurchführung die Abnahme

1. bestimmter Bauteile oder Bauarbeiten,

2. der baulichen Anlage nach Vollendung der tragenden Teile, der Schornsteine, der Brandwände und der Dachkonstruktion (Rohbauabnahme) und

3. der baulichen Anlage nach ihrer Fertigstellung (Schlussabnahme)

angeordnet werden.

(2) ¹Bei der Rohbauabnahme müssen alle Teile der baulichen Anlage sicher zugänglich sein, die für die Standsicherheit, den Brandschutz sowie den Schall- und Wärmeschutz wesentlich sind. ²Sie sind, soweit möglich, offen zu halten, damit Maße und Ausführungsart geprüft werden können.

(3) ¹Der Bauherr hat rechtzeitig schriftlich mitzuteilen, wann die Voraussetzungen für die Abnahmen gegeben sind. ²Der Bauherr oder die Unternehmer haben auf Verlangen die für die Abnahmen erforderlichen Arbeitskräfte und Geräte zur Verfügung zu stellen.

(4) Zur Rohbauabnahme muss über die Tauglichkeit der Schornsteine oder anderen Abgasanlagen, zur Schlussabnahme muss über die sichere Benutzbarkeit der Feuerungsanlagen die Bescheinigung der Bezirksschornsteinfegermeisterin oder des Bezirksschornsteinfegermeisters vorliegen.

(5) ¹Bei Beanstandungen kann die Abnahme abgelehnt werden, außer wenn die Mängel geringfügig sind. ²Über die Abnahme ist eine Bescheinigung auszustellen (Abnahmeschein).

(6) ¹Die Bauaufsichtsbehörde kann verlangen, dass bestimmte Bauarbeiten erst nach einer gemäß Absatz 1 Nr. 1 oder 2 angeordneten Abnahme durchgeführt oder fortgesetzt werden. ²Sie kann aus Gründen des § 1 Abs. 1 auch verlangen, dass eine bauliche Anlage erst nach der Schlussabnahme in Gebrauch genommen wird.

§ 81
Einschränkung der Prüfung im Baugenehmigungsverfahren und in der Bauüberwachung

(1) Die oberste Bauaufsichtsbehörde kann durch Verordnung bestimmen, dass

1. im Baugenehmigungsverfahren die Vereinbarkeit von Baumaßnahmen mit bestimmten Anforderungen des öffentlichen Baurechts nicht geprüft oder die Prüfung auf bestimmte Anforderungen beschränkt wird und

2. die Bauüberwachung eingeschränkt wird oder entfällt,

soweit Gefahren für Leben oder Gesundheit nicht zu erwarten sind oder Verantwortliche nach § 57, 58 oder 59 die Gewähr dafür bieten, dass das öffentliche Baurecht eingehalten wird.

(2) [1]Die oberste Bauaufsichtsbehörde kann durch Verordnung bestimmen, welche Anforderungen die Verantwortlichen zu erfüllen haben und wie nachgewiesen wird, dass diese Anforderungen erfüllt sind. [2]Sie kann dabei insbesondere

1. Mindestanforderungen an die Fachkenntnis sowie in zeitlicher und sachlicher Hinsicht an die Berufserfahrung festlegen,

2. eine laufende Fortbildung vorschreiben,

3. die Befähigungen, die durch Prüfungen nachzuweisen sind, bestimmen,

4. den Nachweis einer ausreichenden Haftpflichtversicherung fordern,

5. Altersgrenzen festsetzen und

6. für Prüfungen die Bestellung und die Zusammensetzung der Prüfungsorgane sowie das Prüfverfahren regeln.

§ 70

§ 82
Bauaufsichtliche Zustimmung

(1) [1]Wenn der Bund oder ein Land Bauherr ist und durch Bedienstete mit der Befähigung zum höheren technischen Verwaltungsdienst in der Fachrichtung Hochbau oder Bauingenieurwesen die Entwurfsarbeiten leitet und die Bauarbeiten überwacht, tritt an die Stelle einer sonst erforderlichen Baugenehmigung die Zustimmung der obersten Bauaufsichtsbehörde. [2]Dies gilt entsprechend für Baumaßnahmen anderer Bauherren, wenn das Staatliche Baumanagement Niedersachsen oder die Klosterkammer Hannover nach Satz 1 tätig wird.

(2) [1]Der Antrag auf Zustimmung ist bei der obersten Bauaufsichtsbehörde einzureichen. [2]§ 71 Abs. 2 und 3, §§ 72, 73 Abs. 2 bis 5, §§ 74 und 75, §§ 76, 77 und 78 Abs. 1 gelten für das Zustimmungsverfahren sinngemäß. [3]Die Gemeinde ist, soweit nicht andere Vorschriften eine weitergehende Beteiligung erfordern, zu der Baumaßnahme zu hören.

(3) [1]Im Zustimmungsverfahren wird die Baumaßnahme nur auf ihre Vereinbarkeit mit

1. den §§ 7 bis 13, 47, den Vorschriften über den Brandschutz, ausgenommen die Anforderungen an die Feuerwiderstandsdauer der Bauteile,

2. dem städtebaulichen Planungsrecht und

3. dem Niedersächsischen Denkmalschutzgesetz

geprüft und, falls erforderlich, die Entscheidung nach § 13 des Niedersächsischen Naturschutzgesetzes getroffen. ²Wenn das Staatliche Baumanagement Niedersachsen die Entwurfsarbeiten leitet und die Bauarbeiten überwacht, entfällt auch die Prüfung nach Nummer 1, nicht jedoch die Prüfung nach § 47 Abs. 6. ³Soweit es der Bauherr verlangt, ist ohne die Beschränkungen nach den Sätzen 1 und 2 über die Vereinbarkeit der Baumaßnahme mit öffentlichem Baurecht zu entscheiden.

(4) ¹Baumaßnahmen, die der Landesverteidigung dienen, bedürfen weder einer Baugenehmigung noch einer Zustimmung nach Absatz 1. ²Sie sind stattdessen der obersten Bauaufsichtsbehörde vor Baubeginn in geeigneter Weise zur Kenntnis zu bringen.

(5) Eine Bauüberwachung und Bauabnahmen durch Bauaufsichtsbehörden finden in Fällen der Absätze 1 und 4 nicht statt.

§ 83
Typenprüfung

(1) ¹Für bauliche Anlagen oder Teile baulicher Anlagen, die in derselben Ausführung an mehreren Stellen errichtet oder verwendet werden sollen, können die Nachweise der Standsicherheit, des Schall- und Wärmeschutzes oder der Feuerwiderstandsdauer der Bauteile allgemein geprüft werden (Typenprüfung). ²Fliegende Bauten (§ 84) unterliegen nicht der Typenprüfung.

(2) ¹Die Typenprüfung wird auf schriftlichen Antrag von Prüfämtern für Baustatik durchgeführt. ²Soweit die Typenprüfung ergibt, dass die Ausführung dem öffentlichen Baurecht entspricht, ist dies durch Bescheid festzustellen. ³Diese Bescheide dürfen nur widerruflich und für eine bestimmte Frist erteilt werden, die fünf Jahre nicht überschreiten soll. ⁴Die Frist kann auf schriftlichen Antrag um jeweils höchstens fünf Jahre verlängert werden. ⁵§ 71 Abs. 2 und § 77 Satz 4 gelten sinngemäß.

(3) Ein Bescheid über eine Typenprüfung macht die Baugenehmigung nicht entbehrlich.

(4) Bescheide über Typenprüfungen von Behörden anderer Länder gelten auch in Niedersachsen.

§ 84
Genehmigung fliegender Bauten

(1) ¹Fliegende Bauten sind bauliche Anlagen, die geeignet und bestimmt sind, an verschiedenen Orten wiederholt und befristet aufgestellt und wieder abgebaut zu werden. ²Baustelleneinrichtungen, Baugerüste, Zelte, die dem Wohnen dienen, und Wohnwagen gelten nicht als fliegende Bauten.

(2) ¹Fliegende Bauten bedürfen keiner Baugenehmigung. ²Ein fliegender Bau darf jedoch zum Gebrauch nur aufgestellt werden, wenn für diesen eine Ausführungsgenehmigung erteilt worden ist. ³Keiner Ausführungsgenehmigung bedarf es

1. für die im Anhang genannten fliegenden Bauten,

2. unter den Voraussetzungen des § 82 Abs. 1,

3. für fliegende Bauten, die der Landesverteidigung dienen.

(3) Die oberste Bauaufsichtsbehörde bestimmt, welche Bauaufsichtsbehörde für Ausführungsgenehmigungen zuständig ist.

(4) ¹Die Ausführungsgenehmigung wird auf schriftlichen Antrag für eine bestimmte Frist, längstens für fünf Jahre, erteilt. ²Sie kann auf schriftlichen Antrag um jeweils höchstens fünf Jahre verlängert werden. ³Die Ausführungsgenehmigung und deren Verlängerung werden in einem Prüfbuch erteilt, dem eine Ausfertigung der mit Genehmigungsvermerk versehenen Bauvorlagen beizufügen ist.

(5) ¹Der Inhaber der Ausführungsgenehmigung hat den Wechsel seines Wohnsitzes oder seiner gewerblichen Niederlassung oder die Übertragung eines fliegenden Baues an Dritte der für die Ausführungsgenehmigung zuständigen Behörde anzuzeigen. ²Die Behörde hat die Änderungen in das Prüfbuch einzutragen und sie, wenn mit den Änderungen ein Wechsel der Zuständigkeit verbunden ist, der nunmehr zuständigen Behörde mitzuteilen.

(6) ¹Die Aufstellung fliegender Bauten, die einer Ausführungsgenehmigung bedürfen, muss rechtzeitig vorher der Bauaufsichtsbehörde des Aufstellungsortes unter Vorlage des Prüfbuchs angezeigt werden. ²Diese Bauten dürfen unbeschadet anderer Vorschriften nur in Gebrauch genommen werden, wenn die Bauaufsichtsbehörde sie abgenommen hat (Gebrauchsabnahme). ³Das Ergebnis der Gebrauchsabnahme ist in das Prüfbuch einzutragen. ⁴Die Bauaufsichtsbehörde kann im Einzelfall auf die Gebrauchsabnahme verzichten.

(7) [1]Die Bauaufsichtsbehörde hat die notwendigen Auflagen zu machen oder die Aufstellung oder den Gebrauch fliegender Bauten zu untersagen, soweit dies nach den örtlichen Verhältnissen oder zur Abwehr von Gefahren erforderlich ist, besonders weil die Betriebs- oder Standsicherheit nicht oder nicht mehr gewährleistet ist oder weil von der Ausführungsgenehmigung abgewichen wird. [2]Wird die Aufstellung oder der Gebrauch aufgrund von Mängeln am fliegenden Bau untersagt, so ist dies in das Prüfbuch einzutragen; die für die Ausführungsgenehmigung zuständige Bauaufsichtsbehörde ist zu benachrichtigen. [3]Das Prüfbuch ist einzuziehen und der für die Ausführungsgenehmigung zuständigen Bauaufsichtsbehörde zuzuleiten, wenn die Herstellung ordnungsgemäßer Zustände innerhalb angemessener Frist nicht zu erwarten ist.

(8) [1]Bei fliegenden Bauten, die längere Zeit an einem Aufstellungsort betrieben werden, kann die für die Gebrauchsabnahme zuständige Bauaufsichtsbehörde weitere Abnahmen durchführen. [2]Das Ergebnis dieser Abnahmen ist in das Prüfbuch einzutragen.

(9) § 69 Abs. 2, § 71 Abs. 2, § 75 Abs. 1, § 77 Satz 4, § 80 Abs. 3 und 5 sowie § 81 gelten sinngemäß.

(10) Die Ausführungsgenehmigungen anderer Länder gelten auch in Niedersachsen.

TEIL XI

Sonstige Vorschriften über die Bauaufsicht

§ 85

Ausnahmen

(1) Ausnahmen, die in diesem Gesetz oder in Vorschriften aufgrund dieses Gesetzes vorgesehen sind, können zugelassen werden, wenn sie mit den öffentlichen Belangen vereinbar sind.

(2) Eine Ausnahme wird, wenn eine Baugenehmigung oder eine Entscheidung nach §§ 74, 76, 82, 83, 84 oder 94 von ihr abhängt, durch die Baugenehmigung oder die andere Entscheidung zugelassen, anderenfalls durch besondere schriftliche Entscheidung.

(3) Über Ausnahmen für die in § 82 genannten Baumaßnahmen entscheidet die oberste Bauaufsichtsbehörde.

(4) Die Absätze 2 und 3 gelten auch für Ausnahmen nach anderen Vorschriften des öffentlichen Baurechts, soweit nichts Abweichendes bestimmt ist.

§ 86
Befreiungen

(1) Von Vorschriften dieses Gesetzes oder von Vorschriften aufgrund dieses Gesetzes kann auf ausdrücklichen Antrag Befreiung erteilt werden, wenn

1. die Einhaltung der Vorschrift im Einzelfall zu einer offenbar nicht beabsichtigten Härte führen würde und die Abweichung auch unter Würdigung nachbarlicher Interessen mit den öffentlichen Belangen vereinbar ist oder

2. das Wohl der Allgemeinheit die Abweichung erfordert.

(2) [1]§ 85 Abs. 2 bis 4 gilt für Befreiungen entsprechend. [2]Es ist anzugeben, von welchen Vorschriften und in welchem Umfang Befreiung erteilt wird.

§ 87
Regelmäßige Überprüfung

Soweit dies erforderlich ist, um die Erfüllung der Anforderungen nach § 1 zu sichern, kann die oberste Bauaufsichtsbehörde allgemein durch Verordnung oder die untere Bauaufsichtsbehörde im Einzelfall eine regelmäßige Überprüfung von baulichen Anlagen oder von Teilen baulicher Anlagen durch die Bauaufsichtsbehörde oder durch Sachkundige, Sachverständige oder amtlich anerkannte Sachverständige vorschreiben und Art, Umfang, Häufigkeit und Nachweis der Überprüfung näher regeln.

§ 88
Betreten der Grundstücke und der baulichen Anlagen

[1]Bedienstete und sonstige Beauftragte der in § 63 genannten Behörden dürfen in Ausübung ihres Amtes Grundstücke und bauliche Anlagen einschließlich der Wohnungen auch gegen den Willen der Betroffenen betreten. [2]Sind die Wohnungen in Gebrauch genommen, so dürfen sie gegen den Willen der Betroffenen betreten werden, wenn dies zur Abwehr einer erheblichen Gefahr für die öffentliche Sicherheit erforderlich ist. [3]Das Grundrecht der Unverletzlichkeit der Wohnung nach Artikel 13 des Grundgesetzes wird insoweit eingeschränkt.

§ 89

Baurechtswidrige Zustände, Bauprodukte und Baumaßnahmen

(1) [1]Widersprechen bauliche Anlagen, Grundstücke, Bauprodukte oder Baumaßnahmen dem öffentlichen Baurecht oder ist dies zu besorgen, so kann die Bauaufsichtsbehörde nach pflichtgemäßem Ermessen die Maßnahmen anordnen, die zur Herstellung oder Sicherung rechtmäßiger Zustände erforderlich sind. [2]Sie kann namentlich

1. die Einstellung rechtswidriger oder die Ausführung erforderlicher Arbeiten verlangen,

2. die Einstellung der Arbeiten anordnen, wenn Bauprodukte verwendet werden, die unberechtigt mit dem CE-Zeichen (§ 24 Abs. 1 Satz 1 Nr. 2) oder mit dem Ü-Zeichen (§ 28 Abs. 4) gekennzeichnet sind oder ein erforderliches CE- oder Ü-Zeichen nicht tragen,

3. die Verwendung von Bauprodukten, die entgegen § 28 mit dem Ü-Zeichen gekennzeichnet sind, untersagen und deren Kennzeichnung entwerten oder beseitigen lassen,

4. die Beseitigung von baulichen Anlagen oder Teilen baulicher Anlagen anordnen,

5. die Benutzung von baulichen Anlagen untersagen, insbesondere Wohnungen für unbewohnbar erklären.

(2) [1]Die Bauaufsichtsbehörde hat ihre Anordnungen an die Personen zu richten, die nach den §§ 57 bis 62 verantwortlich sind. [2]Nach Maßgabe der §§ 8, 80 bis 86 des Niedersächsischen Gesetzes über die öffentliche Sicherheit und Ordnung kann sie auch nicht verantwortliche Personen in Anspruch nehmen. [3]Die Anordnungen gelten auch gegenüber den Rechtsnachfolgern.

(3) Die Bauaufsichtsbehörde soll vor Anordnungen nach Absatz 1 die Angelegenheit mit den Betroffenen erörtern, sofern die Umstände nicht ein sofortiges Einschreiten erfordern.

(4) [1]Die Bauaufsichtsbehörde kann nach Maßgabe der §§ 64 bis 74 des Niedersächsischen Gesetzes über die öffentliche Sicherheit und Ordnung Zwangsmittel anwenden. [2]Sie kann ferner bauliche Anlagen, Teile baulicher Anlagen oder Arbeitsstellen versiegeln und Bauprodukte, Geräte, Maschinen und Hilfsmittel sicherstellen, soweit dies zur Durchsetzung von Anordnungen nach Absatz 1 erforderlich ist.

§ 90
– aufgehoben –

§ 91
Ordnungswidrigkeiten

(1) Ordnungswidrig handelt, wer vorsätzlich oder fahrlässig

1. eine Baumaßnahme ohne die erforderliche Baugenehmigung (§ 68 Abs. 1) oder abweichend von der Baugenehmigung durchführt oder durchführen lässt,

2. eine bauliche Anlage entgegen einer vollziehbaren Anordnung nach § 80 Abs. 6 Satz 2 benutzt,

3. fliegende Bauten ohne die erforderliche Ausführungsgenehmigung (§ 84 Abs. 2) aufstellt oder entgegen § 84 Abs. 6 ohne Anzeige aufstellt oder ohne die erforderliche Gebrauchsabnahme (§ 84 Abs. 6) in Gebrauch nimmt,

4. als Bauherr die in § 57 Abs. 4 und 6 vorgeschriebenen Mitteilungen an die Bauaufsichtsbehörde unterlässt,

5. als Unternehmer entgegen § 59 Abs. 1 Satz 2 die vorgeschriebenen Nachweise nicht erbringt oder nicht auf der Baustelle bereithält,

6. Bauarbeiten ohne Abgrenzungen, Warnzeichen, Schutzvorrichtungen oder Schutzmaßnahmen durchführt oder durchführen lässt, die nach § 17 Abs. 1 oder 2 erforderlich sind,

7. als Bauherr das nach § 17 Abs. 3 erforderliche Bauschild nicht aufstellt,

8. als Entwurfsverfasserin oder Entwurfsverfasser oder als Sachverständige oder Sachverständiger eine Erklärung nach § 69a Abs. 3 Nr. 2 oder 3 oder nach § 75a Abs. 8 Nr. 1 oder 2 abgibt, die unrichtig ist,

9. eine Baumaßnahme nach § 69a ohne die Bestätigung nach § 69a Abs. 1 Nr. 2 oder nach Ablauf der Frist des § 69a Abs. 5 Satz 2 durchführt oder durchführen lässt,

10. in Fällen des § 69a eine Baumaßnahme entgegen § 69a Abs. 6 abweichend von dem Entwurf durchführt oder durchführen lässt,

11. Bauprodukte mit dem Ü-Zeichen kennzeichnet, ohne dass dafür die Voraussetzungen nach § 28 Abs. 4 vorliegen,

12. Bauprodukte entgegen § 24 Abs. 1 Satz 1 Nr. 1 ohne das Ü-Zeichen verwendet,

13. Bauarten entgegen § 27 ohne allgemeine bauaufsichtliche Zulassung, allgemeines bauaufsichtliches Prüfzeugnis oder Zustimmung im Einzelfall anwendet.

(2) [1]Ordnungswidrig handelt, wer einer vollziehbaren schriftlichen Anordnung der Bauaufsichtsbehörde zuwiderhandelt, die nach diesem Gesetz oder nach Vorschriften aufgrund dieses Gesetzes erlassen worden ist. [2]Ein Bußgeld darf jedoch nur festgesetzt werden, wenn die Anordnung auf diese Bußgeldvorschrift verweist.

(3) Ordnungswidrig handelt, wer einer aufgrund dieses Gesetzes ergangenen Verordnung oder örtlichen Bauvorschrift zuwiderhandelt, sofern die Verordnung oder die örtliche Bauvorschrift für bestimmte Tatbestände auf diese Bußgeldvorschrift verweist.

(4) Ordnungswidrig handelt, wer wider besseres Wissen unrichtige Angaben macht oder unrichtige Pläne oder Unterlagen vorlegt, um einen Verwaltungsakt nach diesem Gesetz zu erwirken oder zu verhindern.

(5) Die Ordnungswidrigkeiten nach Absatz 1 Nrn. 1, 3 und 8 bis 13 sowie nach Absatz 3 können mit einer Geldbuße bis zu 500 000 Euro, die übrigen Ordnungswidrigkeiten mit einer Geldbuße bis zu 50 000 Euro geahndet werden.

(6) [1]Bei Ordnungswidrigkeiten nach Absatz 1 Nrn. 11 und 12 können die dort bezeichneten Bauprodukte eingezogen werden. [2]§ 23 des Gesetzes über Ordnungswidrigkeiten ist anzuwenden.

§ 92
Baulasten

(1) [1]Durch Erklärung gegenüber der Bauaufsichtsbehörde können Grundstückseigentümer öffentlich-rechtliche Verpflichtungen zu einem ihre Grundstücke betreffenden Tun, Dulden oder Unterlassen übernehmen, die sich nicht schon aus dem öffentlichen Baurecht ergeben (Baulasten). [2]Baulasten werden mit der Eintragung in das Baulastenverzeichnis wirksam und wirken auch gegenüber den Rechtsnachfolgern.

(2) Die Erklärung nach Absatz 1 bedarf der Schriftform; die Unterschrift muss öffentlich beglaubigt oder von einer Vermessungsstelle nach § 6 Abs. 1, 2 oder 3 des Niedersächsischen Gesetzes über das amtliche Vermessungswesen, beglaubigt sein, wenn sie nicht vor der Bauaufsichtsbehörde geleistet oder vor ihr anerkannt wird.

(3) [1]Die Bauaufsichtsbehörde kann auf die Baulast verzichten, wenn ein öffentliches und privates Interesse an der Baulast nicht mehr besteht. [2]Sie hat unter dieser Voraussetzung auf Antrag eines Beteiligten auf die Baulast zu verzichten. [3]Vor dem Verzicht sind die Eigentümer der begünstigten Grundstücke zu hören. [4]Der Verzicht

wird mit der Löschung der Baulast im Baulastenverzeichnis wirksam.
[5]Von der Eintragung sind die Eigentümer des belasteten Grundstücks und der begünstigten Grundstücke zu benachrichtigen.

§ 93
Baulastenverzeichnis

(1) Das Baulastenverzeichnis wird von der Bauaufsichtsbehörde geführt.

(2) In das Baulastenverzeichnis können auch eingetragen werden, soweit ein öffentliches Interesse an der Eintragung besteht,

1. Verpflichtungen des Eigentümers zu einem sein Grundstück betreffenden Tun, Dulden oder Unterlassen, die sich aus öffentlichem Baurecht ergeben,

2. Bedingungen, Befristungen und Widerrufsvorbehalte.

(3) Wer ein berechtigtes Interesse darlegt, kann das Baulastenverzeichnis einsehen und sich Auszüge erteilen lassen.

(4) Die oberste Bauaufsichtsbehörde kann durch Verordnung die Einrichtung des Baulastenverzeichnisses und das Eintragungsverfahren näher regeln.

§ 94
Grundstücksteilungen

(1) [1]Die Teilung eines Grundstücks, das bebaut ist oder dessen Bebauung genehmigt ist, bedarf zu ihrer Wirksamkeit der Genehmigung der Bauaufsichtsbehörde. [2]Die Genehmigung ist zu versagen, wenn durch die Teilung Verhältnisse geschaffen würden, die diesem Gesetz, den Rechtsvorschriften aufgrund dieses Gesetzes oder dem Niedersächsischen Gesetz über Spielplätze zuwiderlaufen. [3]§ 19 Abs. 1 sowie § 22 Abs. 5 Sätze 2 bis 4 des Baugesetzbuchs gelten entsprechend. [4]Bedarf die Teilung keiner Genehmigung oder gilt sie als genehmigt, so hat die Baugenehmigungsbehörde auf Antrag von Beteiligten darüber ein Zeugnis auszustellen; das Zeugnis steht einer Genehmigung gleich.

(2) Eine Genehmigung ist nicht erforderlich

1. wenn der Bund, das Land Niedersachsen oder eine Gebietskörperschaft, die Aufgaben einer unteren Bauaufsichtsbehörde wahrnimmt, als Eigentümer oder Erwerber beteiligt ist,

2. wenn die Teilung dem Bau oder der Änderung einer öffentlichen Straße dient.

(3) Die oberste Bauaufsichtsbehörde kann durch Verordnung nähere Vorschriften über Form und Inhalt des Genehmigungsantrags und der zur Beurteilung erforderlichen Unterlagen erlassen.

TEIL XII
Ausführungsvorschriften, Übergangs- und Schlussvorschriften

§ 95
Verordnungen

(1) Die oberste Bauaufsichtsbehörde kann durch Verordnung Vorschriften zur näheren Bestimmung der allgemeinen Anforderungen nach den §§ 1, 5 bis 23, 30 bis 49 und 53 erlassen.

(2) Für bestimmte bauliche Anlagen oder Räume besonderer Art oder Nutzung (§ 51) kann die oberste Bauaufsichtsbehörde durch Verordnung

1. die nach § 51 Abs. 1 zulässigen besonderen Anforderungen allgemein festsetzen,

2. abweichend von den §§ 5 bis 49 und 53 geringere Anforderungen vorschreiben, soweit es infolge der besonderen Art oder Nutzung unter Berücksichtigung des Zwecks der Vorschriften gerechtfertigt ist.

(3) [1]Die oberste Bauaufsichtsbehörde kann durch Verordnung

1. die Voraussetzungen festlegen, die Sachkundige, Sachverständige oder amtlich anerkannte Sachverständige, die nach diesem Gesetz oder nach Vorschriften aufgrund dieses Gesetzes herangezogen werden können, zu erfüllen haben. [2]Dabei können insbesondere Mindestanforderungen an die Ausbildung, die Fachkenntnisse und an die Berufserfahrung gestellt sowie der Nachweis der persönlichen Zuverlässigkeit gefordert werden;

2. a) das Anerkennungsverfahren nach § 28c Abs. 1,

   b) für amtlich anerkannte Sachverständigedie Voraussetzungen für die Anerkennung, ihren Widerruf und ihr Erlöschen regeln, insbesondere auch Altersgrenzen festlegen, sowie eine ausreichende Haftpflichtversicherung fordern;

3. die Anwesenheit fachkundiger Personen beim Betrieb technisch schwieriger baulicher Anlagen, wie Bühnenbetriebe und technisch schwierige fliegende Bauten, vorschreiben und entsprechend Nummer 1 Anforderungen an die fachkundigen Personen stellen und hierüber einen Nachweis verlangen.

(4) [1]Die oberste Bauaufsichtsbehörde kann durch Verordnung bestimmen, dass die Anforderungen der aufgrund des § 14 des Geräte- und Produktsicherheitsgesetzes vom 6. Januar 2004 (BGBl. I S. 2, 219) und des § 16 Abs. 4 des Energiewirtschaftsgesetzes vom 24. April 1998 (BGBl. I S. 730), zuletzt geändert durch Artikel 126 der Verordnung vom 25. November 2003 (BGBl. I S. 2304), erlassenen Rechtsverordnungen entsprechend für Anlagen gelten, die nicht gewerblichen Zwecken dienen und nicht im Rahmen wirtschaftlicher Unternehmen Verwendung finden. [2]Sie kann die Verfahrensvorschriften dieser Verordnungen für anwendbar erklären oder selbst das Verfahren bestimmen und Gebühren regeln sowie Zuständigkeiten auf Behörden übertragen, die nicht Bauaufsichtsbehörden sind.

(5) Die oberste Bauaufsichtsbehörde kann durch Verordnung nähere Vorschriften über Umfang, Inhalt und Form der nach § 69a Abs. 3 einzureichenden Unterlagen erlassen.

§ 95a
Bekanntmachung abweichender Zuständigkeiten

Die Übertragung von Aufgaben und Zuständigkeiten nach § 63 Abs. 2, § 63a Abs. 1, § 66 Abs. 2 und § 84 Abs. 3 ist im Niedersächsischen Ministerialblatt bekannt zu machen.

§ 96
Technische Baubestimmungen

(1) Die oberste Bauaufsichtsbehörde kann Regeln der Technik, die der Erfüllung der Anforderungen des § 1 dienen, als Technische Baubestimmungen im Niedersächsischen Ministerialblatt bekannt machen.

(2) [1]Die Technischen Baubestimmungen sind einzuhalten. [2]Von ihnen darf abgewichen werden, wenn den Anforderungen des § 1 auf andere Weise ebenso wirksam entsprochen wird; § 24 Abs. 3 und § 27 bleiben unberührt.

§ 97
Verfahren beim Erlass örtlicher Bauvorschriften

(1) [1]Örtliche Bauvorschriften werden als Satzung im übertragenen Wirkungskreis erlassen. [2]Die Vorschriften für das Verfahren bei der Aufstellung von Bebauungsplänen gelten einschließlich der Vorschriften über die Folgen von Verfahrensmängeln entsprechend; § 6 Abs. 2 des Baugesetzbuchs ist nicht anzuwenden. [3]Anforderungen in örtlichen Bauvorschriften können auch in zeichnerischer Form gestellt werden.

(2) Ist an Stelle einer Gemeinde eine andere Körperschaft für die Aufstellung von Bebauungsplänen zuständig, so gilt dies auch für den Erlass örtlicher Bauvorschriften.

§ 98
Örtliche Bauvorschriften in Bebauungsplänen

Örtliche Bauvorschriften (§ 56) können in Bebauungspläne und in Satzungen nach § 34 Abs. 4 Satz 1 Nrn. 2 und 3 des Baugesetzbuchs als Festsetzungen aufgenommen werden.

§ 99
Anforderungen an bestehende und genehmigte bauliche Anlagen

(1) Bauliche Anlagen, die vor dem 1. Januar 1974 rechtmäßig errichtet oder begonnen wurden oder am 1. Januar 1974 aufgrund einer Baugenehmigung oder Bauanzeige errichtet werden dürfen, brauchen an Vorschriften dieses Gesetzes, die vom bisherigen Recht abweichen, nur in den Fällen der Absätze 2 bis 4 angepasst zu werden.

(2) Die Bauaufsichtsbehörde kann eine Anpassung verlangen, wenn dies zur Erfüllung der Anforderungen des § 1 Abs. 1 erforderlich ist.

(3) Wird eine bauliche Anlage geändert, so kann die Bauaufsichtsbehörde verlangen, dass auch von der Änderung nicht betroffene Teile der baulichen Anlage angepasst werden, wenn sich die Kosten der Änderung dadurch um nicht mehr als 20 vom Hundert erhöhen.

(4) [1]Soweit bauliche Anlagen an die Vorschriften dieses Gesetzes anzupassen sind, können nach bisherigem Recht erteilte Baugenehmigungen ohne Entschädigung widerrufen werden. [2]Dies gilt sinngemäß für Vorbescheide und Bauanzeigen.

(5) Die Absätze 1 bis 4 gelten entsprechend für die Anpassung baulicher Anlagen an Vorschriften, die aufgrund dieses Gesetzes ergehen.

§ 100
Übergangsvorschriften

(1) Für die vor dem 31. Dezember 2002 eingeleiteten Verfahren sind weiterhin die bis zum 30. Dezember 2002 geltenden, durch Artikel 1 des Gesetzes zur Änderung des Baurechts vom 11. Dezember 2002 (Nds. GVBl. S. 796) geänderten Vorschriften dieses Gesetzes anzuwenden.

(2) Nachweise im Sinne des § 69a Abs. 1 Nrn. 4 und 5 und des § 75a Abs. 3 Sätze 1 und 2 dürfen auch von Personen aufgestellt werden, die eine Bestätigung nach § 1 Abs. 2 Satz 4 der Prüfeinschränkungsverordnung vom 15. Mai 1986 (Nds. GVBl. S. 153), geändert durch Verordnung vom 15. Oktober 1986 (Nds. GVBl. S. 340), haben.

(3) Nachweise im Sinne des § 69a Abs. 1 Nr. 4 und des § 75a Abs. 3 Satz 1 dürfen auch von Ingenieurinnen und Ingenieuren, die die Voraussetzungen des § 58 Abs. 3 Nr. 3 erfüllen, aufgestellt werden, wenn der Bauantrag oder, in den Fällen des § 69a Abs. 1 Nr. 4, der Entwurf bis zum 31. Dezember 2006 bei der Bauaufsichtsbehörde eingeht.

(4) Personen, Stellen, Überwachungsgemeinschaften und Behörden, die am 30. Juni 1995 zu Prüfstellen bestimmt oder als Überwachungsstellen anerkannt waren, gelten für ihren bisherigen Aufgabenbereich weiterhin als Prüf- oder Überwachungsstellen nach § 28c Abs. 1 Satz 1 Nr. 2 oder 4.

(5) Wer seit dem 1. Januar 1971 in Ausübung seines Berufes ständig andere als die in § 58 Abs. 6 Nr. 2 genannten Entwürfe verfasst hat, darf weiterhin bis zum 31. Dezember 2020 entsprechende Entwürfe verfassen, wenn diese Befugnis durch die seinerzeit zuständige obere Bauaufsichtsbehörde nach § 100 in der bis zum 30. Juni 1995 geltenden Fassung vom 6. Juni 1986 (Nds. GVBl. S. 157) erteilt worden ist.

§ 101
– aufgehoben –

§ 102
Inkrafttreten[1]

[1]Dieses Gesetz tritt am 1. Januar 1974 in Kraft. [2]Die Vorschriften über die Ermächtigung zum Erlass von Verordnungen und örtlichen Bauvorschriften treten jedoch am Tage nach der Verkündung in Kraft.

---

1) **Anm. d. Verlages:** Diese Vorschrift betrifft das Inkrafttreten des Gesetzes in der ursprünglichen Fassung vom 23. Juli 1973 (Nds. GVBl. S. 259). Der Zeitpunkt des Inkrafttretens der späteren Änderungen ergibt sich aus den in der Bekanntmachung vom 6. Juni 1986 (Nds. GVBl. S. 157) und 13. Juli 1995 (Nds. GVBl. S. 199) sowie den in der vorangestellten Bekanntmachung näher bezeichneten Gesetzen.

Anhang

Genehmigungsfreie bauliche Anlagen und Teile baulicher Anlagen

Übersicht

1. Gebäude

2. Feuerungs- und andere Energieerzeugungsanlagen

3. Leitungen und Anlagen für Lüftung, Wasser- und Energieversorgung, Abwasserbeseitigung und Fernmeldewesen

4. Masten, Antennen und ähnliche bauliche Anlagen

5. Behälter

6. Einfriedungen, Stützmauern, Brücken und Durchlässe

7. Aufschüttungen, Abgrabungen und Erkundungsbohrungen

8. Bauliche Anlagen auf Camping- und Wochenendplätzen

9. Bauliche Anlagen in Gärten und zur Freizeitgestaltung

10. Werbeanlagen, Warenautomaten und Hinweisschilder

11. Fliegende Bauten und sonstige vorübergehend aufgestellte oder genutzte bauliche Anlagen

12. Tragende und nicht tragende Bauteile

13. Fenster, Türen, Außenwände und Dächer

14. Sonstige bauliche Anlagen und Teile baulicher Anlagen

1. Gebäude

1.1 Gebäude und Vorbauten ohne Aufenthaltsräume, Toiletten und Feuerstätten, wenn die Gebäude und Vorbauten nicht mehr als 40 m³ – im Außenbereich nicht mehr als 20 m³ – Brutto-Rauminhalt haben und weder Verkaufs- noch Ausstellungszwecken dienen; Garagen mit notwendigen Einstellplätzen jedoch nur, wenn die Einstellplätze genehmigt oder nach § 69a genehmigungsfrei sind,

1.2 Gebäude bis 70 m² Grundfläche und 4 m Höhe, die einem land- oder forstwirtschaftlichen Betrieb dienen, nur zum vorübergehenden Schutz von Tieren oder zur Unterbringung von Ernteerzeugnissen bestimmt sind und keine Feuerstätten haben,

1.3 Gewächshäuser mit nicht mehr als 30 m³ Brutto-Rauminhalt, im Außenbereich mit nicht mehr als 15 m³ Brutto-Rauminhalt jedoch nur als Nebenanlage eines höchstens 50 m entfernten Gebäudes mit Aufenthaltsräumen,

1.4 Gewächshäuser bis 4 m Firsthöhe, die einem landwirtschaftlichen Betrieb dienen,

1.5 Gartenlauben in einer Kleingartenanlage nach dem Bundeskleingartengesetz,

1.6 Fahrgastunterstände, die dem öffentlichen Personenverkehr oder dem Schülertransport dienen, bis 20 m² Grundfläche,

1.7 Schutzhütten, wenn sie jedermann zugänglich sind, keine Aufenthaltsräume haben und von einer Körperschaft des öffentlichen Rechts unterhalten werden.

2. Feuerungs- und andere Energieerzeugungsanlagen

2.1 Feuerungsanlagen, ausgenommen Schornsteine,

2.2 Schornsteine in und an vorhandenen Gebäuden,

2.3 Wärmepumpen,

2.4 Solarenergieanlagen und Sonnenkollektoren in und an Dach- und Außenwandflächen,

2.5 Blockheizkraftwerke in Gebäuden.

3. Leitungen und Anlagen für Lüftung, Wasser- und Energieversorgung, Abwasserbeseitigung und Fernmeldewesen

3.1 Lüftungsleitungen, Leitungen von Klimaanlagen und Warmluftheizungen, Installationsschächte und Installationskanäle, die nicht durch Decken oder Wände, die feuerbeständig sein müssen, oder Gebäudetrennwände geführt werden,

3.2 Leitungen für Elektrizität, Wasser, Abwasser, Niederschlagswasser, Gas oder Wärme,

3.3 Brunnen,

3.4 Wasser- und Warmwasserversorgungsanlagen in genehmigten Gebäuden,

3.5 Abwasserbehandlungsanlagen für höchstens täglich 8 m³ häusliches Schmutzwasser,

3.6 Sanitärinstallationen, wie Toiletten, Waschbecken oder Badewannen, in Wohngebäuden und Wohnungen,

3.7 Anlagen zur Verteilung von Wärme bei Warmwasser- und Niederdruckdampfheizungen,

3.8 bauliche Anlagen, die ausschließlich dem Fernmeldewesen, der öffentlichen Versorgung mit Elektrizität, Gas, Öl, Wärme und Wasser oder der Wasserwirtschaft dienen, wie Transformatoren-, Schalt-, Regler- oder Pumpstationen, wenn sie eine Grundfläche von höchstens 20 m² und eine Höhe von nicht mehr als 4 m haben.

4. Masten, Antennen und ähnliche bauliche Anlagen

4.1 Masten und Unterstützungen für Freileitungen und für Fernsprechleitungen,

4.2 Antennen, die einschließlich der Masten nicht höher als 10 m sind, und zugehörige Versorgungseinheiten bis 20 m³ Brutto-Rauminhalt (Antennenanlagen); genehmigungsfrei ist auch die mit der Errichtung und Nutzung solcher Antennenanlagen verbundene Änderung der Nutzung oder der äußeren Gestalt bestehender baulicher Anlagen, in, auf oder an denen diese errichtet werden,

4.3 ortsveränderliche Antennenanlagen, die für höchstens drei Monate aufgestellt werden,

4.4 Sirenen und deren Masten,

4.5 Signalhochbauten der Landesvermessung,

4.6 Unterstützungen von Seilbahnen, die der Lastenbeförderung dienen und nicht über öffentliche Verkehrsflächen führen,

4.7 Fahnenmasten,

4.8 Blitzschutzanlagen.

5. Behälter

5.1 Behälter zur Lagerung wassergefährdender Stoffe – ausgenommen Jauche und Gülle – bis 1 m³ Behälterinhalt, in Gebäuden oder im Erdreich auch mit mehr als 1 m³ Behälterinhalt, einschließlich Rohrleitungen, Auffangräumen und Auffangvorrichtungen sowie der zugehörigen Betriebs- und Sicherheitseinrichtungen und Schutzvorkehrungen; in Gebäuden oder Brandabschnitten, in denen mehr als 5000 l Heizöl gelagert werden, dürfen Behälter für Heizöl nur in den dafür genehmigten Räumen aufgestellt werden,

5.2 Gärfutterbehälter bis 6 m Höhe,

5.3 Behälter für verflüssigte Gase mit einem Fassungsvermögen von weniger als 3 t; unberührt bleiben Vorschriften, nach denen vor Inbetriebnahme solcher Behälter deren ordnungsgemäße Aufstellung bescheinigt werden muss,

5.4 Behälter für nicht verflüssigte Gase bis 6 m³ Behälterinhalt,

5.5 transportable Behälter für feste Stoffe,

5.6 Behälter bis 50 m³ Rauminhalt und bis 3 m Höhe, die einem land- oder forstwirtschaftlichen Betrieb dienen und nicht für Gase, brennbare Flüssigkeiten oder wassergefährdende Stoffe, insbesondere Jauche und Gülle, bestimmt sind,

5.7 Behälter für Regenwasser bis 50 m³ Rauminhalt.

6. Einfriedungen, Stützmauern, Brücken und Durchlässe

6.1 Einfriedungen bis 1,80 m Höhe über der Geländeoberfläche nach § 16, im Außenbereich nur als Nebenanlage eines höchstens 50 m entfernten Gebäudes mit Aufenthaltsräumen,

6.2 Stützmauern bis 1,50 m Höhe über der Geländeoberfläche nach § 16,

6.3 offene Einfriedungen ohne Sockel, die einem land- oder forstwirtschaftlichen Betrieb dienen,

6.4 Durchlässe und Brücken bis 5 m Lichtweite.

7. Aufschüttungen, Abgrabungen und Erkundungsbohrungen

7.1 Selbstständige Aufschüttungen und Abgrabungen bis 3 m Höhe oder Tiefe, im Außenbereich nur, wenn die Aufschüttungen und Abgrabungen nicht der Herstellung von Teichen dienen oder nicht mehr als 300 m² Fläche haben,

7.2 künstliche Hohlräume unter der Erdoberfläche bis 15 m³ Rauminhalt,

7.3 Erkundungsbohrungen.

8. Bauliche Anlagen auf Camping- und Wochenendplätzen

8.1 Wohnwagen, Zelte und bauliche Anlagen, die keine Gebäude sind, auf Campingplätzen,

8.2 Wochenendhäuser und bauliche Anlagen, die keine Gebäude sind, auf Wochenendplätzen.

9. Bauliche Anlagen in Gärten und zur Freizeitgestaltung

9.1 Bauliche Anlagen, die der Gartennutzung, der Gartengestaltung oder der zweckentsprechenden Einrichtung von Gärten dienen, wie Bänke, Sitzgruppen oder Pergolen, ausgenommen Gebäude und Einfriedungen,

9.2 Vorrichtungen zum Teppichklopfen und Wäschetrocknen,

9.3 bauliche Anlagen, die der zweckentsprechenden Einrichtung von genehmigten Sport- und Kinderspielplätzen dienen, wie Tore für Ballspiele, Schaukeln und Klettergerüste, ausgenommen Gebäude, Tribünen, Flutlichtanlagen und Ballfangzäune,

9.4 bauliche Anlagen ohne Aufenthaltsräume auf genehmigten Abenteuerspielplätzen,

9.5 bauliche Anlagen für Trimmpfade,

9.6 Sprungschanzen bis 10 m Höhe,

9.7 Wasserbecken bis 100 m^3 Beckeninhalt, im Außenbereich nur als Nebenanlage eines höchstens 50 m entfernten Gebäudes mit Aufenthaltsräumen,

9.8 luftgetragene Schwimmbeckenüberdachungen bis 100 m^2 Grundfläche für Schwimmbecken, die nach Nummer 9.7 genehmigungsfrei sind,

9.9 Sprungtürme und Rutschbahnen bis jeweils 10 m Höhe in genehmigten Freibädern,

9.10 Stege ohne Aufbauten in und an Gewässern,

9.11 Wildfütterungsstände,

9.12 Hochsitze mit einer Nutzfläche bis 4 m^2,

9.13 Loipen und die dazugehörigen baulichen Anlagen, ausgenommen Gebäude.

10. Werbeanlagen, Warenautomaten und Hinweisschilder

10.1 Werbeanlagen mit einer Ansichtsfläche bis 1 m²,

10.2 vorübergehend angebrachte oder aufgestellte Werbeanlagen an der Stätte der Leistung, wenn die Anlagen nicht fest mit dem Boden oder anderen baulichen Anlagen verbunden sind,

10.3 Werbeanlagen für zeitlich begrenzte Veranstaltungen,

10.4 Werbeanlagen, die vorübergehend zu öffentlichen Wahlen oder Abstimmungen angebracht oder aufgestellt werden,

10.5 Warenautomaten,

10.6 Hinweisschilder an öffentlichen Straßen über das Fahrverhalten,

10.7 Orientierungs- und Bildtafeln über Wanderwege, Lehrpfade und über die nach dem Niedersächsischen Naturschutzgesetz geschützten Teile von Natur und Landschaft,

10.8 Werbeanlagen bis 10 m Höhe an der Stätte der Leistung in durch Bebauungsplan festgesetzten Gewerbe-, Industrie- und vergleichbaren Sondergebieten.

11. Fliegende Bauten und sonstige vorübergehend aufgestellte oder genutzte bauliche Anlagen

11.1 Fliegende Bauten bis 5 m Höhe, die nicht dazu bestimmt sind, von Besucherinnen und Besuchern betreten zu werden,

11.2 Gerüste,

11.3 Baustelleneinrichtungen einschließlich der Lagerhallen, Schutzhallen und Unterkünfte,

11.4 vorübergehend genutzte, unbefestigte Lagerplätze für landwirtschaftliche, forstwirtschaftliche und erwerbsgärtnerische Erzeugnisse, wie Kartoffel-, Rübenblatt- und Strohmieten,

11.5 Zelte, die der Landesverteidigung, dem Katastrophenschutz oder der Unfallhilfe dienen und nur vorübergehend aufgestellt werden,

11.6 Zelte, die dem Wohnen dienen und nur gelegentlich für höchstens drei Tage auf demselben Grundstück aufgestellt werden, es sei denn, dass auf dem Grundstück und in dessen Nähe gleichzeitig mehr als zehn Personen zelten,

11.7 Zelte, die fliegende Bauten sind, mit einer Grundfläche bis zu 75 m²,

11.8 bauliche Anlagen, die zu Straßenfesten nur vorübergehend errichtet werden und die keine fliegenden Bauten sind,

11.9 bauliche Anlagen, die für höchstens drei Monate auf genehmigtem Messe- und Ausstellungsgelände errichtet werden, ausgenommen fliegende Bauten,

11.10 bauliche Anlagen, die dem Verkauf landwirtschaftlicher Produkte durch den Erzeuger dienen und nicht fest mit dem Boden verbunden sind, ausgenommen Gebäude,

11.11 Fliegende Bauten bis 5 m Höhe, die für Kinder betrieben werden und eine Geschwindigkeit von höchstens 1 m/s haben,

11.12 Bühnen, die fliegende Bauten sind, einschließlich Überdachungen und sonstiger Aufbauten, bis 5 m Höhe, mit einer Grundfläche bis 100 m² und einer Fußbodenhöhe bis 1,50 m,

11.13 Imbiss- und Verkaufswagen auf öffentlichen Verkehrsflächen und gewerblich genutzten Flächen, außer im Außenbereich.

12. Tragende und nicht tragende Bauteile

12.1 Wände, Decken, Pfeiler, Stützen und Treppen – ausgenommen Außenwände, Gebäudetrennwände und Dachkonstruktionen – in fertig gestellten Wohngebäuden und fertig gestellten Wohnungen, jedoch nicht in Hochhäusern,

12.2 Wände und Decken, die weder tragend noch aussteifend sind und nicht feuerbeständig oder feuerhemmend sein müssen, in fertig gestellten Gebäuden,

12.3 Verkleidungen und Dämmschichten in fertig gestellten Wohngebäuden und fertig gestellten Wohnungen,

12.4 Verkleidungen und Dämmschichten, die weder schwer entflammbar noch nichtbrennbar sein müssen, in fertig gestellten Gebäuden.

13. Fenster, Türen, Außenwände und Dächer

13.1 Öffnungen für Fenster und Türen in fertig gestellten Wohngebäuden und fertig gestellten Wohnungen,

13.2 Fenster und Türen innerhalb vorhandener Öffnungen,

13.3 Fenster- und Rollläden,

13.4 Außenwandverkleidung, Verblendung und Verputz fertig gestellter baulicher Anlagen, die kein sichtbares Holzfachwerk haben,

13.5 Dacheindeckungen, wenn sie nur gegen vorhandene ausgewechselt werden,

13.6 Dächer von vorhandenen Wohngebäuden einschließlich der Dachkonstruktion ohne Änderung der bisherigen äußeren Abmessungen.

14. Sonstige bauliche Anlagen und Teile baulicher Anlagen

14.1 Bauliche Anlagen aufgrund eines Flurbereinigungsplans oder eines im Flurbereinigungsverfahren vorläufig festgestellten Wege- und Gewässerplans, ausgenommen Gebäude, Brücken und Stützmauern,

14.2 Zapfsäulen und Tankautomaten genehmigter Tankstellen,

14.3 Regale, insbesondere Hochregale,

14.4 Denkmale und Skulpturen bis 3 m Höhe sowie Grabdenkmale auf Friedhöfen,

14.5 bewegliche Sonnendächer (Markisen), die keine Werbeträger sind,

14.6 Stellplätze für Personen-Kraftfahrzeuge bis 50 m² Nutzfläche je Grundstück sowie deren Zufahrten und Fahrgassen, ausgenommen notwendige Einstellplätze,

14.7 Fahrradabstellanlagen, ausgenommen notwendige Fahrradabstellanlagen; Gebäude müssen jedoch an mindestens einer Seite vollständig offen sein,

14.8 Fahrzeugwaagen,

14.9 land- oder forstwirtschaftliche Wirtschaftswege mit wassergebundener Decke bis 3,50 m Fahrbahnbreite sowie Rückewege, die einem forstwirtschaftlichen Betrieb dienen,

14.10 Lager- und Abstellplätze für die Anzucht und den Handel mit Pflanzen und Pflanzenteilen,

14.11 Personenaufzüge, die zur Beförderung von nur einer Person bestimmt sind.

2.2
Allgemeine Durchführungsverordnung zur Niedersächsischen Bauordnung (DVNBauO)

vom 11.3.1987 (Nds. GVBl. S. 29),
zuletzt geändert durch Art. 1 V vom 22.7.2004 (Nds. GVBl. S. 263)

Inhaltsübersicht

§ 20   Zelte (Zu den §§ 19 und 30 bis 32 NBauO)

§ 21   Lüftungsleitungen, Installationsschächte und -kanäle (Zu § 39 NBauO)

§ 22   Sonstige Leitungen (Zu § 20 NBauO)

§ 23   Wasserversorgungsanlagen (Zu § 42 NBauO)

§ 24   Anlagen für Abwässer, Niederschlagswasser und feste Abfallstoffe (Zu § 42 NBauO)

§ 25   Müllabwurfanlagen (Zu § 42 NBauO)

§ 26   Abstell- und Trockenräume (Zu § 44 NBauO)

§ 27   Toiletten und Bäder (Zu § 45 NBauO)

§ 28   Aufenthaltsräume (Zu § 43 NBauO)

§ 29   Anforderungen zu Gunsten Behinderter an bauliche Anlagen (Zu § 48 NBauO)

§ 30   Landwirtschaftliche Betriebsgebäude (Zu § 51 NBauO)

§ 31   Druckbehälter für flüssige Gase

§ 32   Ordnungswidrigkeiten

§ 33   Inkrafttreten

§ 1
Begriffe

(1) Laubengänge sind offene Gänge, die vor Außenwänden liegen und Aufenthaltsräume mit notwendigen Treppen verbinden.

(2) [1]Notwendige Flure sind Flure, die als Rettungswege dienen. [2]Flure in Wohnungen sowie in sonstigen Nutzungseinheiten, die nach ihrer Größe je Geschoss Wohnungen entsprechen, gelten nicht als notwendige Flure.

(3) Wände in der Bauart von Brandwänden sind Wände, die die Anforderungen an Brandwände erfüllen müssen, jedoch Öffnungen haben dürfen.

(4) Kellergeschoss ist ein Geschoss, dessen Fußboden im Mittel mehr als 70 cm unter der Geländeoberfläche liegt.

§ 2
Zuwegung
(Zu den §§ 6 und 20 NBauO)

(1) [1]Zu Gebäuden müssen von öffentlichen Verkehrsflächen mindestens 3 m breite Zu- oder Durchfahrten vorhanden sein. [2]Die lichte Höhe der Durchfahrten muss mindestens 3,50 m betragen.

(2) [1]Zu Gebäuden geringer Höhe genügen von öffentlichen Verkehrsflächen mindestens 1,25 m breite Zu- oder Durchgänge. [2]Liegen diese Gebäude mehr als 50 m von öffentlichen Verkehrsflächen entfernt, so können an Stelle von Zu- oder Durchgängen Zu- oder Durchfahrten nach Absatz 1 verlangt werden. [3]Die lichte Höhe der Durchgänge muss mindestens 2 m betragen; bei Türöffnungen und anderen geringfügigen Einengungen genügt eine lichte Breite von 1 m.

(3) Führt der zweite Rettungsweg aus einem Gebäude über Rettungsgeräte der Feuerwehr, so muss eine Zuwegung nach Absatz 1 oder Absatz 2 zu den zum Anleitern bestimmten Stellen vorhanden sein.

(4) [1]Zu- und Durchfahrten, die der Feuerwehr dienen, müssen, wenn sie nicht gradlinig sind, bei einem Außenradius der Kurven von

1. 10,5 m bis 12 m mindestens 5 m,

2. mehr als 12 m bis 15 m mindestens 4,5 m,

3. mehr als 15 m bis 20 m mindestens 4 m,

4. mehr als 20 m bis 40 m mindestens 3,5 m,

5. mehr als 40 m bis 70 m mindestens 3,2 m,

6. mehr als 70 m mindestens 3 m

breit sein. [2]Vor und hinter Kurven müssen auf eine Länge von mindestens 11 m Übergangsbereiche vorhanden sein. [3]Die Zu- und Durchgänge für die Feuerwehr müssen, wenn sie nicht gradlinig sind, den für den Brandschutz erforderlichen Einsatz von Feuerlösch- und Rettungsgeräten ermöglichen.

(5) [1]Die Zu- und Durchfahrten müssen ständig freigehalten und dürfen durch Einbauten nicht eingeengt sein. [2]Die Zu- und Durchfahrten für die Feuerwehr müssen ausreichend befestigt sein.

§ 3
Aufstell- und Bewegungsflächen für die Feuerwehr
(Zu den §§ 6 und 20 NBauO)

(1) An den zum Anleitern bestimmten Stellen, die nach § 2 Abs. 3 über Zu- oder Durchfahrten erreichbar sein müssen, müssen befahrbare Aufstell- und Bewegungsflächen für die Feuerwehr vorhanden sein, die ein Aufstellen des örtlichen Hubrettungsfahrzeuges in einem ausreichenden, mindestens 3 m großen Abstand von der Gebäudeseite gestattet.

(2) ¹Die Aufstell- und Bewegungsflächen müssen mindestens 6 m breit, ausreichend befestigt, ständig freigehalten und nach oben offen sein. ²Die Aufstellflächen dürfen nicht mehr als 5 vom Hundert geneigt sein.

§ 4
Umwehrungen
(Zu § 23 NBauO)

(1) Zum Schutz gegen Abstürze müssen umwehrt sein:

1. zum Begehen bestimmte Flächen baulicher Anlagen, Treppen und Verkehrsflächen auf dem Baugrundstück, wenn die Flächen und Treppen mehr als 1 m tiefer liegenden Flächen benachbart sind und die Umwehrung dem Zweck der Flächen nicht widerspricht,

2. Öffnungen, nicht begehbare Oberlichte und Glasabdeckungen an oder in zum Begehen bestimmten Flächen baulicher Anlagen,

3. Kellerlichtschächte und Betriebsschächte an oder in Verkehrsflächen auf dem Baugrundstück, die nicht verkehrssicher abgedeckt sind; dies gilt auch für Schächte, die unmittelbar an öffentlichen Verkehrsflächen liegen.

(2) ¹Umwehrungen nach Absatz 1 müssen bei einer Absturzhöhe bis zu 12 m mindestens 90 cm, im Übrigen mindestens 1,10 m hoch sein. ²Brüstungen von Fahrtreppen brauchen auch bei einer Absturzhöhe von mehr als 12 m nur 90 cm hoch zu sein.

(3) Ausnahmen von den Absätzen 1 und 2 Satz 1 können zugelassen werden, wenn ein Abstürzen nicht zu befürchten ist.

(4) ¹Fensterbrüstungen müssen bei einer Absturzhöhe von 1 m bis 12 m mindestens 80 cm, bei einer Absturzhöhe von mehr als 12 m mindestens 90 cm hoch sein. ²Eine geringere Brüstungshöhe kann zugelassen werden, wenn

1. ein Schutz durch Umwehrungen sichergestellt ist, die den Anforderungen nach Absatz 2 entsprechen, oder

2. Fenstern Flächen, wie Balkone oder Terrassen, vorgelagert sind, die nach Absatz 2 umwehrt sind.

(5) [1]Umwehrungen von Flächen, auf denen sich üblicherweise auch Kleinkinder aufhalten, müssen so ausgebildet sein, dass ein Überklettern nicht erleichtert wird. [2]Öffnungen in diesen Umwehrungen dürfen bei einer Breite von mehr als 12 cm nicht höher als 12 cm oder bei einer Höhe von mehr als 12 cm nicht breiter als 12 cm sein. [3]Der seitliche Abstand zwischen Umwehrungen und den zu sichernden Flächen darf nicht größer als 6 cm sein. [4]Die Sätze 1 bis 3 gelten nicht für Umwehrungen von Treppen von Wohngebäuden mit nicht mehr als zwei Wohnungen und von Treppen in Wohnungen.

(6) [1]Umwehrungen von Laubengängen dürfen keine Öffnungen haben und müssen aus nichtbrennbaren Baustoffen bestehen. [2]Verglasungen in diesen Umwehrungen müssen mindestens 30 Minuten widerstandsfähig gegen Feuer sein.

(7) [1]Umwehrungen notwendiger Treppen müssen, außer in Gebäuden geringer Höhe, aus nichtbrennbaren Baustoffen bestehen. [2]Das gilt nicht für Handläufe.

§ 4a
Baustoffe
(Zu § 20 NBauO)

Leicht entflammbare Baustoffe dürfen für bauliche Anlagen nur verwendet werden, wenn sie durch die Art der Verarbeitung oder des Einbaues ausreichend gegen Entflammen geschützt sind.

§ 5
Tragende oder aussteifende Wände
(Zu § 30 NBauO)

(1) Tragende oder aussteifende Wände müssen feuerbeständig sein.

(2) [1]Bei Gebäuden geringer Höhe brauchen tragende oder aussteifende Wände oberhalb des Kellergeschosses nur Feuer hemmend zu sein. [2]Bei Wohngebäuden geringer Höhe mit nicht mehr als zwei Wohnungen brauchen auch tragende oder aussteifende Wände des Kellergeschosses nur Feuer hemmend zu sein.

(3) [1]Die Absätze 1 und 2 gelten nicht für tragende oder aussteifende Wände

1. im obersten Geschoss im Dachraum,

2. bei frei stehenden Wohngebäuden mit nicht mehr als einer Wohnung, deren Aufenthaltsräume in nicht mehr als zwei Geschossen liegen,

3. bei anderen frei stehenden Gebäuden, die den in Nummer 2 genannten Gebäuden nach Größe, Zahl der Benutzer und Brandgefahr entsprechen,

4. bei eingeschossigen Gebäuden ohne Aufenthaltsräume und Feuerstätten,

5. bei frei stehenden landwirtschaftlichen Betriebsgebäuden ohne Aufenthaltsräume.

²Satz 1 Nrn. 2, 3 und 5 findet auch dann Anwendung, wenn an frei stehende Gebäude Gebäude ohne Aufenthaltsräume und Feuerstätten mit einer Grundfläche von insgesamt nicht mehr als 30 m² oder Garagen, in den Fällen des Satzes 1 Nr. 5 auch landwirtschaftliche Betriebsgebäude ohne Aufenthaltsräume, angebaut sind.

(4) Bei sonstigen eingeschossigen Gebäuden können Ausnahmen von der Anforderung nach Absatz 2 zugelassen werden, wenn hinsichtlich des Brandschutzes Bedenken nicht bestehen.

§ 6
Außenwände
(Zu § 30 NBauO)

(1) Außenwände müssen

1. aus nichtbrennbaren Baustoffen bestehen oder

2. einschließlich ihrer Halterungen, Befestigungen und Stoßfugen mindestens 30 Minuten widerstandsfähig gegen Feuer sein.

(2) ¹Außenwände von Gebäuden geringer Höhe brauchen die Anforderungen nach Absatz 1 nur zu erfüllen, soweit der Abstand der Außenwände zu den Grenzen des Baugrundstücks weniger als 5 m beträgt und die Außenwände diesen Grenzen in einem Winkel von weniger als 45° zugekehrt sind. ²Die §§ 9 und 10 Abs. 1 NBauO gelten sinngemäß.

(3) Absatz 1 gilt nicht für Außenwände von Gebäuden bis 60 m² Grundfläche und mit nicht mehr als zwei Geschossen sowie für Außenwände von Terrassenvorbauten und Windfängen.

§ 7
Trennwände
(Zu § 30 NBauO)

(1) Trennwände müssen feuerbeständig sein:

1. zwischen Wohnungen sowie zwischen Wohnungen und fremden Räumen,

2. zwischen Wohngebäuden und landwirtschaftlichen Betriebsgebäuden sowie zwischen Wohnräumen und landwirtschaftlichen Betriebsräumen, wenn die Betriebsgebäude oder die Betriebsräume nicht mehr als 2000 m³ Brutto-Rauminhalt haben.

(2) Trennwände nach Absatz 1 Nr. 1 brauchen nur Feuer hemmend zu sein:

1. bei Gebäuden geringer Höhe,

2. im obersten Geschoss im Dachraum.

(3) [1]Im Dachraum müssen Aufenthaltsräume einschließlich ihrer Zugänge durch Feuer hemmende Trennwände gegenüber einem nicht ausgebauten Teil des Dachraumes abgetrennt sein, wenn dieser Teil so groß ist, dass darin Aufenthaltsräume mit der erforderlichen lichten Höhe möglich sind. [2]Das gilt nicht für Gebäude geringer Höhe.

(4) [1]Die Trennwände sind bis zur Rohdecke oder bis unter die Dachhaut zu führen. [2]Bei Decken mit Hohlräumen sind die Trennwände so auszubilden, dass eine Brandübertragung innerhalb der Decken nicht möglich ist.

(5) [1]Öffnungen in Trennwänden nach den Absätzen 1 und 2 sind nur zulässig, wenn die Nutzung der Gebäude oder der Räume sie erfordert und die Öffnungen mit mindestens Feuer hemmenden und selbstschließenden Abschlüssen versehen sind oder wenn der Brandschutz auf andere Weise gewährleistet ist. [2]Das gilt nicht für Öffnungen in Trennwänden von Wohngebäuden geringer Höhe mit nicht mehr als zwei Wohnungen.

§ 8
Brandwände
(Zu § 30 NBauO)

(1) [1]Brandwände sind herzustellen:

1. zum Abschluss von Gebäuden, soweit der Abstand der Abschlusswände zu den Grenzen des Baugrundstücks weniger als 2,50 m beträgt und die Abschlusswände diesen Grenzen in einem Winkel von weniger als 45° zugekehrt sind,

2. innerhalb von Gebäuden und bei aneinander gebauten Gebäuden auf demselben Baugrundstück in Abständen von höchstens 40 m; größere Abstände können zugelassen werden, wenn die Nutzung der Gebäude dies erfordert und wenn hinsichtlich des Brandschutzes Bedenken nicht bestehen,

3. zwischen Wohngebäuden und landwirtschaftlichen Betriebsgebäuden auf demselben Baugrundstück und zwischen Wohnräumen und landwirtschaftlichen Betriebsräumen, wenn die Betriebsgebäude oder die Betriebsräume insgesamt mehr als 2000 m³ Brutto-Rauminhalt haben,

4. innerhalb landwirtschaftlicher Betriebsgebäude abweichend von Nummer 2 zur Unterteilung in Gebäudeabschnitte von höchstens 10 000 m³ Brutto-Rauminhalt, bei eingeschossigen Ställen jedoch von höchstens 5000 m² Grundfläche; dabei bleiben Geschosse zur ausschließlichen Lagerung von Jauche und Gülle unberücksichtigt; bei Ställen müssen die durch die Abweichung zu Nummer 2 bedingten Erschwernisse bei der Rettung von Tieren im Brandfall durch die Anzahl und Anordnung der Ausgänge unter Berücksichtigung der Art der Tierhaltung ausgeglichen werden.

²Besteht ein Baugrundstück aus mehreren aneinander grenzenden Grundstücken nach § 4 Abs. 1 Satz 2 NBauO, so gelten die Anforderungen des Satzes 1 Nr. 1 gegenüber den Grenzen jedes dieser Grundstücke. ³Für die Bemessung des Abstandes nach Satz 1 Nr. 1 können benachbarte Grundstücke in entsprechender Anwendung des § 9 NBauO hinzugerechnet werden. ⁴Darüber hinaus kann zugelassen werden, dass gegenüber Verkehrsflächen öffentlicher Straßen von Satz 1 Nr. 1 abgewichen wird, wenn hinsichtlich des Brandschutzes Bedenken nicht bestehen.

(2) ¹Für Wohngebäude geringer Höhe mit nicht mehr als zwei Wohnungen genügen an Stelle von Brandwänden Wände, die mindestens 90 Minuten widerstandsfähig gegen Feuer sind; Absatz 1 Satz 1 Nr. 3 bleibt unberührt. ²Soweit Gebäude nach Satz 1 aneinander gebaut sind, genügen an Stelle von Brandwänden auch Wände, die von innen nach außen Feuer hemmend und von außen nach innen mindestens 90 Minuten widerstandsfähig gegen Feuer sind. ³Für Wände nach den Sätzen 1 und 2 gelten Absatz 5 Satz 1, Absatz 6 Satz 3 und Absatz 7 sinngemäß.

(3) Absatz 1 Satz 1 Nr. 1 gilt nicht für Abschlusswände

1. von eingeschossigen Gebäuden ohne Aufenthaltsräume und Feuerstätten, wenn die Gebäude nicht mehr als 20 m² Grundfläche haben,

2. von Terrassenvorbauten, Windfängen sowie von Dachgauben und ähnlichen Dachaufbauten.

(4) Bilden zwei Außenwände in einem Abstand bis zu 5 m vom Schnittpunkt mit einer Brandwand einen Winkel von weniger als 120°, so sind geeignete Maßnahmen gegen eine Brandübertragung zu treffen.

(5) [1]Brandwände dürfen keine Öffnungen haben. [2]In inneren Brandwänden können Öffnungen zugelassen werden, wenn die Nutzung des Gebäudes dies erfordert. [3]Die Öffnungen sind mit feuerbeständigen, selbstschließenden Abschlüssen zu versehen, es sei denn, dass der Brandschutz auf andere Weise gewährleistet ist.

(6) [1]Brandwände müssen mindestens 30 cm über die Dachhaut reichen oder in Höhe der Dachhaut mit einer beiderseits 50 cm auskragenden feuerbeständigen Platte abgeschlossen sein; darüber dürfen keine brennbaren Teile des Daches geführt sein. [2]Brandwände von Gebäuden mit weicher Bedachung müssen mindestens 50 cm über die Dachhaut reichen. [3]Brandwände von Gebäuden geringer Höhe müssen mindestens bis unmittelbar unter die Dachhaut reichen.

(7) [1]Bauteile aus brennbaren Baustoffen dürfen durch Brandwände nicht hindurchgeführt sein und sie nicht überbrücken. [2]Bauteile und Leitungsschlitze dürfen in Brandwände nur so weit eingreifen, dass der verbleibende Wandquerschnitt feuerbeständig und standsicher bleibt; Stahlträger und Stahlstützen müssen feuerbeständig ummantelt sein.

(8) In inneren Brandwänden sind Teilflächen aus lichtdurchlässigen, nichtbrennbaren Baustoffen zulässig, wenn diese Flächen feuerbeständig sind.

(9) An Stelle einer inneren Brandwand kann die Unterteilung eines Gebäudes durch nicht durchgehende Wände, die im Übrigen den Anforderungen an Brandwände entsprechen müssen, zugelassen werden, wenn

1. die Nutzung des Gebäudes dies erfordert,

2. die Verbindung zwischen den Wänden durch öffnungslose, feuerbeständige Decken aus nichtbrennbaren Baustoffen hergestellt ist und

3. eine senkrechte Brandübertragung von Geschoss zu Geschoss nicht zu befürchten ist oder die Gefahr der Brandübertragung durch geeignete Vorkehrungen vermindert wird.

(10) Als gemeinsame Wände sind nur Brandwände oder feuerbeständige Wände zulässig.

(11) Für die Teilung eines bebauten Grundstücks, dessen Bebauung am 31. Dezember 1973 errichtet oder genehmigt war, können Ausnahmen von den Absätzen 1, 2, 4, 6 und 7 zugelassen werden, wenn die Teilung sonst nicht oder nur unter außergewöhnlichen Schwierigkeiten möglich wäre und wenn hinsichtlich des Brandschutzes Bedenken nicht bestehen.

§ 9
Pfeiler und Stützen
(Zu § 30 NBauO)

Für Pfeiler und Stützen gelten die §§ 5 bis 8 sinngemäß.

§ 10
Decken
(Zu § 31 NBauO)

(1) Decken müssen feuerbeständig sein.

(2) Decken brauchen nur Feuer hemmend zu sein:

1. in Gebäuden geringer Höhe, ausgenommen Decken über Kellergeschossen und Decken zwischen Wohnräumen und landwirtschaftlichen Betriebsräumen,

2. über Kellergeschossen von Wohngebäuden geringer Höhe mit nicht mehr als zwei Wohnungen,

3. als oberste Decken, über denen keine Aufenthaltsräume liegen.

(3) [1]Die Absätze 1 und 2 gelten nicht für

1. oberste Decken in Gebäuden ohne Aufenthaltsräume,

2. Decken in frei stehenden Wohngebäuden mit nicht mehr als einer Wohnung, deren Aufenthaltsräume in nicht mehr als zwei Geschossen liegen,

3. Decken in anderen frei stehenden Gebäuden, die den in Nummer 2 genannten Gebäuden nach Größe, Zahl der Benutzer und Brandgefahr entsprechen,

4. Decken in frei stehenden landwirtschaftlichen Betriebsgebäuden ohne Aufenthaltsräume.

[2]In den Fällen des Satzes 1 Nrn. 2 bis 4 gilt § 5 Abs. 3 Satz 2 sinngemäß.

(4) [1]In Decken, die mindestens Feuer hemmend sein müssen, sind nur Öffnungen zulässig

1. für notwendige Treppen, Aufzugsanlagen sowie für Schächte, an die Anforderungen hinsichtlich des Brandschutzes gestellt werden, und

2. für andere Zwecke, wenn die Nutzung des Gebäudes dies erfordert und die Öffnungen mit selbstschließenden Abschlüssen versehen sind, deren Feuerwiderstandsdauer der der Decken entspricht.

²Das gilt nicht für Öffnungen in Decken von Wohngebäuden geringer Höhe mit nicht mehr als zwei Wohnungen und für Öffnungen in Decken innerhalb von Wohnungen.

(5) ¹Ausnahmen von den Absätzen 1 und 2 können zugelassen werden, wenn hinsichtlich des Brandschutzes Bedenken nicht bestehen. ²Ausnahmen von Absatz 4 können zugelassen werden, wenn der Brandschutz auf andere Weise gewährleistet ist.

§ 11
Dächer
(Zu § 32 NBauO)

(1) ¹Die Dachhaut muss gegen Flugfeuer und strahlende Wärme widerstandsfähig sein (harte Bedachung). ²Eine Dachhaut, die nicht diese Anforderungen erfüllt (weiche Bedachung), aber aus nichtbrennbaren Baustoffen besteht, ist zulässig, wenn hinsichtlich des Brandschutzes Bedenken nicht bestehen.

(2) ¹Bedachungen, die nicht nach Absatz 1 zulässig sind, sind bei frei stehenden Gebäuden geringer Höhe zulässig, soweit der Abstand des Gebäudes

1. von den Grenzen des Baugrundstücks mindestens 12 m, bei einem Wohngebäude mindestens 6 m,

2. von Gebäuden auf demselben Baugrundstück mit harter Bedachung mindestens 15 m, bei einem Wohngebäude mindestens 9 m,

3. von Gebäuden auf demselben Baugrundstück mit Bedachungen, die die Anforderungen nach Absatz 1 nicht erfüllen, mindestens 24 m, bei einem Wohngebäude mindestens 12 m und

4. von nur Nebenzwecken dienenden Gebäuden auf demselben Baugrundstück mit nicht mehr als 60 m² Grundfläche, nicht mehr als zwei Geschossen sowie ohne Aufenthaltsräume und Feuerstätten mindestens 5 m

beträgt. ²§ 9 NBauO gilt sinngemäß.

(3) Die Absätze 1 und 2 gelten nicht für Eingangsüberdachungen und Gewächshäuser.

(4) Dächer, die harte Bedachung haben müssen, dürfen Teilflächen in weicher Bedachung aus brennbaren Baustoffen haben, wenn hinsichtlich des Brandschutzes Bedenken nicht bestehen.

(5) Bei aneinander gebauten giebelständigen Gebäuden muss das Dach von innen nach außen Feuer hemmend sein, wenn die Gebäudetrennwände Brandwände oder Wände nach § 8 Abs. 2 sein müssen.

(6) Von Brandwänden und von Wänden nach § 8 Abs. 2 müssen mindestens 1,25 m entfernt sein

1. Oberlichte und Öffnungen im Dach, wenn diese Wände nicht mindestens 30 cm über das Dach geführt sind,

2. Dachgauben und ähnliche Dachaufbauten aus brennbaren Baustoffen, wenn sie nicht durch diese Wände gegen Brandübertragung geschützt sind.

(7) Bilden Dächer mit Brandwänden oder mit Wänden nach § 8 Abs. 2 einen Winkel von mehr als 110°, so müssen Öffnungen in den Dächern, waagerecht gemessen, mindestens 2 m von diesen Wänden entfernt sein.

§ 12
Verkleidungen, Dämmschichten
(Zu den §§ 30, 31 und 34a NBauO)

(1) Verkleidungen einschließlich Dämmschichten, Unterkonstruktionen, Halterungen und Befestigungen müssen

1. in Treppenräumen notwendiger Treppen und

2. in notwendigen Fluren und in Laubengängen

aus nichtbrennbaren Baustoffen bestehen.

(2) ¹Verkleidungen von Außenwänden einschließlich Dämmschichten, Unterkonstruktionen, Halterungen und Befestigungen müssen aus mindestens schwer entflammbaren Baustoffen bestehen. ²Unterkonstruktionen, Halterungen und Befestigungen sind aus normal entflammbaren Baustoffen zulässig, wenn hinsichtlich des Brandschutzes Bedenken nicht bestehen. ³Außenwandverkleidungen, von denen Teile brennend abtropfen oder brennend abfallen können, sind bei Gebäuden mit mehr als zwei Geschossen unzulässig; dabei bleiben Kellergeschosse außer Betracht.

(3) In den Fällen der Absätze 1 und 2 sind für die Befestigung der Unterkonstruktionen Dübel aus normal entflammbaren Baustoffen zulässig, wenn wegen des Brandschutzes Bedenken nicht bestehen.

(4) [1]Soweit Anforderungen an Verkleidungen gestellt werden, müssen auch Baustoffe, aus denen nicht verkleidete Oberflächen von Wänden und Decken bestehen, diesen Anforderungen genügen. [2]Großflächige Bauteile wie Unterdecken, Vorsatz- und Lichtblenden sowie Beschichtungen und Folien gelten als Verkleidungen.

(5) [1]Absatz 1 Nr. 2 und Absatz 2 Sätze 1 und 2 gelten nicht für Gebäude geringer Höhe. [2]Die Absätze 1 bis 4 gelten nicht für Wohngebäude mit nicht mehr als zwei Wohnungen.

§ 13
Rettungswege
(Zu § 20 NBauO)

(1) [1]Der erste Rettungsweg muss, wenn die Nutzungseinheit nicht zu ebener Erde liegt, über mindestens eine notwendige Treppe führen. [2]Der zweite Rettungsweg kann über eine mit Rettungsgeräten der Feuerwehr erreichbare Stelle oder über eine weitere notwendige Treppe führen. [3]Gebäude, deren zweiter Rettungsweg über Rettungsgeräte der Feuerwehr führt, dürfen nur errichtet werden, wenn die Feuerwehr über die erforderlichen Rettungsgeräte verfügt.

(2) [1]An Stelle eines Rettungsweges über Rettungsgeräte der Feuerwehr kann ein Rettungsweg über eine Treppe ohne Treppenraum vor einer Außenwand zugelassen werden, wenn hinsichtlich des Brandschutzes und der Gestaltung Bedenken nicht bestehen. [2]Die Treppe muss aus nichtbrennbaren Baustoffen bestehen und eine nutzbare Laufbreite von mindestens 65 cm haben. [3]Die Stufenhöhe der Treppe darf nicht mehr als 21 cm und der Auftritt in der Lauflinie nicht weniger als 21 cm betragen.

(3) Von jeder Stelle jedes Aufenthaltsraumes muss in demselben Geschoss mindestens ein Treppenraum einer notwendigen Treppe oder, wenn ein Treppenraum nicht erforderlich ist, mindestens eine notwendige Treppe oder ein Ausgang ins Freie in einer Entfernung von höchstens 35 m erreichbar sein.

(4) Die Entfernung zwischen offenen Gängen zu Sicherheitstreppenräumen und den in notwendigen Fluren angeordneten Türen zu Aufenthaltsräumen darf nicht mehr als 10 m betragen.

(5) [1]Übereinander liegende Kellergeschosse müssen mindestens je zwei Ausgänge haben. [2]Mindestens ein Ausgang jedes Kellergeschosses muss unmittelbar oder durch einen eigenen, an einer Außenwand liegenden Treppenraum ins Freie führen.

§ 14
Treppen
(Zu § 34 NBauO)

(1) [1]Notwendige Treppen müssen in einem Zuge zu allen angeschlossenen Geschossen führen. [2]Das gilt nicht für notwendige Treppen

1. soweit sie zu Geschossen im Dachraum ohne Aufenthaltsräume führen,

2. soweit sie zum obersten Geschoss im Dachraum mit Aufenthaltsräumen führen, wenn diese Treppen mit den übrigen notwendigen Treppen unmittelbar verbunden sind,

3. in Gebäuden geringer Höhe.

(2) [1]Die tragenden Teile notwendiger Treppen müssen feuerbeständig sein. [2]In Gebäuden geringer Höhe brauchen sie nur Feuer hemmend zu sein oder aus nichtbrennbaren Baustoffen zu bestehen. [3]Die Sätze 1 und 2 gelten nicht für tragende Teile notwendiger Treppen von Wohngebäuden geringer Höhe mit nicht mehr als zwei Wohnungen und in Wohnungen.

(3) Bei Treppen mit nicht mehr als fünf Stufen und einer Absturzhöhe bis zu 1 m kann auf Handläufe verzichtet werden, wenn für diese Treppen nach § 34 Abs. 6 NBauO nur ein Handlauf erforderlich ist und wenn hinsichtlich der Verkehrssicherheit Bedenken nicht bestehen.

(4) [1]Die nutzbare Laufbreite notwendiger Treppen und deren Absätze muss mindestens 1 m betragen. [2]Bei Wohngebäuden mit nicht mehr als zwei Wohnungen und in Wohnungen genügt eine nutzbare Laufbreite von 80 cm. [3]Für notwendige Treppen mit geringer Benutzung können geringere Laufbreiten zugelassen werden.

(5) [1]Die Stufenhöhe notwendiger Treppen darf nicht mehr als 19 cm und der Auftritt in der Lauflinie nicht weniger als 26 cm betragen. [2]Bei Wohngebäuden mit nicht mehr als zwei Wohnungen und in Wohnungen darf die Stufenhöhe notwendiger Treppen nicht mehr als 20 cm und der Auftritt in der Lauflinie nicht weniger als 23 cm betragen. [3]Die Stufenhöhe von notwendigen Treppen, die nicht zu Aufenthaltsräumen führen, darf nicht mehr als 21 cm und der Auftritt in der Lauflinie nicht weniger als 21 cm betragen.

(6) Vor einer Treppe, die hinter einer Tür beginnt, welche in Richtung der Treppe aufschlägt, ist ein Treppenabsatz anzuordnen, dessen Länge mindestens der Breite der Tür entsprechen muss.

(7) Statt notwendiger Treppen sind Rampen mit einer Neigung von nicht mehr als 10 vom Hundert zulässig.

§ 15
Treppenräume
(Zu § 34a NBauO)

(1) ¹Treppenräume notwendiger Treppen müssen an einer Außenwand liegen. ²Innen liegende Treppenräume sind zulässig, wenn sie mindestens so sicher sind wie Treppenräume an einer Außenwand.

(2) ¹Wände von Treppenräumen notwendiger Treppen müssen in der Bauart von Brandwänden hergestellt sein. ²In Gebäuden geringer Höhe brauchen diese Wände nur feuerbeständig zu sein. ³Die Sätze 1 und 2 gelten nicht, soweit die Wände von Treppenräumen Außenwände sind, aus nichtbrennbaren Baustoffen bestehen und durch andere Wandöffnungen im Brandfall nicht gefährdet werden können. ⁴Soweit Wände von Treppenräumen notwendige Flure abschließen, brauchen sie nur aus nichtbrennbaren Baustoffen zu bestehen; Verglasungen in diesen Wänden müssen mindestens 30 Minuten widerstandsfähig gegen Feuer sein oder aus mindestens 6,5 mm dickem Drahtglas mit geschweißtem Netz bestehen.

(3) Treppenräume notwendiger Treppen an Außenwänden müssen für jedes über dem zu ebener Erde gelegenen Geschoss mindestens ein zu öffnendes Fenster von mindestens 60 cm × 90 cm haben.

(4) ¹Der obere Abschluss von Treppenräumen notwendiger Treppen muss feuerbeständig, bei Gebäuden geringer Höhe mindestens Feuer hemmend sein. ²Das gilt nicht, wenn der obere Abschluss von Treppenräumen das Dach ist und die Wände der Treppenräume bis unter eine harte Bedachung reichen.

(5) ¹Sind in einem Geschoss mehr als vier Wohnungen oder Nutzungseinheiten vergleichbarer Größe auf Treppenräume mit notwendigen Treppen angewiesen, so dürfen in den Treppenräumen auf diesem Geschoss außer Öffnungen zu notwendigen Fluren keine Öffnungen zu Räumen angeordnet sein. ²Das gilt nicht für Gebäude geringer Höhe.

(6) [1]In Treppenräumen notwendiger Treppen müssen Öffnungen

1. zum Kellergeschoss, zum Dachraum ohne Aufenthaltsräume, zu Werkstätten, Läden, Lagerräumen und ähnlich genutzten Räumen selbstschließende und mindestens Feuer hemmende Türen,

2. zu notwendigen Fluren dicht schließende Türen

haben. [2]Verglasungen in den Türen nach Satz 1 Nr. 2 müssen aus mindestens 6,5 mm dickem Drahtglas mit geschweißtem Netz bestehen oder entsprechend widerstandsfähig sein.

(7) [1]Der Treppenraum einer notwendigen Treppe muss einen unmittelbaren Ausgang ins Freie haben. [2]Ein mittelbarer Ausgang ist zulässig, wenn zwischen dem Treppenraum und dem Ausgang ein Raum angeordnet ist,

1. der dem Verkehr dient,

2. dessen Wände den Anforderungen an die Wände des Treppenraumes entsprechen und

3. dessen Öffnungen zu anderen Räumen dicht schließende Türen haben.

[3]Die Anforderungen nach Satz 2 Nrn. 2 und 3 gelten nicht für Windfänge.

(8) [1]In Gebäuden mit mehr als sechs Geschossen muss an der obersten Stelle von Treppenräumen notwendiger Treppen eine Rauchabzugsöffnung vorhanden sein. [2]Rauchabzugsöffnungen müssen einen freien Querschnitt von mindestens 5 vom Hundert der Grundfläche des Treppenraumes, mindestens jedoch 1 m² haben. [3]Die Vorrichtungen zum Öffnen der Rauchabzüge müssen im Treppenraum liegen und vom Erdgeschoss und vom obersten Treppenabsatz aus bedient werden können. [4]Es kann verlangt werden, dass sie auch von anderer Stelle aus bedient werden können. [5]Die Vorrichtungen zum Öffnen der Rauchabzüge müssen an der Bedienungsstelle die Aufschrift „Rauchabzug" haben. [6]An den Bedienungsvorrichtungen muss erkennbar sein, ob die Rauchabzugsöffnungen offen oder geschlossen sind. [7]Ausnahmen von Satz 1 können zugelassen werden, wenn der Rauch auf andere Weise abgeführt werden kann.

(9) [1]In Treppenräumen notwendiger Treppen sind Einbauten aus brennbaren Baustoffen unzulässig. [2]Fußboden- und Stufenbeläge müssen mindestens schwer entflammbar sein. [3]Das gilt nicht für Gleitschutzprofile.

(10) Die Absätze 1 bis 9 gelten nicht für Wohngebäude mit nicht mehr als zwei Wohnungen.

§ 16
Sicherheitstreppenräume
(Zu § 34a NBauO)

(1) Sicherheitstreppenräume müssen folgende Anforderungen erfüllen:

1. [1]Sie müssen an einer Außenwand liegen oder von dem Gebäude abgesetzt sein und in jedem Geschoss über einen unmittelbar davor liegenden offenen Gang erreichbar sein. [2]Innen liegende Sicherheitstreppenräume sind zulässig, wenn sie mindestens so sicher sind wie Sicherheitstreppenräume an einer Außenwand.

2. [1]Die Wände müssen in der Bauart von Brandwänden hergestellt sein. [2]Sie dürfen nur Öffnungen haben, die zu dem offenen Gang oder ins Freie führen oder zur ausreichenden Beleuchtung erforderlich sind. [3]Die Treppen müssen feuerbeständig sein und aus nichtbrennbaren Baustoffen bestehen.

3. [1]Türen müssen dicht- und selbstschließend sein, aus nichtbrennbaren Baustoffen bestehen und in Fluchtrichtung aufschlagen. [2]Verglasungen in diesen Türen müssen aus mindestens 6,5 mm dickem Drahtglas mit geschweißtem Netz bestehen oder entsprechend widerstandsfähig sein. [3]Die Türen müssen bei dreiseitig offenen Gängen mindestens 1,50 m, bei weniger als drei offenen Seiten mindestens 3 m von der Tür des offenen Ganges zum notwendigen Flur entfernt sein. [4]Der seitliche Abstand zwischen sonstigen Öffnungen anderer Räume und den Türen der Sicherheitstreppenräume muss mindestens 1,50 m betragen.

4. [1]Fenster dürfen nur mit Steckschlüssel zu öffnen sein. [2]Nummer 3 Satz 2 gilt sinngemäß.

5. [1]Sie müssen eine Sicherheitsbeleuchtung und Rauchabzugsöffnungen haben; § 15 Abs. 8 Sätze 2 bis 6 gilt entsprechend. [2]Leitungen sind in Sicherheitstreppenräumen nur zulässig, soweit sie deren Betrieb oder der Brandbekämpfung dienen. [3]Schächte dürfen in Sicherheitstreppenräumen nicht angeordnet sein.

(2) Offene Gänge zu Sicherheitstreppenräumen müssen folgende Anforderungen erfüllen:

1. Sie müssen so im Windstrom angeordnet sein, dass im Brandfall Rauch aus notwendigen Fluren, ohne in den Sicherheitstreppenraum zu gelangen, ungehindert ins Freie entweichen kann.

2. [1]Sie müssen mindestens an einer Längsseite offen sein. [2]An ihren offenen Seiten dürfen sie nur durch einen Sturz eingeschränkt sein, dessen Unterkante höchstens 20 cm unter der Unterkante der Decke

liegen darf und mindestens 30 cm über der Oberkante der Tür zum Sicherheitstreppenraum liegen muss. ³Wetterschutzvorrichtungen können in der Deckenebene zugelassen werden, wenn der Rauchabzug hierdurch nicht behindert wird.

3. Sie müssen mindestens so breit wie die Laufbreite der Treppe im Sicherheitstreppenraum und mindestens doppelt so lang wie breit sein.

4. ¹Wände, die an offenen Gängen liegen, müssen feuerbeständig sein und aus nichtbrennbaren Baustoffen bestehen. ²Die Wände dürfen nur Öffnungen haben, die zu notwendigen Fluren oder zum Sicherheitstreppenraum führen oder zur ausreichenden Beleuchtung der notwendigen Flure oder des Sicherheitstreppenraumes erforderlich sind. ³Der seitliche Abstand zwischen Türen der notwendigen Flure an offenen Gängen und Öffnungen sonstiger Räume, außer von Sicherheitstreppenräumen, muss mindestens 1,50 m betragen. ⁴Absatz 1 Nr. 3 Sätze 1 und 2 gilt sinngemäß.

5. ¹Die zum Betreten bestimmten Bauteile offener Gänge müssen einschließlich ihrer Unterstützungen feuerbeständig sein und aus nichtbrennbaren Baustoffen bestehen. ²Die Bauteile der offenen Gänge dürfen Entwässerungsöffnungen haben.

6. Sie müssen eine Sicherheitsbeleuchtung haben.

7. ¹Umwehrungen offener Gänge müssen feuerbeständig sein und aus nichtbrennbaren Baustoffen bestehen. ²Sie müssen mindestens 1,10 m hoch sein und dürfen keine Öffnungen haben.

§ 17
Flure, Laubengänge
(Zu § 35 NBauO)

(1) ¹Notwendige Flure und Laubengänge müssen mindestens 1,25 m breit sein. ²Eine Folge von weniger als drei Stufen ist in notwendigen Fluren unzulässig.

(2) ¹Wände von notwendigen Fluren müssen Feuer hemmend sein und in den wesentlichen Teilen aus nichtbrennbaren Baustoffen bestehen. ²Sie brauchen in Gebäuden geringer Höhe nur Feuer hemmend zu sein. ³Soweit Verglasungen in Wänden notwendiger Flure mindestens 1,80 m über dem Fußboden angeordnet sind, brauchen sie nur 30 Minuten widerstandsfähig gegen Feuer zu sein. ⁴Die Sätze 1 und 2 gelten nicht, soweit die Wände notwendiger Flure Außenwände sind, aus nichtbrennbaren Baustoffen bestehen und durch andere Wandöffnungen

im Brandfall nicht gefährdet werden können. [5]Die Wände notwendiger Flure müssen bis an die Rohdecke reichen.

(3) [1]Wände von Laubengängen müssen Feuer hemmend sein und in den wesentlichen Teilen aus nichtbrennbaren Baustoffen bestehen. [2]Sie brauchen in Gebäuden geringer Höhe nur Feuer hemmend zu sein.

(4) [1]Notwendige Flure, die länger als 30 m sind, müssen in Abschnitte unterteilt sein. [2]Die Abschnitte dürfen nicht länger als 30 m sein. [3]Die Abschnittstrennwände müssen aus nichtbrennbaren Baustoffen bestehen und nicht abschließbare, dicht- und selbstschließende Türen aus nichtbrennbaren Baustoffen haben. [4]Die Entfernung zwischen den in notwendigen Fluren angeordneten Türen zu Nutzungseinheiten und der Treppenraumtür muss mindestens 2,50 m betragen.

(5) Notwendige Flure, die in den Treppenraum einer notwendigen Treppe oder unmittelbar ins Freie führen, dürfen nicht durch andere Räume unterbrochen sein.

(6) [1]Die zum Betreten bestimmten Bauteile von Laubengängen müssen einschließlich ihrer Unterstützungen feuerbeständig sein. [2]Sie brauchen in Gebäuden geringer Höhe nur Feuer hemmend zu sein. [3]Die Sätze 1 und 2 gelten auch für Decken und Dächer über dem obersten Laubengang.

(7) Die Absätze 1 bis 6 gelten nicht für Wohngebäude mit nicht mehr als zwei Wohnungen.

§ 18
Aufzugsanlagen
(Zu § 36 NBauO)

(1) [1]Aufzüge im Innern von Gebäuden müssen eigene Schächte haben. [2]In einem Schacht dürfen bis zu drei Aufzüge eingebaut sein. [3]In Gebäuden mit nicht mehr als sechs Geschossen sind Aufzüge ohne eigenen Schacht zulässig, wenn sie innerhalb der Umfassungswände des Treppenraumes liegen und unfallsicher umkleidet sind.

(2) [1]Die Wände und Decken von Aufzugsschächten müssen feuerbeständig sein. [2]Fahrschachtzugänge in feuerbeständigen Schachtwänden sind mit Fahrschachttüren so abzuschließen, dass Feuer und Rauch nicht in andere Geschosse übertragen werden können. [3]Das gilt auch für sonstige Öffnungen in den Schachtwänden.

(3) Aufzugsschächte müssen an der obersten Stelle ins Freie führende unverschließbare Rauchabzugsvorrichtungen haben, deren freier Querschnitt mindestens 2,5 vom Hundert der Grundfläche der Aufzugsschächte, mindestens jedoch 0,1 m^2 betragen muss.

(4) [1]Der Triebwerksraum muss von benachbarten Räumen feuerbeständig abgetrennt sein. [2]Türen in diesen Wänden müssen mindestens Feuer hemmend sein.

(5) [1]Bei Aufzügen, die nach § 36 Abs. 2 NBauO erforderlich sind, muss für je 20 auf diese Aufzüge angewiesene Personen ein Fahrkorbplatz zur Verfügung stehen. [2]Bei Aufzügen, die nach § 36 Abs. 3 NBauO Rollstühle und Krankentragen aufzunehmen haben, muss die Fahrkorbgrundfläche für Rollstühle mindestens 1,10 m × 1,40 m, für Krankentragen mindestens 1,10 m × 2,10 m betragen. [3]In einem Aufzug für Rollstühle und Krankentragen darf der für Rollstühle nicht erforderliche Teil der Fahrkorbgrundfläche durch eine verschließbare Tür abgesperrt werden.

(6) Für Aufzüge, die außerhalb von Gebäuden liegen oder die nicht mehr als drei unmittelbar übereinander liegende Geschosse verbinden, sowie für vereinfachte Güteraufzüge, Kleingüteraufzüge, Mühlenaufzüge und Lagerhausaufzüge können Ausnahmen von den Absätzen 1 und 2 zugelassen werden, wenn wegen der Betriebs- und Brandsicherheit Bedenken nicht bestehen.

(7) Für Aufzugsanlagen im Sinne der Betriebssicherheitsverordnung einschließlich der für ihren sicheren Betrieb erforderlichen Einrichtungen, die weder gewerblichen noch wirtschaftlichen Zwecken dienen und durch die Beschäftigte nicht gefährdet werden können, gelten die Vorschriften der Betriebssicherheitsverordnung entsprechend; zuständige Behörde ist die untere Bauaufsichtsbehörde.

§ 19
Fenster und Türen
(Zu den §§ 37 und 43 NBauO)

(1) [1]In Aufenthaltsräumen muss die Größe der Öffnungen für notwendige Fenster im Rohbaumaß insgesamt mindestens $\frac{1}{8}$ der Grundfläche des Raumes betragen. [2]Dabei bleiben Raumteile mit einer lichten Höhe bis 1,50 m außer Betracht. [3]In Aufenthaltsräumen, die nicht dem Wohnen dienen, können ausnahmsweise kleinere Öffnungen für notwendige Fenster zugelassen werden, wenn hinsichtlich der Nutzung Bedenken nicht bestehen.

(2) [1]Fenster, die als Rettungswege dienen, müssen im Lichten mindestens 0,90 m breit und 1,20 m hoch sein. [2]Die Höhe ihrer Brüstungen darf nicht mehr als 1,20 m betragen. [3]Liegen diese Fenster in Dachschrägen oder Dachaufbauten, so darf ihre Unterkante oder ein davor liegender Austritt von der Traufkante nur so weit entfernt sein,

dass Personen sich bemerkbar machen und von der Feuerwehr gerettet werden können.

(3) ¹An allgemein zugänglichen Flächen müssen Glastüren und andere Glasflächen so ausgebildet oder gekennzeichnet sein, dass sie leicht erkennbar sind. ²Sie müssen, soweit erforderlich, gesichert sein.

§ 20
Zelte
(Zu den §§ 19 und 30 bis 32 NBauO)

Zelte einschließlich ihrer Tragkonstruktion brauchen abweichend von den §§ 6, 7 und 8 Abs. 1 Satz 1 Nr. 2, §§ 9 bis 11 nur aus normal entflammbaren Baustoffen zu bestehen; § 19 findet keine Anwendung.

§ 21
Lüftungsleitungen, Installationsschächte und -kanäle
(Zu § 39 NBauO)

(1) ¹Lüftungsleitungen, Installationsschächte und -kanäle müssen so beschaffen oder mit Einrichtungen versehen sein, dass im Brandfall bei Überbrückung von

1. Brandwänden und Wänden nach § 8 Abs. 9 für mindestens 90 Minuten,

2. Wänden von Treppenräumen notwendiger Treppen für mindestens 90 Minuten,

3. Decken, die feuerbeständig sein müssen, für mindestens 60 Minuten,

4. Trennwänden, die feuerbeständig sein müssen, und Wänden notwendiger Flure für mindestens 30 Minuten

Feuer und Rauch nicht in andere Brandabschnitte, in Treppenräume notwendiger Treppen, in andere Geschosse oder in notwendige Flure übertragen werden können. ²Satz 1 Nrn. 2 bis 4 gilt nicht für Gebäude geringer Höhe.

(2) ¹Lüftungsleitungen sowie deren Verkleidungen und Dämmschichten müssen aus nichtbrennbaren Baustoffen bestehen. ²Ausnahmen können zugelassen werden, wenn wegen des Brandschutzes Bedenken nicht bestehen. ³Lüftungsleitungen von Dunstabzugshauben in Wohnungen brauchen nur aus schwer entflammbaren Baustoffen zu bestehen, wenn die Lüftungsleitungen unmittelbar ins Freie oder in einen eigenen Schacht geführt werden.

(3) [1]Lüftungsleitungen dürfen nicht an Schornsteine angeschlossen werden. [2]Die gemeinsame Benutzung von Lüftungsleitungen zur Lüftung und zur Ableitung der Abgase von Gasfeuerstätten kann zugelassen werden, wenn wegen der Betriebs- und Brandsicherheit Bedenken nicht bestehen. [3]Die Abluft ist ins Freie zu führen.

(4) Nicht zu Lüftungsanlagen gehörende Einrichtungen sind in Lüftungsleitungen unzulässig.

(5) Lüftungsschächte, die aus Mauersteinen oder aus Formstücken für Schornsteine hergestellt sind, müssen gekennzeichnet sein.

(6) [1]Installationsschächte und -kanäle sowie deren Verkleidungen und Dämmschichten müssen aus nichtbrennbaren Baustoffen bestehen. [2]Ihre Zugangstüren und -klappen müssen darüber hinaus Feuer hemmend sein.

(7) Für Schächte und Kanäle von Klimaanlagen und Warmluftheizungen sowie für deren Verkleidungen und Dämmschichten gelten die Absätze 1 bis 5 entsprechend.

(8) Die Absätze 1, 2, 6 und 7 gelten, außer für Lüftungsleitungen von Dunstabzugshauben, nicht für Wohngebäude mit nicht mehr als zwei Wohnungen und in Wohnungen.

§ 22
Sonstige Leitungen
(Zu § 20 NBauO)

[1]Leitungen, ausgenommen Lüftungsleitungen, dürfen durch Trennwände und Decken, die feuerbeständig sein müssen, Brandwände und Wände von Treppenräumen notwendiger Treppen nur hindurchgeführt werden, wenn eine Übertragung von Feuer und Rauch nicht zu befürchten ist oder Vorkehrungen hiergegen getroffen sind. [2]Das gilt nicht für Wohngebäude mit nicht mehr als zwei Wohnungen und in Wohnungen.

§ 23
Wasserversorgungsanlagen
(Zu § 42 NBauO)

[1]Brunnen zur Trinkwasserversorgung müssen von Anlagen zur Lagerung und Beseitigung von Abwässern und festen Abfallstoffen, wie Kleinkläranlagen, Sammelgruben und Dungstätten sowie Gärfutterbehältern, mindestens 15 m entfernt sein. [2]Bei Verrieselungsanlagen und bei ungünstigen Untergrundverhältnissen können größere Abstände verlangt werden.

§ 24
Anlagen für Abwässer, Niederschlagswasser und feste Abfallstoffe
(Zu § 42 NBauO)

(1) [1]Kleinkläranlagen und Sammelgruben müssen wasserdicht und ausreichend groß sein sowie dichte und sichere Abdeckungen und Reinigungs- und Entleerungsöffnungen haben. [2]Die Reinigungs- und Entleerungsöffnungen dürfen nur vom Freien aus zugänglich sein. [3]Die Zuleitungen zu Abwasserbeseitigungsanlagen müssen geschlossen, dicht und, soweit erforderlich, zum Reinigen eingerichtet sein.

(2) Dungstätten müssen, waagerecht gemessen, von Öffnungen zu Aufenthaltsräumen mindestens 5 m und von den Grenzen des Baugrundstücks mindestens 2 m entfernt sein.

§ 25
Müllabwurfanlagen
(Zu § 42 NBauO)

(1) Abfallschächte, ihre Einfüllöffnungen und die zugehörigen Sammelräume dürfen nicht in Aufenthaltsräumen und nicht an den Wänden von Wohn- und Schlafräumen liegen.

(2) [1]Abfallschächte müssen bis zur obersten Einfüllöffnung ohne Querschnittsänderung senkrecht verlaufen. [2]Sie müssen feuerbeständig und so beschaffen sein, dass sie Abfälle sicher abführen, dass Feuer, Rauch, Geruch und Staub nicht nach außen dringen können und dass die Weiterleitung von Schall ausreichend gedämmt wird. [3]Eine ständig wirkende Lüftung muss gewährleistet sein.

(3) [1]Innere Wandschalen der Abfallschächte, Dämmschichten und die zu den Abfallschächten gehörenden Einrichtungen müssen aus nichtbrennbaren Baustoffen bestehen. [2]Die Einfüllöffnungen sind so einzurichten, dass Staubbelästigungen nicht auftreten und sperrige Abfälle nicht eingebracht werden können. [3]Der Abfallschacht muss am oberen Ende eine Reinigungsöffnung haben. [4]Alle Öffnungen müssen Verschlüsse aus nichtbrennbaren Baustoffen haben.

(4) [1]Der Abfallschacht muss in einen ausreichend großen Sammelraum münden. [2]Dieser muss aus feuerbeständigen Bauteilen bestehen. [3]Die inneren Zugänge des Sammelraumes müssen feuerbeständige Türen haben. [4]Der Sammelraum muss von außen zugänglich und entleerbar sein. [5]Er muss eine ständig wirksame Lüftung und eine Fußbodenentwässerung mit Geruchsverschluss haben. [6]Die Abfallstoffe sind in beweglichen Abfallbehältern zu sammeln.

(5) In den Müllabwurfanlagen sind nicht zu den Anlagen gehörende Einrichtungen unzulässig.

§ 26
Abstell- und Trockenräume
(Zu § 44 NBauO)

(1) Jede Wohnung muss Abstellraum von insgesamt mindestens 6 m² Grundfläche haben.

(2) ¹Trockenräume nach § 44 Abs. 7 NBauO müssen eine Grundfläche von mindestens 20 m² haben. ²Eine geringere Grundfläche ist zulässig, wenn im Trockenraum ausreichend leistungsfähige Trockengeräte zur Verfügung stehen.

§ 27
Toiletten und Bäder
(Zu § 45 NBauO)

(1) Spültoiletten für Wohnungen müssen innerhalb der Wohnung liegen.

(2) Toiletten, die nicht zu Wohnungen gehören und die für mehr als 20 Personen verschiedenen Geschlechts bestimmt sind, müssen getrennte Räume für Frauen und Männer haben.

(3) Toilettenräume und Bäder müssen ausreichend gelüftet werden können.

§ 28
Aufenthaltsräume
(Zu § 43 NBauO)

(1) ¹Aufenthaltsräume – ausgenommen Küchen – müssen eine Grundfläche von mindestens 6 m² haben. ²Dabei bleiben Grundflächen von Raumteilen mit einer lichten Höhe von weniger als 2,20 m außer Betracht.

(2) ¹Kellerräume, die dem Wohnen dienen, sind als Aufenthaltsräume nur zulässig, wenn das Gelände vor den notwendigen Fenstern dieser Räume in einer Entfernung von mindestens 2 m und in einer Breite, die mindestens der Breite der Fenster entspricht, nicht mehr als 70 cm über dem Fußboden dieser Räume liegt. ²Ein hieran anschließendes höher liegendes Gelände muss nach allen Seiten in einem Winkel von mindestens 45° zurücktreten. ³Soweit Fenster breiter als notwendig sind, dürfen die vor der zusätzlichen Breite liegenden Flächen bei der Berechnung nach Satz 2 einbezogen werden.

§ 29
Barrierefreie Zugänglichkeit und Benutzbarkeit baulicher Anlagen
(Zu den §§ 44, 45 und 48 NBauO)

(1) [1]Wohnungen, die nach § 44 Abs. 3 NBauO barrierefrei oder rollstuhlgerecht sein müssen, und bauliche Anlagen nach § 48 Abs. 1 NBauO müssen von öffentlichen Verkehrsflächen über mindestens einen Zugang stufenlos erreichbar sein. [2]Sind Wohnungen nach Satz 1 und Geschosse baulicher Anlagen nach § 48 Abs. 1 NBauO nur mit einem Aufzug stufenlos erreichbar, so gilt § 36 Abs. 3 Sätze 1 bis 3 NBauO sinngemäß.

(2) In einer baulichen Anlage nach § 48 Abs. 1 Nrn. 1 bis 7 und 9 bis 11 NBauO muss von den nach § 45 Abs. 1 Satz 2 NBauO erforderlichen Toiletten mindestens eine barrierefrei zugänglich, barrierefrei ausgestattet und als barrierefrei gekennzeichnet sein.

(3) [1]Mindestens einer der notwendigen Einstellplätze für Wohnungen, die nach § 44 Abs. 3 Satz 2 NBauO rollstuhlgerecht sein müssen, und für eine bauliche Anlage nach § 48 Abs. 1 Nrn. 1 bis 11 NBauO muss barrierefrei zugänglich, barrierefrei ausgestattet und als barrierefrei gekennzeichnet sein. [2]Sind mehr als 100 Einstellplätze notwendig, so muss je angefangene 100 Einstellplätze mindestens ein Einstellplatz die Anforderungen nach Satz 1 erfüllen.

§ 30
Landwirtschaftliche Betriebsgebäude
(Zu § 51 NBauO)

(1) [1]Die ins Freie führenden Stalltüren müssen nach außen aufschlagen. [2]Ihre Zahl, Höhe und Breite muss so groß sein, dass die Tiere bei Gefahr ohne Schwierigkeiten ins Freie gelangen können.

(2) Für landwirtschaftliche Betriebsgebäude können Ausnahmen von den Anforderungen der §§ 5, 7, 9, 10 und 12 zugelassen werden, wenn wegen des Brandschutzes Bedenken nicht bestehen.

(3) Wände, Pfeiler, Stützen, Decken und Fußböden von Ställen müssen widerstandsfähig gegen Abgänge aus der Tierhaltung und Stallluft sein.

§ 31
Druckbehälteranlagen für Flüssiggas

Für Druckbehälteranlagen für Flüssiggas im Sinne der Betriebssicherheitsverordnung einschließlich der für ihren sicheren Betrieb erforderlichen Einrichtungen, die weder gewerblichen noch wirtschaftlichen Zwecken dienen und durch die Beschäftigte nicht gefährdet werden können, gelten die Vorschriften der Betriebssicherheitsverordnung entsprechend; zuständige Behörde ist die untere Bauaufsichtsbehörde.

§ 32
Regelmäßige Überprüfung technischer Anlagen und Einrichtungen (Zu § 87 NBauO)

(1) In

1. Verkaufsstätten nach § 1 der Verkaufsstättenverordnung,

2. Versammlungsstätten nach § 1 der Versammlungsstättenverordnung,

3. Krankenanstalten,

4. Hochhäusern sowie

5. Mittel- und Großgaragen nach § 1 der Garagenverordnung

müssen nach Absatz 2 prüfungsbedürftige technische Anlagen und Einrichtungen, wenn sie der Erfüllung bauordnungsrechtlicher Anforderungen dienen, durch bauordnungsrechtlich anerkannte Sachverständige auf ihre Wirksamkeit und Betriebssicherheit geprüft werden.

(2) Prüfungsbedürftige Technische Anlagen und Einrichtungen sind

1. Lüftungsanlagen, ausgenommen solche, die einzelne Räume im selben Geschoss unmittelbar ins Freie be- oder entlüften,

2. Absperrvorrichtungen gegen die Übertragung von Feuer und Rauch in Lüftungsleitungen,

3. CO-Warnanlagen,

4. Rauchabzugsanlagen sowie maschinelle Anlagen zur Rauchfreihaltung von Rettungswegen,

5. selbsttätige Feuerlöschanlagen; wie Sprinkleranlagen, Sprühwasser-Löschanlagen und Wassernebel-Löschanlagen,

6. nicht selbsttätige Feuerlöschanlagen mit nassen Steigleitungen und Druckerhöhungsanlagen einschließlich des Anschlusses an die Wasserversorgungsanlage,

7. Alarmierungsanlagen und Brandmeldeanlagen einschließlich der Brandfallsteuerung von Aufzügen sowie

8. Sicherheitsstromversorgungsanlagen einschließlich der Sicherheitsbeleuchtung.

(3) Der Bauherr oder der Betreiber der baulichen Anlage hat die Prüfungen nach Absatz 1 vor der ersten Inbetriebnahme der baulichen Anlage, unverzüglich nach einer wesentlichen Änderung der technischen Anlage oder Einrichtung sowie danach in Abständen von längstens drei Jahren durchführen zu lassen.

(4) Der Bauherr oder der Betreiber der baulichen Anlage hat die Berichte über Prüfungen vor der ersten Inbetriebnahme und vor der Wiederinbetriebnahme nach wesentlichen Änderungen der zuständigen Bauaufsichtsbehörde zuzuleiten sowie die Berichte über die folgenden Prüfungen fünf Jahre lang aufzubewahren und der Bauaufsichtsbehörde auf Verlangen vorzulegen.

(5) ¹Für Technische Anlagen und Einrichtungen, die am 1. August 2004 bereits bestehen, beginnt die Dreijahresfrist nach Absatz 3 mit dem Abschluss der letzten Prüfung; endet die Frist vor dem 1. August 2005, so verlängert sie sich bis zu diesem Datum. ²Ist eine Prüfung vor dem 1. August 2004 nicht vorgenommen worden, so ist die erste Prüfung bis zum 1. August 2005 durchzuführen.

(6) Die Fristbestimmungen nach den Absätzen 3 und 5 haben Vorrang vor Einzelfallregelungen nach § 87 NBauO, die vor dem 1. August 2004 bekannt gegeben wurden und nach denen eine spätere Prüfung genügen würde.

§ 33
Ordnungswidrigkeiten

Ordnungswidrig handelt nach § 91 Abs. 3 NBauO, wer vorsätzlich oder fahrlässig

1. Zu- oder Durchfahrten entgegen § 2 Abs. 5 durch Einbauten einengt oder nicht ständig freihält,

2. Aufstell- und Bewegungsflächen für die Feuerwehr entgegen § 3 Abs. 2 nicht ständig freihält oder

3. eine Prüfung entgegen § 32 Abs. 3 oder 5 nicht oder nicht rechtzeitig durchführen lässt.

§ 34
Inkrafttreten

[1]Diese Verordnung tritt vierzehn Tage nach ihrer Verkündung in Kraft. [2]Gleichzeitig tritt die Allgemeine Durchführungsverordnung zur Niedersächsischen Bauordnung vom 24. Juni 1976 (Nieders. GVBl. S. 141), geändert durch Artikel I Nr. 3 der Verordnung zur Bereinigung von Ordnungswidrigkeitenvorschriften im Bereich des Bauordnungsrechts vom 25. Januar 1983 (Nieders. GVBl. S. 8), außer Kraft.

2.3
Verordnung über Bauantrag und Bauvorlagen im bauaufsichtlichen Genehmigungsverfahren (Bauvorlagenverordnung – BauVorlVO)

vom 22.9.1989 (Nds. GVBl. S. 358),
zuletzt geändert durch § 10 Abs. 1 der V vom 6.6.1996
(Nds. GVBl. S. 287)

Inhaltsübersicht

§ 1
Allgemeines

(1) Zum Bauantrag sind nach Maßgabe der folgenden Vorschriften, soweit erforderlich oder soweit nicht eine Prüfung im vereinfachten Baugenehmigungsverfahren nach der Prüfeinschränkungs-Verordnung entfällt, als Bauvorlagen einzureichen:

1. ein Übersichtsplan,

2. ein einfacher oder qualifizierter Lageplan (§§ 2, 3),

3. die Bauzeichnung (§ 4),

4. die Baubeschreibung (§ 5),

5. der Standsicherheitsnachweis, die Ausführungszeichnungen und die anderen bautechnischen Nachweise (§ 6),

6. die Darstellung der Grundstücksentwässerung (§ 7).

(2) Ein qualifizierter Lageplan braucht nur vorgelegt zu werden, wenn für die Beurteilung einer Grenzbebauung oder von Grenzabständen Angaben nach § 2 Abs. 3 erforderlich sind.

(3) Für die Änderung baulicher Anlagen, bei der die Außenwände und Dächer sowie die Nutzung nicht verändert werden, ist ein Lageplan nicht erforderlich.

(4) Für Werbeanlagen oder Warenautomaten sind Lagepläne und Angaben des Grundstücks aus dem Liegenschaftskataster nicht erforderlich, wenn die Werbeanlagen oder Warenautomaten an einem Gebäude angebracht werden sollen, das nach Straße und Hausnummer bezeichnet werden kann.

(5) Die Bauaufsichtsbehörde kann weitere Unterlagen fordern, wenn diese zur Beurteilung der Baumaßnahme oder der baulichen Anlage erforderlich sind.

(6) Der Bauantrag muss vom Bauherrn und vom Entwurfsverfasser mit Tagesangabe unterschrieben sein. Die Bauvorlagen müssen vom Entwurfsverfasser mit Tagesangabe unterschrieben sein; die von Sachverständigen nach § 58 Abs. 2 NBauO angefertigten Bauvorlagen brauchen nur von diesen unterschrieben zu sein.

(7) Für den Bauantrag ist ein Vordruck nach dem Muster der Anlage zu verwenden.

(8) Der Bauantrag und die Bauvorlagen sind in zweifacher Ausfertigung bei der Gemeinde einzureichen; ist die Gemeinde nicht Bauaufsichtsbehörde, so sind der Bauantrag und die Bauvorlagen mit Ausnahme der in Absatz 1 Nr. 5 genannten Vorlagen in dreifacher

Ausfertigung einzureichen. Ist für die Prüfung des Bauantrages die Beteiligung anderer Behörden oder Dienststellen erforderlich, so kann die Bauaufsichtsbehörde die Einreichung weiterer Ausfertigungen verlangen. Sollen durch eine Baumaßnahme mehrere Gebäude errichtet werden, so kann die Bauaufsichtsbehörde Mehrausfertigungen des Bauantrages und der Bauvorlagen entsprechend der Anzahl der Gebäude verlangen, soweit dies erforderlich ist.

(9) Die Bauvorlagen müssen aus dauerhaftem Papier lichtbeständig hergestellt sein. Sie müssen einen 2,5 cm breiten Heftrand haben und in ihrer Größe DIN A4 entsprechen oder auf diese Größe nach DIN 824 gefaltet sein.

§ 2
Lageplan

(1) Der Lageplan muss auf der Grundlage des Liegenschaftskatasters hergestellt sein. Dabei ist der Maßstab 1 : 500 zu verwenden. Die Bauaufsichtsbehörde kann einen kleineren oder größeren Maßstab fordern oder zulassen. Der Lageplan muss hinsichtlich der Angaben aus dem Liegenschaftskataster durch eine in § 79 Abs. 3 NBauO bezeichnete Stelle oder Person angefertigt oder beglaubigt sein. Ist ein öffentlich-rechtliches Bodenordnungsverfahren anhängig, so sind die in diesem Verfahren ergangenen rechtsverbindlichen Entscheidungen zu berücksichtigen, solange das Liegenschaftskataster noch nicht berichtigt ist.

(2) Der einfache Lageplan muss folgende Angaben aus dem Liegenschaftskataster enthalten:

1. die Angabe des Maßstabes und die Lage des Grundstücks zur Himmelsrichtung,

2. die Bezeichnung des Grundstücks nach Gemeinde, Straße, Hausnummer, Grundbuch, Gemarkung, Flur, Flurstück mit Angabe der Eigentümer oder der Erbbauberechtigten,

3. den Flächeninhalt des Grundstücks,

4. die katastermäßigen Grenzen des Grundstücks und der benachbarten Grundstücke,

5. den Bestand der vorhandenen Gebäude auf dem Grundstück und auf den benachbarten Grundstücken,

6. die im Liegenschaftsbuch enthaltenen Hinweise auf Baulasten.

Für diese Angaben ist eine örtliche Überprüfung nicht erforderlich.

(3) Der qualifizierte Lageplan muss außer den in Absatz 2 Satz 1 genannten Angaben Folgendes enthalten:

1. die für die bauaufsichtliche Beurteilung erforderlichen Abmessungen des Grundstücks nach dem Liegenschaftskataster,

2. eine Aussage der Stelle oder Person nach Absatz 1 Satz 4 über die Zuverlässigkeit von Grenzen und ihre Erkennbarkeit in der Örtlichkeit sowie über die Vollständigkeit des Gebäudebestandes und

3. die Bezeichnung der benachbarten Grundstücke nach Gemeinde, Straße, Hausnummer, Grundbuch, Gemarkung, Flur, Flurstück mit Angabe der Eigentümer oder der Erbbauberechtigten.

§ 3
Angaben des Entwurfsverfassers auf dem Lageplan

(1) Auf dem Lageplan hat der Entwurfsverfasser, soweit erforderlich, folgende Angaben einzutragen:

1. die Festsetzungen im Bebauungsplan oder in einer Satzung nach § 34 Abs. 4 des Baugesetzbuchs (BauGB) über die Art und das Maß der baulichen Nutzung mit den Baulinien, Baugrenzen oder Bebauungstiefen und über die Bauweise,

2. Flächen, die in einem Sanierungsgebiet oder im Geltungsbereich einer Erhaltungssatzung nach § 172 BauGB liegen,

3. bei geneigtem Gelände die Höhe der gewachsenen Geländeoberfläche im Bereich der geplanten Baumaßnahme,

4. die Stellung der geplanten baulichen Anlage mit Angabe ihrer Außenmaße, der Dachform, der Höhenlage der Oberkante des Erdgeschossfußbodens zu öffentlichen Verkehrsflächen, der Grenzabstände, der Abstände zu anderen baulichen Anlagen auf dem Baugrundstück und den benachbarten Grundstücken sowie der Zu- und Abfahrten,

5. die Zahl der Vollgeschosse, die Dachform, die Bauart der Außenwände und die Art der Bedachung von vorhandenen baulichen Anlagen auf dem Baugrundstück und auf den benachbarten Grundstücken,

6. Bau-, Boden- und Naturdenkmale sowie durch Satzung oder Verordnung geschützte Landschaftsbestandteile auf dem Baugrundstück und auf den benachbarten Grundstücken,

7. die Breite und die Höhenlage angrenzender öffentlicher Verkehrsflächen unter Angabe der Straßengruppe und dort vorhandener Bäume, Masten und Aufbauten,

8. die Lage vorhandener oder geplanter Hochspannungsleitungen, Hydranten und anderer Wasserentnahmestellen für Löschwasser,

9. die Abstände der geplanten baulichen Anlage zu benachbarten öffentlichen Verkehrs- und Grünflächen, oberirdischen Gewässern, Deichen und Gleisanlagen,

10. die Lage, Anzahl und Größe der notwendigen Einstellplätze, der Zufahrten und Aufstell- und Bewegungsflächen für die Feuerwehr,

11. die Lage, Anzahl und Größe der Spielplätze für Kleinkinder, der Flächen, die gärtnerisch angelegt werden, und der Plätze für Abfallbehälter sowie die Zweckbestimmung der nicht überbauten Flächen,

12. Flächen die von Baulasten betroffen sind,

13. Flächen, deren Böden mit gesundheitsgefährdenden Stoffen belastet sind,

14. die Lage vorhandener oder geplanter Brunnen, Sicker- und Abfallgruben, Kleinkläranlagen und Dungstätten,

15. die Lage vorhandener oder geplanter unterirdischer Behälter für Heizöl, für andere wassergefährdende Stoffe, brennbare Flüssigkeiten oder für Gase und deren Leitungen sowie die Abstände dieser Behälter und Leitungen zu der geplanten baulichen Anlage, zu Brunnen oder zu Wasserversorgungsanlagen.

(2) Auf dem Lageplan sind farbig anzulegen:

1.	die Grundstücksgrenzen	gelb
2.	vorhandene öffentliche Verkehrsflächen	licht ocker
3.	im Bebauungsplan festgesetzte, nicht vorhandene öffentliche Verkehrsflächen	goldocker
4.	vorhandene bauliche Anlagen	grau
5.	geplante bauliche Anlagen	rot
6.	zu beseitigende bauliche Anlagen	gelb
7.	öffentliche Grünflächen	hellgrün
8.	Flächen, die von Baulasten betroffen sind	gelb schraffiert
9.	Gewässer	blau

(3) Angaben nach den Absätzen 1 und 2 sind auf besonderen Blättern einzutragen, wenn der Lageplan sonst unübersichtlich würde.

§ 4
Bauzeichnungen

(1) Für die Bauzeichnungen ist der Maßstab 1 : 100 zu verwenden. Die Bauaufsichtsbehörde kann einen größeren Maßstab verlangen oder zulassen, wenn dies zur Beurteilung der Eintragungen notwendig oder ausreichend ist; sie kann bei umfangreichen Gebäuden ausnahmsweise die Verwendung eines kleineren Maßstabes zulassen, wenn dies zur Beurteilung der Eintragungen ausreichend ist.

(2) In den Bauzeichnungen sind, soweit erforderlich, besonders darzustellen:

1. die Gründung der geplanten baulichen Anlagen und, soweit erforderlich, die Gründungen benachbarter baulicher Anlagen,

2. die Grundrisse aller Geschosse und des nutzbaren Dachraumes unter Angabe der Himmelsrichtung, der vorgesehenen Nutzung der Räume, der Fenster, der Türen und deren Aufschlagrichtung, der Schornsteine, der Feuerstätten und ihrer Art, der ortsfesten Behälter für Heizöl, für andere wassergefährdende Stoffe, für brennbare Flüssigkeiten und Gase sowie ihres Fassungsvermögens, die Aufzugsschächte, Lüftungsschächte und Abfallschächte, die Toiletten, Badewannen, Duschen, Bodenabläufe und Wasserzapfstellen,

3. die Schnitte, aus denen die Höhenlage des Erdgeschossfußbodens, die Geschosshöhen und die lichten Raumhöhen, Dachneigungen und Dachhöhen sowie der Verlauf der Treppen und Rampen mit ihren Steigungsverhältnissen ersichtlich sind, mit dem Abschnitt der gewachsenen und der künftigen Geländeoberfläche,

4. die Schnitte durch das Gebäude bei den Punkten, die für den Grenzabstand und für die Zulässigkeit von Kellerräumen als Aufenthaltsräume maßgebend sind, mit Angabe der Höhe über der jeweils maßgeblichen Geländeoberfläche,

5. die Ansichten der geplanten baulichen Anlage mit dem Anschluss an die künftige Geländeoberfläche, an benachbarte bauliche Anlagen unter Angabe von Baustoffen und Farben sowie das Straßenlängsgefälle.

(3) In den Bauzeichnungen sind, soweit erforderlich, anzugeben:

1. der Maßstab,

2. die Maße und die wesentlichen Baustoffe und Bauarten,

3. das Brandverhalten der Baustoffe und die Feuerwiderstandsdauer der Bauteile, soweit aus Gründen des Brandschutzes an die Baustoffe und Bauteile besondere Anforderungen gestellt werden,

4. die Brandabschnitte,

5. die Lage des Raumes für die Hauptanschlüsse der Versorgungs-
    leitungen,

6. bei Änderung baulicher Anlagen die zu beseitigenden und die
    neuen Bauteile.

(4) In den Grundrissen und Schnitten sind farbig anzulegen:

1.	neues Mauerwerk	rot
2.	neuer Beton und Stahlbeton	blassgrün
3.	vorhandene Bauteile	grau
4.	abzubrechende Bauteile	gelb

Die Bauaufsichtsbehörde kann auf die farbige Darstellung verzichten,
soweit die Bauteile und Bauarten auch ohne farbige Darstellung
zweifelsfrei erkennbar sind.

§ 5
Baubeschreibung, Betriebsbeschreibung und Berechnungen

(1) In der Baubeschreibung sind die Baumaßnahme oder die bauliche Anlage und die beabsichtigte Nutzung zu erläutern, soweit dies
zur Beurteilung erforderlich ist und die notwendigen Angaben nicht in
den Lageplan und die Bauzeichnungen aufgenommen werden können.

(2) Für gewerbliche und sinngemäß für landwirtschaftliche Anlagen
sind zusätzlich in einer Betriebsbeschreibung folgende Angaben aufzunehmen:

1. Bezeichnung der gewerblichen Tätigkeiten unter Angabe der Art,
    der Zahl und des Aufstellungsortes der Maschinen oder Apparate,
    das Arbeitsverfahren, die zu verwendenden Rohstoffe und herzu-
    stellenden Erzeugnisse, die Lagerung feuer-, explosions- oder
    gesundheitsgefährlicher Rohstoffe und Erzeugnisse; ferner sind
    entstehende Einwirkungen auf die Beschäftigten oder die Nach-
    barschaft durch Geräusche, Erschütterungen, Lichtstrahlen, Gerü-
    che, Gas, Staub, Dämpfe, Rauch, Ruß, Flüssigkeiten, Abwässer und
    Abfälle nach Art und Ausmaß anzugeben sowie die Maßnahmen
    zu deren Verminderung oder Beseitigung zu beschreiben,

2. die Zahl der Beschäftigten.

(3) Die Baubeschreibung muss für die Gebührenermittlung eine Berechnung des Brutto-Rauminhaltes nach DIN 277 Teil 1 oder Angaben über den Rohbau- oder Herstellungswert der baulichen Anlagen enthalten.

(4) Für vorhandene und geplante bauliche Anlagen auf dem Baugrundstück ist, soweit erforderlich, eine prüffähige Berechnung aufzustellen über:

1. die zulässige und die vorhandene und geplante Grundfläche,

2. die zulässige und die vorhandene und geplante Geschossfläche oder die Baumasse,

3. die erforderliche und die vorhandene und geplante Fläche für Kleinkinderspielplätze,

4. die erforderliche und die vorhandene und geplante Anzahl notwendiger Einstellplätze,

5. die Geschosse, die keine Vollgeschosse sind.

§ 6
Nachweis der Standsicherheit, Ausführungszeichnungen und andere bautechnische Nachweise

(1) Der Nachweis der Standsicherheit muss, soweit erforderlich, eine zeichnerische Darstellung des statischen Systems und die erforderlichen Berechnungen enthalten. Die Bauteile sind, soweit erforderlich, durch Positionsangaben zu kennzeichnen.

(2) Die statischen Berechnungen müssen die Standsicherheit der baulichen Anlage und ihrer Teile nachweisen. Die Beschaffenheit und die zugrunde gelegte Tragfähigkeit des Baugrundes sind anzugeben. Die Bauaufsichtsbehörde kann zulassen oder verlangen, dass die Standsicherheit auch auf andere Weise als rechnerisch nachgewiesen wird.

(3) Die statisch-konstruktiven Einzelheiten sind, soweit erforderlich, in Ausführungszeichnungen darzustellen.

(4) Die bautechnischen Nachweise über den Wärme- und Schallschutz sowie über die Feuerwiderstandsdauer der Bauteile müssen die erforderlichen Berechnungen und konstruktiven Darstellungen enthalten.

(5) Die Bauaufsichtsbehörde kann zulassen, dass Ausführungszeichnungen und Nachweise über den Wärmeschutz sowie ausnahmsweise auch Nachweise über die Standsicherheit erst nach Erteilung der Baugenehmigung vorgelegt werden.

§ 7
Darstellung besonderer Anlagen zur Grundstücksentwässerung

Anlagen zur Beseitigung von Abwasser und Niederschlagswasser, wie Kleinkläranlagen, Sammelgruben, Sickeranlagen und Abscheider, sind in einem Entwässerungsplan mindestens im Maßstab 1: 500 darzustellen und, soweit erforderlich, durch eine Baubeschreibung und durch Bauzeichnungen nach § 4 zu erläutern.

§ 8
Werbeanlagen und Warenautomaten

(1) Die Baubeschreibung für Werbeanlagen muss auch Angaben über den Anbringungsort mit Höhenangaben über der Geländeoberfläche, Angaben über die Art und Größe sowie über die Werkstoffe und Farben der geplanten Anlage enthalten. Die auf dem Baugrundstück vorhandenen Werbeanlagen sind anzugeben.

(2) Die Bauzeichnungen für Werbeanlagen müssen auch die farbgetreue Wiedergabe aller sichtbaren Teile der geplanten Anlage und die Darstellung der geplanten Anlage in Verbindung mit der baulichen Anlage, vor der oder in deren Nähe sie aufgestellt oder errichtet oder an der sie angebracht werden soll, enthalten. Diese Bauzeichnungen müssen einen Maßstab haben, der nicht kleiner als 1 : 50 sein darf.

(3) Vorhandene Werbeanlagen auf dem Baugrundstück sind zeichnerisch in demselben Maßstab wie die geplanten Werbeanlagen oder durch Lichtbilder darzustellen.

(4) Die Absätze 1 und 2 gelten für Warenautomaten entsprechend.

§ 9
Bauvorlagen für den Abbruch baulicher Anlagen

(1) Für den Abbruch baulicher Anlagen ist, soweit erforderlich, eine Beschreibung der baulichen Anlage nach ihrer wesentlichen Konstruktion und des vorgesehenen Abbruchvorganges mit Angabe der für den Abbruch vorgesehenen Geräte sowie der vorgesehenen Sicherungsmaßnahmen vorzulegen. In der Beschreibung der baulichen Anlagen sind auch gesundheitsgefährdende Stoffe, die besonders entsorgt werden müssen, anzugeben. Für Sicherungsmaßnahmen oder einzelne bauliche Zwischenzustände des Abbruchs können Standsicherheitsnachweise verlangt werden.

(2) Für die Beseitigung von Gebäuden ist außer den nach Absatz 1 erforderlichen Bauvorlagen eine Bescheinigung eines Sachkundigen im

Sinne des Abschnitts 2.6 (Anlage 3) der Technischen Regel für Gefahr-stoffe TRGS 519, Ausgabe September 1991 (Bundesarbeitsbl. 1991 Heft 9 S. 66) darüber vorzulegen, ob Bauteile der Gebäude Asbest oder asbesthaltige Materialien enthalten.

(3) § 1 Abs. 5, 6, 8 und 9 sowie §§ 2 und 3 gelten sinngemäß.

§ 10
Bauvorlagen für den Bauvorbescheid

(1) Dem Antrag auf Erteilung eines Bauvorbescheides nach § 74 NBauO sind die Bauvorlagen beizufügen, die zur Beurteilung der zu entscheidenden Fragen erforderlich sind.

(2) § 1 Abs. 5, 6 und 9 gilt sinngemäß.

§ 11
Antrag und Bauvorlagen für Typengenehmigungen

(1) Dem Antrag auf Erteilung der Typengenehmigung nach § 83 NBauO brauchen nur die in § 1 Abs. 1 Nrn. 3 bis 5 genannten Bauvorlagen in zweifacher Ausfertigung beigefügt zu werden.

(2) § 1 Abs. 5, 6 und 9 gilt sinngemäß.

§ 12
Antrag und Bauvorlagen für Ausführungsgenehmigungen fliegender Bauten

(1) Dem Antrag auf Erteilung der Ausführungsgenehmigung flie-gender Bauten nach § 84 NBauO brauchen nur die in § 1 Abs. 1 Nr. 3 bis 5 genannten Bauvorlagen in zweifacher Ausfertigung beigefügt zu werden. Die Baubeschreibung muss ausreichende Angaben über die Konstruktion, den Aufbau und den Betrieb der fliegenden Bauten enthalten.

(2) § 1 Abs. 5, 6 und 9 gilt sinngemäß.

§ 13
Antrag und Unterlagen für die Genehmigung von Grundstücksteilungen nach § 94 NBauO

(1) Der Antrag auf Genehmigung einer Grundstücksteilung nach § 94 NBauO muss insbesondere enthalten:

1. Name und Anschrift der Grundstückseigentümer oder der Erb-bauberechtigten,

2. Bezeichnung des zu teilenden Grundstücks nach Gemeinde, Ortsteil, Straße und Hausnummer sowie dem Liegenschaftskataster (Gemarkung, Flur, Flurstück),

3. Grundbuchbezeichnung des zu teilenden Grundstücks mit Angabe der laufenden Nummer im Bestandsverzeichnis des Grundbuchs,

4. Angaben darüber, ob das Grundstück bebaut ist oder ob seine Bebauung (Bauscheinnummer/Datum) genehmigt ist,

5. bei bebauten Grundstücken Angaben über die vorhandene Bebauung, soweit durch die Teilung Grundstücksflächen berührt werden, die für die Erfüllung von Abstandsanforderungen zur Verfügung stehen müssen,

6. Bezeichnung des Grundstücksteils, der grundbuchmäßig abgeschrieben werden soll,

7. Angaben über den Verkehrswert des abzuschreibenden Grundstücksteils,

8. Angaben über Baulasten, die auf dem zu teilenden Grundstück liegen (Baulastenverzeichnis/Blatt).

Soweit erforderlich, ist ein Übersichtsplan beizufügen. Die Bauaufsichtsbehörde kann weitere Unterlagen verlangen, wenn diese zur Beurteilung des Antrages erforderlich sind.

(2) Anträgen nach Absatz 1 ist ein Auszug aus der Liegenschaftskarte beizufügen, in dem die Grenzen des zu teilenden Grundstücks gelb zu kennzeichnen sind. Die Bauaufsichtsbehörde kann einen qualifizierten Lageplan (§ 2 Abs. 3) verlangen, wenn dieser zur Beurteilung von Grenzabständen erforderlich ist.

(3) In den Lageplan sind der künftige Grenzverlauf und, falls Baulasten von der Teilung betroffen sind, die Flächen dieser Baulasten einzutragen.

(4) Für Anträge auf Erteilung von Negativzeugnissen nach § 94 Abs. 1 NBauO in Verbindung mit § 23 BauGB gelten die Absätze 1 bis 3 sinngemäß.

§ 14
Inkrafttreten

(1) Diese Verordnung tritt vierzehn Tage nach ihrer Verkündung in Kraft.

(2) Gleichzeitig tritt die Bauvorlagenverordnung vom 14. Dezember 1973 (Nieders. GVBl. S. 521), geändert durch Artikel 1 der Verordnung vom 25. Juni 1976 (Nieders. GVBl. S. 135), außer Kraft.

Anlage
(zu § 1 Abs. 7)

Bauantrag

	Zutreffendes bitte ankreuzen ☒ oder ausfüllen.
An die Bauaufsichtsbehörde	Eingangsvermerk der Gemeinde
Über die Gemeinde	
1. **Bauherr/Bauherrin** (Name, Anschrift, Telefon)	Eingangsvermerk der Bauaufsichtsbehörde
Entsprechend den beigefügten Bauvorlagen wird für die nachstehend bezeichnete Baumaßnahme die Baugenehmigung beantragt.	Geschäftszeichen/Aktenzeichen

2. Bezeichnung der Baumaßnahme

3. Entwurfsverfasser/Entwurfsverfasserin

(Name, Berufsbezeichnung, Anschrift, Telefon)

	Qualifikation nach § 58 NBauO
	☐ Architekt/Architektin: Nr. der Eintragungsliste: ....
	☐ Bauingenieur/Bauingenieurin (§ 58 Abs. 3 NBauO)
	☐ Meister/Meisterin (§ 58 Abs. 4 NBauO)
	☐ Übergangsregelung (§ 100 NBauO)

4. Baugrundstück[1]

Gemeinde, Ortsteil, Straße, Hausnummer		
Gemarkung	Flur	Flurstück

5. Früher erteilte Bescheide[2]

	Datum	Aktenzeichen
5.1 Baugenehmigung		
5.2 Teilungsgenehmigung nach § 19 BauGB		
5.3 Bauvorbescheid		

---

1) Nach § 1 Abs. 4 BauVorlVO sind für Werbeanlagen und Warenautomaten, die an einem Gebäude angebracht werden sollen, das nach Straße und Hausnummer bezeichnet werden kann, Angaben aus dem Liegenschaftskataster nicht erforderlich.

2) Die Bescheide und Baulasten brauchen nur angegeben zu werden, wenn sie für die Baumaßnahme von Bedeutung sind.

6. Baulasten[1]

Auf dem Grundstück liegen folgende Baulasten:

Baulastenverzeichnis Blatt

7. Bautechnische Nachweise

Es wird beantragt, die angekreuzten Nachweise sofort nach Eingang zu prüfen, sofern eine Prüfung notwendig ist.	☐ Standsicherheitsnachweis	☐ Wärmeschutznachweis	☐ Schallschutznachweis	☐ Nachweis der Feuerwiderstandsdauer

Es ist mir/uns bekannt, dass dadurch entstehende Verwaltungskosten auch bei Änderung oder Ablehnung des Bauantrages von dem Bauherrn/der Bauherrin zu zahlen sind.

8. Zustellung der Baugenehmigung an Nachbarn

Es wird beantragt, die Baugenehmigung nach § 75 Abs. 5 NBauO den in der Anlage näher bezeichneten Nachbarn zuzustellen   ☐

9. Übersendung der Baugenehmigung

Der Übersendung der Baugenehmigung an die Deutsche Bundespost und an die Energieversorgungsunternehmen wird zugestimmt

☐ ja   ☐ nein

---

1) Die Bescheide und Baulasten brauchen nur angegeben zu werden, wenn sie für die Baumaßnahme von Bedeutung sind.

10. Erschließung

10.1 | Zugang/Zufahrt zum Grundstück erfolgt

☐ von öffentlicher Verkehrsfläche   ☐ über Grundstücke im Miteigentum   ☐ über fremdes Grundstück (Baulast erforderlich)

10.2

	Anzahl		Anzahl		Anzahl/ Entfernung m
Notwendige Einstellplätze:		davon auf dem Baugrundstück:		davon auf einem anderen Grundstück in der Nähe (Baulast erforderlich!):	/

10.3 | Abwasserbeseitigung erfolgt durch   ☐ Sammelkanalisation   ☐ Kleinkläranlage Sonstiges:

10.4 | Niederschlagswasserbeseitigung erfolgt durch   ☐ Einleitung in die Sammelkanalisation   ☐ Einleitung in ein Gewässer   ☐ Versickerung auf dem Grundstück

10.5 | Trinkwasserversorgung erfolgt durch   ☐ öffentliche Wasserversorgung   ☐ Hauswasserversorgung   ☐ Gemeinschaftsanlage

10.6 | Löschwasserversorgung erfolgt durch Entnahme aus   ☐ öffentlicher Wasserversorgung   ☐ offenen Gewässern   ☐ Enfernung: m
    ☐ Löschwasserteich   ☐ Feuerlöschbrunnen   ☐ Enfernung: m

11. Heizung

11.1	Heizungsart	☐ Einzelfeuerstelle ohne zentrale Brennstoffversorgung	☐ Zentralheizung	Nennwärmeleistung
		☐ Einzelfeuerstelle mit zentraler Brennstoffversorgung	☐ Stockwerksheizung	kW
		☐ Fernwärme ☐ Elektroheizung	☐ Wärmepumpe	Antriebsleistung
				kW

| 11.2 | Brennstoffe ☐ feste   ☐ Heizöl leicht   ☐ Gas   ☐ Flüssiggas | Lagermenge m³ |

Dem Bauantrag sind folgende Unterlagen beigefügt:[1]

☐ Übersichtsplan (Maßstab 1 : 5000) oder Stadtkartenausschnitt mit Kennzeichnung des Baugrundstücks		☐ Nachweis der Feuerwiderstandsdauer der Bauteile (§ 6 BauVorlVO)	
☐ Lageplan (§§ 2 und 3 BauVorlVO)		☐ Unterlagen über Feuerstätten (soweit genehmigungspflichtig)	
☐ Bauzeichnungen (Grundrisse, Ansichten, Schnitte) (Maßstab 1 : 100) (§ 4 BauVorlVO)		☐ Unterlagen über Brennstofflagerung (soweit genehmigungspflichtig)	
☐ Baubeschreibung (§ 5 Abs. 1 BauVorlVO)		☐ Weitere Anlagen:	
☐ Betriebsbeschreibung (§ 5 Abs. 1 BauVorlVO)		☐	
☐ Berechnung des Rauminhaltes (DIN 277) und des Rohbau- bzw. Herstellungswertes (§ 5 Abs. 3 BauVorlVO)		Ferner werden dem Bauantrag in einfacher Ausfertigung beigefügt:	

---

1) **Hinweise:**
1. Bauantrag und Bauvorlagen sind in dreifacher Ausfertigung einzureichen, wenn der Landkreis Bauaufsichtsbehörde ist. Lediglich für die bautechnischen Nachweise genügt zweifache Ausfertigung. Ist die Gemeinde selbst Bauaufsichtsbehörde, genügt für alle Unterlagen zweifache Ausfertigung (§ 1 Abs. 8 BauVorlVO).
2. Sollen auf dem Baugrundstück wassergefährdende Stoffe gelagert, abgefüllt oder umgeschlagen werden, so ist dieses der unteren Wasserbehörde anzuzeigen.

☐ Berechnung der Grund- und Geschossflächen bzw. Baumassen (§ 5 Abs. 4 BauVorlVO)		☐ Erhebungsbogen für Baustatistik	
☐ Berechnung der Geschosse, die keine Vollgeschosse sind (§ 5 Abs. 4 BauVorlVO)		☐ Begründeter Antrag auf Befreiungen (z. B. § 86 Abs. 1 NBauO oder § 31 BauGB)	
☐ Nachweis der Spielplätze für Kleinkinder (§ 5 Abs. 4 BauVorlVO)		☐ Begründeter Antrag auf Ablösung notwendiger Einstellplätze (§ 47 Abs. 5 NBauO)	
☐ Nachweis der notwendigen Einstellplätze (§ 5 Abs. 4 BauVorlVO)		☐ Beglaubigte Baulasterklärung	
☐ Standsicherheitsnachweis (§ 6 BauVorlVO)		☐ Weitere Anlagen:	
☐ Nachweis des Wärmeschutzes (§ 6 BauVorlVO)		☐	
☐ Nachweis des Schallschutzes (§ 6 BauVorlVO)		☐	

Der Bauherr/die Bauherrin erklärt außerdem, dass der Entwurfsverfasser/die Entwurfsverfasserin bevollmächtigt ist, Bauvorlagen nachzureichen und abzuändern.

Datum, Unterschrift des Bauherrn/der Bauherrin

Datum, Unterschrift des Entwurfsverfassers/der Entwurfsverfasserin

2.4
Verordnung über die bautechnische Prüfung von Baumaßnahmen
(Bautechnische Prüfungsverordnung – BauPrüfVO)

vom 24.7.1987 (Nds. GVBl. S. 129),
zuletzt geändert durch V vom 23.11.2004 (Nds. GVBl. S. 500)

Inhaltsübersicht

§ 1
Bautechnische Prüfungen

(1) Die Bauaufsichtsbehörde kann für statisch-konstruktiv schwierige Baumaßnahmen

1.   die Prüfung der Standsicherheit,

2.   die Prüfung der Feuerwiderstandsdauer der Bauteile,

3.   die Prüfung des Schall- und Wärmeschutzes,

4.   die Bauüberwachung nach § 79 NBauO,

5.   die angeordneten Bauabnahmen nach § 80 Abs. 1 Nr. 1 NBauO

einem Prüfingenieur für Baustatik (Prüfingenieur) übertragen. Die oberste Bauaufsichtsbehörde kann anordnen, dass bautechnische Prüfungen nach Satz 1 für bestimmte bauliche Anlagen nur von bestimmten Prüfingenieuren ausgeführt werden dürfen.

(2) Für

1. Typenprüfungen nach § 83 Abs. 4 NBauO,

2. die Prüfung der Standsicherheit fliegender Bauten

sind nur Prüfämter für Baustatik (Prüfämter) zuständig. Die Standsicherheit fliegender Bauten darf auch von einer nach § 9 anerkannten Prüfstelle für Baustatik (Prüfstelle) geprüft werden.

§ 2
Prüfämter

(1) Die oberste Bauaufsichtsbehörde kann einer Bauaufsichtsbehörde die Aufgaben eines Prüfamtes für den Bereich des gesamten Landes übertragen. Das Prüfamt muss mit geeigneten Ingenieuren besetzt sein.

(2) Bescheide von Prüfämtern anderer Länder über die Prüfung der Standsicherheit fliegender Bauten gelten auch in Niedersachsen.

§ 3
Anerkennung als Prüfingenieur

(1) Prüfingenieure bedürfen der Anerkennung durch die oberste Bauaufsichtsbehörde. Durch die Anerkennung wird das Recht verliehen, die Bezeichnung „Prüfingenieur für Baustatik" zu führen.

(2) Die Anerkennung kann für folgende Fachrichtungen erteilt werden:

1. Massivbau (Stein-, Beton- und Stahlbetonbau),

2. Stahlbau,

3. Holzbau.

Sie kann für mehrere Fachrichtungen erteilt werden. Die Anerkennung darf nicht über den Zeitpunkt hinaus erteilt werden, zu dem der Prüfingenieur das 68. Lebensjahr vollendet hat.

(3) Als Prüfingenieur kann auf Antrag anerkannt werden, wer nachweist, dass er

1. das 35. Lebensjahr vollendet und das 60. Lebensjahr zur Zeit der Antragstellung noch nicht überschritten hat,

2. berechtigt ist, im Lande Niedersachsen die Berufsbezeichnung „Ingenieur" in der Fachrichtung Bauingenieurwesen zu führen,

3. mindestens zehn Jahre mit der Anfertigung von Standsicherheits-
    nachweisen, der bautechnischen Prüfung von Baumaßnahmen und
    den Aufgaben eines Bauleiters bei Ingenieurbauten betraut war;
    davon müssen mindestens ein Jahr auf die Tätigkeit als Bauleiter,
    zwei Jahre auf bautechnische Prüfungen und fünf Jahre auf die
    Anfertigung von Standsicherheitsnachweisen entfallen; die Stand-
    sicherheitsnachweise müssen in erheblicher Anzahl und für eine
    ausreichende Vielfalt von Bauarten auch für statisch-konstruktiv
    schwierige Baumaßnahmen angefertigt worden sein,

4. die erforderlichen Kenntnisse auf dem Gebiet der Baustatik und
    Baukonstruktion, der Bodenmechanik, der Technologie der Bau-
    stoffe, des Schall- und Wärmeschutzes, einschließlich der Tech-
    nischen Baubestimmungen, sowie der bauaufsichtlichen Vorschrif-
    ten besitzt,

5. die Gewähr dafür bietet, dass er die Aufgaben eine Prüfingenieurs
    gewissenhaft und unparteiisch erfüllen wird,

6. für den Fall der Anerkennung eine Haftpflichtversicherung mit
    einer Mindestdeckungssumme von 500 000 Euro für Personen-
    schäden, 250 000 Euro für Sachschäden und 50 000 Euro für Ver-
    mögensschäden abgeschlossen hat.

Die oberste Bauaufsichtsbehörde kann im Einzelfall Ausnahmen von
Voraussetzungen nach Satz 1 Nrn. 2 und 3 zulassen.

(4) Die Anerkennung ist zu versagen, wenn der Antragsteller

1. die Fähigkeit zur Bekleidung öffentlicher Ämter verloren hat,

2. als Unternehmer auf dem Gebiet der Bauwirtschaft tätig ist,

3. in einem beruflichen, finanziellen oder sonstigen Abhängigkeits-
    verhältnis, insbesondere zu Unternehmen auf dem Gebiet der
    Bauwirtschaft, steht, das die unparteiische Erfüllung der Aufgaben
    eines Prüfingenieurs beeinflussen kann,

4. durch gerichtliche Anordnung in der Verfügung über sein Ver-
    mögen beschränkt ist.

(5) In anderen Ländern anerkannte Prüfingenieure sind auch in
Niedersachsen anerkannt.

§ 4
Beirat

(1) Vor der Entscheidung über die Anerkennung holt die oberste
Bauaufsichtsbehörde das schriftliche Gutachten eines bei ihr gebildeten
Beirats über die fachliche Eignung des Antragstellers ein.

(2) Der Beirat besteht aus dem Vorsitzenden, dem stellvertretenden Vorsitzenden und drei Beisitzern. Die Mitglieder des Beirats werden von der obersten Bauaufsichtsbehörde auf die Dauer von höchstens fünf Jahren berufen. Sie sind ehrenamtlich tätig und an Weisungen nicht gebunden. Der obersten Bauaufsichtsbehörde obliegt die Geschäftsführung für den Beirat.

(3) Auf Ersuchen des Beirats kann die oberste Bauaufsichtsbehörde dem Antragsteller aufgeben, vor dem Beirat persönlich zu erscheinen.

§ 5
Allgemeine Pflichten des Prüfingenieurs

(1) Der Prüfingenieur darf nur eine Niederlassung für seine Tätigkeit als Prüfingenieur haben. Ein Wechsel der Niederlassung ist der obersten Bauaufsichtsbehörde anzuzeigen.

(2) Der Prüfingenieur darf als Prüfingenieur für Baustatik nur tätig werden zur Erfüllung von Aufträgen, die ihm eine Bauaufsichtsbehörde nach § 1 erteilt hat.

(3) Der Prüfingenieur hat seine Prüftätigkeit unparteiisch und gewissenhaft nach den bauaufsichtlichen Vorschriften und den Technischen Baubestimmungen auszuüben. Er ist für die Richtigkeit und Vollständigkeit der bautechnischen Prüfungen allein verantwortlich.

(4) Der Prüfingenieur darf sich bei der Erfüllung seiner Aufgaben der Mithilfe befähigter und zuverlässiger Mitarbeiter bedienen; ihre Zahl muss so begrenzt sein, dass er ihre Tätigkeit voll überwachen kann. Er kann sich nur durch einen anderen Prüfingenieur vertreten lassen.

(5) Der Prüfingenieur hat die Pflicht, sich angemessen fortzubilden.

§ 6
Prüfaufträge

(1) Der Prüfingenieur darf Prüfaufträge nur aus den Fachrichtungen übernehmen, für die er anerkannt ist. Erfordert die Erfüllung eines Prüfauftrages auch bautechnische Prüfungen aus anderen Fachrichtungen, so darf er diese Prüfungen nicht vornehmen, wenn sie Kenntnisse voraussetzen, die über die allgemeinen Grundkenntnisse eines jeden Prüfingenieurs hinausgehen; in diesem Fall hat der Prüfingenieur den Auftrag zurückzugeben oder die Bauaufsichtsbehörde zu veranlassen, Prüfingenieure anderer Fachrichtungen hinzuzuziehen.

(2) Der Prüfingenieur darf einen Prüfauftrag nicht übernehmen, wenn er oder einer seiner Mitarbeiter den Entwurf oder die Berechnungen aufgestellt oder dabei mitgewirkt hat oder aus einem sonstigen Grunde befangen ist.

(3) Erledigt der Prüfingenieur einen Auftrag trotz Fristsetzung nicht rechtzeitig, so kann die Bauaufsichtsbehörde den Auftrag widerrufen und die Unterlagen zurückfordern.

(4) Der Prüfingenieur kann fehlende Berechnungen und Zeichnungen unmittelbar beim Entwurfsverfasser oder beim Ersteller der Berechnung anfordern; der Bauherr ist zu verständigen. Der Prüfingenieur hat dem Bauherrn, Entwurfsverfasser oder Ersteller der Berechnung Gelegenheit zu geben, etwaige Beanstandungen auszuräumen.

§ 7
Aufsicht, Prüfzeugnis

(1) Der Prüfingenieur untersteht der Fachaufsicht der obersten Bauaufsichtsbehörde.

(2) Der Prüfingenieur hat ein Verzeichnis über alle Prüfaufträge zu führen. Er hat bis zum 31. Januar eines jeden Jahres das Verzeichnis für das vorangegangene Jahr der obersten Bauaufsichtsbehörde vorzulegen.

§ 8
Erlöschen und Widerruf der Anerkennung als Prüfingenieur

(1) Die Anerkennung erlischt, wenn der Prüfingenieur schriftlich gegenüber der obersten Bauaufsichtsbehörde auf die Anerkennung verzichtet.

(2) Die Anerkennung ist zu widerrufen, wenn

1.   nachträglich Gründe nach § 3 Abs. 3 oder Abs. 4 bekannt werden oder eintreten, die eine Versagung der Anerkennung gerechtfertigt hätten,

2.   der Prüfingenieur infolge geistiger oder körperlicher Gebrechen nicht mehr in der Lage ist, seine Aufgaben zu erfüllen,

3.   der Prüfingenieur gegen die ihm obliegenden Pflichten wiederholt oder gröblich verstoßen hat.

(3) Die Anerkennung kann widerrufen werden, wenn der Prüfingenieur seine Tätigkeit länger als zwei Jahre nicht oder nur in einem geringen Umfang ausgeübt hat.

§ 9
Anerkennung als Prüfstelle

(1) Die oberste Bauaufsichtsbehörde kann technische Überwachungsorganisationen, die aufgrund anderer Rechtsvorschriften bereits Aufgaben der amtlichen Prüfung oder Überwachung wahrnehmen, als Prüfstelle anerkennen, wenn diesen geeignete Ingenieure angehören.

(2) Hinsichtlich des Anerkennungsverfahren gilt § 4 entsprechend; im Übrigen sind für die Prüfstellen § 3 Abs. 5, § 5 Abs. 3 bis 5 sowie §§ 7 und 8 entsprechend anzuwenden.

§ 10
Ordnungswidrigkeiten

Ordnungswidrig handelt nach § 91 Abs. 3 NBauO, wer entgegen § 3 Abs. 1 Satz 2 die Bezeichnung „Prüfingenieur für Baustatik" führt, ohne als solcher von der obersten Bauaufsichtsbehörde anerkannt zu sein.

§ 11
Inkrafttreten

Diese Verordnung tritt vierzehn Tage nach ihrer Verkündung in Kraft. Gleichzeitig tritt die Bautechnische Prüfungsverordnung vom 14. Dezember 1973 (Niders. GVBl. S. 524), zuletzt geändert durch Verordnung vom 15. Juli 1983 (Niders. GVBl. S. 167), außer Kraft.

2.5
Verordnung über anerkannte Sachverständige für die Prüfung technischer Anlagen und Einrichtungen nach Bauordnungsrecht (Bauordnungsrechtliche Sachverständigenverordnung – BauSVO)

vom 4.9.1989 (Nds. GVBl. S. 325)

– Auszug –[1]

Inhaltsübersicht

§ 1
Anerkannte Sachverständige

(1) Anerkannte Sachverständige, die das Bauordnungsrecht für die Prüfung bestimmter technischer Anlagen oder Einrichtungen vorschreibt, sind

1. die nach § 2 anerkannten Sachverständigen,

2. die vor dem 1. Oktober 1989 nach Bauordnungsrecht anerkannten Sachverständigen für die Dauer ihrer Anerkennung,

3. die von anderen Ländern nach Bauordnungsrecht anerkannten Sachverständigen.

(2) Als anerkannte Sachverständige im Sinne des Absatzes 1 gelten bis zur Vollendung des 68. Lebensjahres

1. die von einer Anstalt oder Körperschaft des öffentlichen Rechts als Sachverständige für die Prüfung technischer Anlagen oder Ein-

---

1) § 5 „Änderung von Vorschriften" nicht aufgenommen.

richtungen nach Bauordnungsrecht innerhalb ihres Zuständigkeitsbereiches bestellten Bediensteten,

2. die Sachverständigen, die am 1. Oktober 1989 beim Technischen Überwachungs-Verein Hannover e. V. oder beim Technischen Überwachungs-Verein Norddeutschland e. V. mit der Prüfung bestimmter technischer Anlagen oder Einrichtungen nach Bauordnungsrecht betraut waren und für diesen Prüfumfang auf Antrag der Technischen Überwachungs-Vereine in eine bei der obersten Bauaufsichtsbehörde zu führende Liste eingetragen sind. Der Antrag kann nur bis zum 31. Oktober 1989 gestellt werden.

§ 2
Anerkennung als Sachverständiger

(1) Als Sachverständiger nach § 1 Abs. 1 Nr. 1 wird auf Antrag von der obersten Bauaufsichtsbehörde anerkannt, wer

1. das 60. Lebensjahr zur Zeit der Antragstellung noch nicht überschritten hatte,

2. berechtigt ist, im Lande Niedersachsen die Berufsbezeichnung „Ingenieur" zu führen,

3. als Ingenieur mindestens fünfjährige Berufserfahrung in der Fachrichtung hat, in der die Prüftätigkeit ausgeübt werden soll,

4. die erforderlichen Kenntnisse besitzt und

5. die Gewähr dafür bietet, dass er die Aufgaben eines Sachverständigen gewissenhaft und unparteiisch erfüllen wird.

Die oberste Bauaufsichtsbehörde kann ein Gutachten über die Eignung des Antragstellers einholen.

(2) Die Anerkennung darf nicht über den Zeitpunkt hinaus erteilt werden, zu dem der Sachverständige das 68. Lebensjahr vollendet hat.

(3) Die Anerkennung ist zu versagen, wenn der Antragsteller

1. die Fähigkeit zur Bekleidung öffentlicher Ämter verloren hat,

2. durch gerichtliche Anordnung in der Verfügung über sein Vermögen beschränkt ist.

§ 3
Pflichten des anerkannten Sachverständigen

(1) Der Sachverständige hat die ordnungsgemäße Beschaffenheit und Betriebssicherheit der technischen Anlagen oder Einrichtungen zu

prüfen. Er hat über jede Prüfung einen Prüfbericht für den Auftraggeber anzufertigen. Eine Durchschrift des Prüfberichtes hat er der zuständigen Bauaufsichtsbehörde zuzuleiten. Werden bei Prüfungen festgestellte Mängel nicht in angemessener Frist beseitigt, so hat der Sachverständige die zuständige Bauaufsichtsbehörde hierüber zu unterrichten. Die Absätze 3 und 4 gelten nicht für Sachverständige nach § 1 Abs. 2 Nr. 1.

(2) Der Sachverständige hat seine Prüftätigkeit unparteiisch und gewissenhaft auszuüben. Er darf einen Prüfauftrag nicht übernehmen, wenn er oder einer seiner Mitarbeiter bei der Planung oder Errichtung der technischen Anlage oder Einrichtung mitgewirkt hat oder aus einem sonstigen Grunde befangen ist.

(3) Der Sachverständige hat die Prüfungen selbst durchzuführen; zu seiner Hilfe darf er befähigte und zuverlässige Personen hinzuziehen.

(4) Der Sachverständige hat der obersten Bauaufsichtsbehörde auf Verlangen Auskunft über Art und Umfang seiner Prüftätigkeit zu erteilen.

(5) Der Sachverständige hat die Pflicht, sich angemessen fortzubilden.

§ 4
Erlöschen und Widerruf der Anerkennung

(1) Die Anerkennung erlischt, wenn der Sachverständige schriftlich gegenüber der obersten Bauaufsichtsbehörde auf die Anerkennung verzichtet.

(2) Die Anerkennung ist zu widerrufen, wenn

1. nachträglich Gründe nach § 2 Abs. 1 oder 3 eintreten, die eine Versagung der Anerkennung gerechtfertigt hätten,

2. der Sachverständige infolge geistiger oder körperlicher Gebrechen nicht mehr in der Lage ist, seine Aufgaben zu erfüllen,

3. der Sachverständige gegen die ihm obliegenden Pflichten wiederholt oder gröblich verstoßen hat.

(3) Die Anerkennung kann widerrufen werden, wenn der Sachverständige seine Tätigkeit länger als zwei Jahre nicht oder nur in einem geringen Umfang ausgeübt hat.

§ 5
Änderung von Vorschriften

– nicht aufgenommen –

§ 6
Inkrafttreten

Diese Verordnung tritt am 1. Oktober 1989 in Kraft.

2.6
Feuerungsverordnung (FeuVO)[1)]

vom 8.12.1997 (Nds. GVBl. S. 518),
geändert durch Art. 2 V vom 22.7.2004 (Nds. GVBl. S. 263)

Inhaltsübersicht

---

1) Die Verpflichtungen aus der Richtlinie 83/189/EWG des Rates vom 28. März 1983 über ein Informationsverfahren auf dem Gebiet der Normen und technischen Vorschriften (ABl. EG Nr. L 109 S. 8), zuletzt geändert durch die Richtlinie 94/10/EG des Europäischen Parlaments und des Rates vom 23. März 1984 (ABl. EG Nr. L 100 S. 30), sind beachtet worden.

§ 1
Einschränkung des Anwendungsbereichs

Für Feuerstätten, Wärmepumpen und Blockheizkraftwerke gilt die Verordnung nur, soweit diese Anlagen der Beheizung von Räumen oder der Warmwasserversorgung dienen oder Gas-Haushalts-Kochgeräte sind.

§ 2
Begriffe

(1) Als Nennwärmeleistung gilt

1. die auf dem Typenschild der Feuerstätte angegebene Leistung,

2. die in den Grenzen des auf dem Typenschild angegebenen Wärmeleistungsbereichs fest eingestellte höchste Leistung der Feuerstätte oder

3. bei Feuerstätten ohne Typenschild die aus dem Brennstoffdurchsatz mit einem Wirkungsgrad von 80 vom Hundert ermittelte Leistung.

(2) Gesamtnennwärmeleistung ist die Summe der Nennwärmeleistungen der Feuerstätten, die gleichzeitig in einem Raum oder in miteinander verbundenen Räumen betrieben werden können.

§ 3
Verbrennungsluftversorgung von Feuerstätten

(1) Für Feuerstätten in Gebäuden muss eine ausreichende Verbrennungsluftversorgung sichergestellt sein.

(2) Für raumluftabhängige Feuerstätten mit einer Gesamtnennwärmeleistung bis zu 35 kW gilt die Verbrennungsluftversorgung als sichergestellt, wenn die Feuerstätten in einem Raum aufgestellt sind, der

1. mindestens eine Tür ins Freie oder ein Fenster, das geöffnet werden kann (Räume mit Verbindung zum Freien), und einen Rauminhalt von mindestens 4 m^3 je 1 kW Gesamtnennwärmeleistung hat,

2. mit anderen Räumen nach Maßgabe des Absatzes 3 verbunden ist (Verbrennungsluftverbund) oder

3. eine ins Freie führende Öffnung mit einem lichten Querschnitt von mindestens 150 cm^2 oder zwei Öffnungen von je 75 cm^2 oder Leitungen ins Freie mit strömungstechnisch äquivalenten Querschnitten hat.

(3) Der Verbrennungsluftverbund im Sinne des Absatzes 2 Nr. 2 muss durch Verbrennungsluftöffnungen von mindestens 150 cm² zwischen dem Aufstellraum und Räumen mit Verbindung zum Freien hergestellt sein. Bei der Aufstellung von Feuerstätten in Nutzungseinheiten gehören zum Verbrennungsluftverbund nur Räume derselben Nutzungseinheit. Der Gesamtrauminhalt der Räume, die zum Verbrennungsluftverbund gehören, muss mindestens 4 m³ je 1 kW Gesamtnennwärmeleistung betragen. Räume ohne Verbindung zum Freien sind auf den Gesamtrauminhalt nicht anzurechnen.

(4) Für raumluftabhängige Feuerstätten mit einer Gesamtnennwärmeleistung von mehr als 35 kW und nicht mehr als 50 kW gilt die Verbrennungsluftversorgung als sichergestellt in Räumen, die die Anforderungen nach Absatz 2 Nr. 3 erfüllen.

(5) Für raumluftabhängige Feuerstätten mit einer Gesamtnennwärmeleistung von mehr als 50 kW gilt die Verbrennungsluftversorgung als sichergestellt, wenn die Feuerstätten in Räumen aufgestellt sind, die eine ins Freie führende Öffnung oder Leitung haben. Der Querschnitt der Öffnung muss mindestens 150 cm² und für jedes über 50 kW Nennwärmeleistung hinausgehende Kilowatt Nennwärmeleistung 2 cm² mehr betragen. Leitungen müssen strömungstechnisch äquivalent bemessen sein. Der erforderliche Querschnitt darf auf höchstens zwei Öffnungen oder Leitungen aufgeteilt sein.

(6) Verbrennungsluftöffnungen und -leitungen dürfen nicht verschlossen oder zugestellt werden, sofern nicht durch besondere Sicherheitseinrichtungen gewährleistet ist, dass die Feuerstätten nur bei geöffnetem Verschluss betrieben werden können. Der erforderliche Querschnitt darf durch den Verschluss oder durch Gitter nicht verengt werden.

(7) Abweichend von den Absätzen 2 bis 5 kann für raumluftabhängige Feuerstätten eine ausreichende Verbrennungsluftversorgung auf andere Weise nachgewiesen werden.

(8) Die Absätze 2 und 3 gelten nicht für Gas-Haushalts-Kochgeräte. Die Absätze 2 bis 5 gelten nicht für offene Kamine.

§ 4
Aufstellung von Feuerstätten

(1) Feuerstätten dürfen nicht aufgestellt werden

1. in Treppenräumen, außer in Wohngebäuden mit nicht mehr als zwei Wohnungen,

2. in notwendigen Fluren,

3. in Garagen, ausgenommen raumluftunabhängige Gasfeuerstätten, deren Außentemperatur innerhalb der Garagen 300 °C nicht übersteigt.

(2) Raumluftabhängige Feuerstätten dürfen in Räumen, Wohnungen oder Nutzungseinheiten mit einer Fläche bis 200 m², aus denen Luft mithilfe von Ventilatoren, wie Lüftungs- oder Warmluftheizungsanlagen, Dunstabzugshauben, Abluft-Wäschetrockner, abgesaugt wird, nur aufgestellt werden, wenn

1. ein gleichzeitiger Betrieb der Feuerstätten und der luftabsaugenden Anlagen durch Sicherheitseinrichtungen verhindert wird,

2. die Abgasführung durch besondere Sicherheitseinrichtungen überwacht wird,

3. die Abgase der Feuerstätten über die luftabsaugenden Anlagen abgeführt werden oder

4. durch die Bauart oder die Bemessung der Luft absaugenden Anlagen sichergestellt ist, dass kein gefährlicher Unterdruck entstehen kann.

(3) Raumluftabhängige Gasfeuerstätten mit Strömungssicherung mit einer Nennwärmeleistung von mehr als 7 kW dürfen in Wohnungen und Nutzungseinheiten mit einer Fläche bis 200 m² nur aufgestellt werden, wenn durch besondere Einrichtungen an den Feuerstätten sichergestellt ist, dass Abgase in gefahrdrohender Menge nicht in den Aufstellraum eintreten können. Dies gilt nicht für Feuerstätten, deren Aufstellräume ausreichend gelüftet sind und gegenüber anderen Räumen keine Öffnungen haben, ausgenommen für Türen; die Türen müssen dicht- und selbstschließend sein.

(4) Gasfeuerstätten ohne Flammenüberwachung dürfen nur in Räumen aufgestellt werden, in denen durch mechanische Lüftungsanlagen sichergestellt ist, dass während des Betriebes der Feuerstätten stündlich mindestens ein fünffacher Luftwechsel stattfindet; für Gas-Haushalts-Kochgeräte genügt ein Außenluftvolumenstrom von 100 m³/h.

(5) Gasfeuerstätten nach § 40 Abs. 6 Nr. 2 NBauO ohne Abgasanlage dürfen in Räumen nur aufgestellt werden, wenn die besonderen Sicherheitseinrichtungen der Feuerstätten verhindern, dass die Kohlenmonoxid-Konzentration in den Aufstellräumen einen Wert von 30 ppm überschreitet.

(6) Brennstoffleitungen müssen unmittelbar vor Gasfeuerstätten in Räumen mit einer Vorrichtung ausgerüstet sein, die

1. bei einer äußeren thermischen Beanspruchung von mehr als 100 °C die weitere Brennstoffzufuhr selbsttätig absperrt und

2. so beschaffen ist, dass bis zu einer Temperatur von 650 °C über einen Zeitraum von mindestens 30 Minuten nicht mehr als 30 l/h, gemessen als Luftvolumenstrom, durch- oder ausströmen können.

Dies gilt nicht, wenn die Gasfeuerstätten bereits entsprechend ausgerüstet sind.

(7) Feuerstätten für Flüssiggas (Propan, Butan und deren Gemische) dürfen in Räumen, deren Fußboden an jeder Stelle mehr als 1 m unter der Geländeoberfläche liegt, nur aufgestellt werden, wenn

1. die Feuerstätten eine Flammenüberwachung haben und

2. sichergestellt ist, dass auch bei abgeschalteter Feuerungseinrichtung Flüssiggas aus den im Aufstellraum befindlichen Brennstoffleitungen in gefahrdrohender Menge nicht austreten kann oder über eine mechanische Lüftungsanlage sicher abgeführt wird.

(8) Feuerstätten müssen von Bauteilen aus brennbaren Baustoffen und von Einbaumöbeln so weit entfernt oder so abgeschirmt sein, dass an diesen bei Nennwärmeleistung der Feuerstätten keine höheren Temperaturen als 85 °C auftreten können. Dies gilt als erfüllt, wenn ein Abstand von mindestens 40 cm eingehalten wird.

(9) Vor den Feuerungsöffnungen von Feuerstätten für feste Brennstoffe sind Fußböden aus brennbaren Baustoffen durch einen Belag aus nichtbrennbaren Baustoffen zu schützen, der sich nach vorn auf mindestens 50 cm und seitlich auf mindestens 30 cm über die Feuerungsöffnung hinaus erstreckt.

(10) Bauteile aus brennbaren Baustoffen müssen von den Feuerraumöffnungen offener Kamine nach oben und nach den Seiten einen Abstand von mindestens 80 cm haben. Bei einem beiderseits belüfteten Strahlungsschutz genügt ein Abstand von 40 cm.

§ 5
Aufstellräume für Feuerstätten

(1) Feuerstätten mit einer Gesamtnennwärmeleistung von mehr als 50 kW dürfen nur in Räumen aufgestellt werden,

1. die nicht anderweitig genutzt werden, ausgenommen zur Aufstellung von Wärmepumpen, Blockheizkraftwerken und ortsfesten Verbrennungsmotoren sowie zur Lagerung von Brennstoffen,

2. die gegenüber anderen Räumen keine Öffnungen, ausgenommen für Türen, haben,

3. deren Türen dicht- und selbstschließend sind und

4. die gelüftet werden können.

Werden in den Räumen nach Satz 1 Feuerstätten für feste Brennstoffe aufgestellt, so darf deren Gesamtnennwärmeleistung nicht mehr als 50 kW betragen.

(2) Abweichend von Absatz 1 dürfen die Feuerstätten in anderen Räumen aufgestellt werden, wenn

1. die Nutzung dieser Räume dies erfordert und die Feuerstätten sicher betrieben werden können oder

2. diese Räume in frei stehenden Gebäuden liegen, die allein dem Betrieb der Feuerstätten und der Brennstofflagerung dienen.

(3) Brenner und Brennstofffördereinrichtungen der Feuerstätten für flüssige und gasförmige Brennstoffe mit einer Gesamtwärmeleistung von mehr als 50 kW müssen durch einen außerhalb des Aufstellraumes angeordneten Schalter (Notschalter) jederzeit abgeschaltet werden können. Notschalter müssen durch ein Schild „NOTSCHALTER-FEUERUNG" gekennzeichnet sein.

(4) Wird in dem Aufstellraum Heizöl gelagert oder ist der Raum für Heizöllagerung nur von dort zugänglich, so muss die Heizölzufuhr mit dem Notschalter oder von der Stelle des Notschalters aus durch eine entsprechend gekennzeichnete Absperreinrichtung unterbrochen werden können.

§ 6
Heizräume

(1) Feuerstätten für feste Brennstoffe mit einer Gesamtnennwärmeleistung von mehr als 50 kW dürfen nur in Heizräumen aufgestellt werden; § 5 Abs. 2 Nr. 2 und Abs. 4 gilt entsprechend. Werden in Heizräumen auch Feuerstätten für flüssige und gasförmige Brennstoffe aufgestellt, so gilt § 5 Abs. 3 entsprechend. Die Heizräume dürfen

1. nicht anderweitig genutzt werden, ausgenommen zur Aufstellung von Wärmepumpen, Blockheizkraftwerken und ortsfesten Verbrennungsmotoren sowie zur Lagerung von Brennstoffen, und

2. mit Aufenthaltsräumen, ausgenommen solche für das Betriebspersonal, sowie mit Treppenräumen notwendiger Treppen nicht in unmittelbarer Verbindung stehen.

(2) Heizräume müssen

1. mindestens einen Rauminhalt von 8 m^3 und eine lichte Höhe von 2 m,

2. einen Ausgang, der ins Freie oder in einen Flur führt, der die Anforderungen an notwendige Flure erfüllt, und

3. Türen, die in Fluchtrichtung aufschlagen,

haben.

(3) Die Wände der Heizräume, ausgenommen nicht tragende Außenwände, Stützen sowie Decken über und unter den Heizräumen müssen feuerbeständig sein. Öffnungen müssen, soweit sie nicht unmittelbar ins Freie führen, mindestens Feuer hemmende und selbstschließende Abschlüsse haben. Die Sätze 1 und 2 gelten nicht für Trennwände zwischen Heizräumen und den zum Betrieb der Feuerstätten gehörenden Räumen, wenn die übrigen Wände der Räume die Anforderungen der Sätze 1 und 2 erfüllen.

(4) Heizräume müssen zur Raumlüftung jeweils eine obere und eine untere Öffnung ins Freie mit einem Querschnitt von mindestens je 150 cm² oder Leitungen ins Freie mit strömungstechnisch äquivalenten Querschnitten haben. Der Querschnitt einer Öffnung oder Leitung darf auf die Verbrennungsluftversorgung nach § 3 Abs. 5 angerechnet werden.

(5) Lüftungsleitungen für Heizräume müssen eine Feuerwiderstandsdauer von mindestens 90 Minuten haben, soweit sie durch andere Räume führen, ausgenommen angrenzende, zum Betrieb der Feuerstätten gehörende Räume, die die Anforderungen nach Absatz 3 Sätze 1 und 2 erfüllen. Die Lüftungsleitungen dürfen mit anderen Lüftungsanlagen nicht verbunden sein und nicht der Lüftung anderer Räume dienen.

(6) Lüftungsleitungen, die der Lüftung anderer Räume dienen, müssen, soweit sie durch Heizräume führen,

1. eine Feuerwiderstandsdauer von mindestens 90 Minuten oder selbsttätige Absperrvorrichtungen für eine Feuerwiderstandsdauer von mindestens 90 Minuten haben und

2. ohne Öffnungen sein.

§ 7
Abgasanlagen

(1) Abgasanlagen müssen nach lichtem Querschnitt und Höhe, nach Wärmedurchlasswiderstand und innerer Oberfläche so bemessen sein, dass die Abgase bei allen bestimmungsgemäßen Betriebszuständen ins Freie abgeführt werden und kein gefährlicher Überdruck auftreten kann.

(2) Die Abgase von Feuerstätten für feste Brennstoffe müssen in Schornsteine, die Abgase von Feuerstätten für flüssige oder gasförmige Brennstoffe dürfen auch in Abgasleitungen eingeleitet werden.

(3) Mehrere Feuerstätten dürfen an einen gemeinsamen Schornstein, an eine gemeinsame Abgasleitung oder an ein gemeinsames Verbindungsstück nur angeschlossen werden, wenn

1. durch die Bemessung nach Absatz 1 die Ableitung der Abgase für jeden Betriebszustand sichergestellt ist,

2. bei Ableitung der Abgase unter Überdruck die Übertragung von Abgasen zwischen den Aufstellräumen und ein Austritt von Abgasen über nicht in Betrieb befindliche Feuerstätten ausgeschlossen ist und

3. die Abgasleitung aus nichtbrennbaren Baustoffen besteht oder eine Brandübertragung zwischen den Geschossen durch selbsttätige Absperrvorrichtungen verhindert wird.

(4) Luft-Abgas-Systeme sind zur Abgasabführung nur zulässig, wenn sie getrennte Luft- und Abgasschächte haben. An diese Systeme dürfen nur raumluftunabhängige Gasfeuerstätten angeschlossen werden, die nach ihrer Bauart für diese Betriebsweise geeignet sind.

(5) In Gebäuden muss eine Abgasleitung, die Geschosse überbrückt, in einem eigenen Schacht angeordnet sein. Die Anordnung mehrerer Abgasleitungen in einem gemeinsamen Schacht ist zulässig, wenn

1. die Abgasleitungen aus nichtbrennbaren Baustoffen bestehen,

2. die zugehörigen Feuerstätten in demselben Geschoss aufgestellt sind oder

3. eine Brandübertragung zwischen Geschossen durch selbsttätige Absperrvorrichtungen verhindert wird.

Die Schächte müssen eine Feuerwiderstandsdauer von mindestens 90 Minuten, in Wohngebäuden geringer Höhe von mindestens 30 Minuten haben. Satz 1 gilt nicht für Abgasleitungen in Aufstellräumen für Feuerstätten sowie für Abgasleitungen, die eine Feuerwiderstandsdauer von mindestens 90 Minuten, in Wohngebäuden geringer Höhe von 30 Minuten haben.

(6) Schornsteine müssen

1. gegen Rußbrände beständig sein,

2. in Gebäuden, in denen sie Geschosse überbrücken, eine Feuerwiderstandsdauer von mindestens 90 Minuten haben,

3. unmittelbar auf dem Baugrund gegründet oder auf einem feuerbeständigen Unterbau errichtet sein; es genügt ein Unterbau aus nichtbrennbaren Baustoffen für Schornsteine in Gebäuden geringer Höhe, für Schornsteine, die oberhalb der obersten Geschossdecke beginnen sowie für Schornsteine an Gebäuden,

4. durchgehend sein; sie dürfen insbesondere nicht durch Decken unterbrochen sein, und

5. für die Reinigung Öffnungen mit Schornsteinreinigungsverschlüssen haben.

(7) Schornsteine, Abgasleitungen und Verbindungsstücke, die mit Überdruck betrieben werden, müssen innerhalb von Gebäuden

1. vollständig in vom Freien aus dauernd gelüfteten Räumen liegen,

2. in Räumen liegen, die § 3 Abs. 2 Nr. 3 entsprechen, oder

3. der Bauart nach so beschaffen sein, dass Abgase in gefahrdrohender Menge nicht austreten können.

Abgasleitungen, die mit Überdruck betrieben werden, müssen innerhalb von Gebäuden die Voraussetzungen nach Absatz 1 erfüllen oder über die gesamte Länge hinterlüftet sein.

(8) Verbindungsstücke dürfen nicht in Decken, Wänden oder unzugänglichen Hohlräumen angeordnet oder in andere Geschosse geführt werden.

§ 8
Abstände von Abgasanlagen zu brennbaren Bauteilen sowie zu Fenstern

(1) Schornsteine müssen

1. von Holzbalken und sonstigen konstruktiven Bauteilen aus brennbaren Baustoffen einen Abstand von mindestens 2 cm,

2. von sonstigen Bauteilen aus brennbaren Baustoffen einen Abstand von mindestens 5 cm einhalten. Dies gilt nicht für Schornsteine, die an Bauteile mit nur geringer Fläche wie Fußleisten und Dachlatten angrenzen. Zwischenräume in Decken und Dachdurchführungen müssen mit nichtbrennbaren Baustoffen mit geringer Wärmeleitfähigkeit ausgefüllt sein.

(2) Abgasleitungen außerhalb von Schächten müssen von Bauteilen aus brennbaren Baustoffen einen Abstand von mindestens 20 cm einhalten. Es genügt ein Abstand von mindestens 5 cm, wenn die Abgasleitungen mindestens 2 cm dick mit nichtbrennbaren Dämmstoffen ummantelt sind oder wenn die Abgastemperatur der Feuerstätten bei Nennwärmeleistung nicht mehr als 160 °C betragen kann.

(3) Verbindungsstücke zu Schornsteinen müssen von Bauteilen aus brennbaren Baustoffen einen Abstand von mindestens 40 cm einhalten. Es genügt ein Abstand von mindestens 10 cm, wenn die Verbindungsstücke mindestens 2 cm dick mit nichtbrennbaren Dämmstoffen ummantelt sind.

(4) Soweit Abgasleitungen sowie Verbindungsstücke zu Schornsteinen durch Bauteile aus brennbaren Baustoffen führen, müssen sie

1. in einem Abstand von mindestens 20 cm mit einem Schutzrohr aus nichtbrennbaren Baustoffen versehen oder

2. in einem Umkreis von mindestens 20 cm mit nichtbrennbaren Baustoffen mit geringer Wärmeleitfähigkeit ummantelt sein. Es genügt ein Abstand von 5 cm, wenn die Abgastemperatur der Feuerstätten bei Nennwärmeleistung nicht mehr als 160 °C betragen kann oder Gasfeuerstätten eine Strömungssicherung haben.

(5) Abgasleitungen an Gebäuden müssen von Fenstern einen Abstand von mindestens 20 cm haben.

(6) Geringere Abstände als nach den Absätze 1 bis 4 sind zulässig, wenn an Bauteilen aus brennbaren Baustoffen bei Nennwärmeleistung keine höheren Temperaturen als 85 °C auftreten können.

§ 9
Höhe von Schornsteinen und Abgasleitungen über Dach

(1) Die Mündungen von Schornsteinen und Abgasleitungen müssen

1. den First um mindestens 40 cm überragen oder von der Dachfläche mindestens 1 m entfernt sein; bei raumluftunabhängigen Gasfeuerstätten genügt ein Abstand von der Dachfläche von 40 cm, wenn die Gesamtnennwärmeleistung der Feuerstätten nicht mehr als 50 kW beträgt und das Abgas durch Ventilatoren abgeführt wird,

2. Dachaufbauten und Öffnungen zu Räumen um mindestens 1 m überragen, soweit deren Abstand zu den Schornsteinen und Abgasleitungen weniger als 1,5 m beträgt,

3. ungeschützte Bauteile aus brennbaren Baustoffen, ausgenommen Bedachungen, um mindestens 1 m überragen oder von ihnen mindestens 1,5 m entfernt sein,

4. bei Feuerstätten für feste Brennstoffe in Gebäuden, deren Bedachung überwiegend nicht den Anforderungen des § 32 Abs. 1 Satz 2 NBauO entspricht, am First des Daches austreten und diesen um mindestens 80 cm überragen.

(2) Abweichend von Absatz 1 Nrn. 1 und 2 können weiter gehende Anforderungen gestellt werden, wenn Gefahren oder unzumutbare Belästigungen zu befürchten sind.

§ 10
Aufstellung von Wärmepumpen, Blockheizkraftwerken und ortsfesten Verbrennungsmotoren

(1) Für die Aufstellung von

1. Sorptionswärmepumpen mit feuerbeheizten Austreibern,

2. Blockheizkraftwerken in Gebäuden und

3. ortsfesten Verbrennungsmotoren

gelten § 3 Abs. 1 bis 7 sowie § 4 Abs. 1 bis 8 entsprechend.

(2) Nur in Räumen, die die Anforderungen nach § 5 erfüllen, dürfen aufgestellt werden:

1. Sorptionswärmepumpen mit einer Nennwärmeleistung der Feuerung von mehr als 50 kW,

2. Wärmepumpen, die die Abgaswärme von Feuerstätten mit einer Gesamtnennwärmeleistung von mehr als 50 kW nutzen,

3. Kompressionswärmepumpen mit elektrisch angetriebenen Verdichtern mit Antriebsleistungen von mehr als 50 kW,

4. Kompressionswärmepumpen mit Verbrennungsmotoren,

5. Blockheizkraftwerke in Gebäuden und

6. ortsfeste Verbrennungsmotoren.

§ 11
Abführung der Ab- oder Verbrennungsgase von Wärmepumpen, Blockheizkraftwerken und ortsfesten Verbrennungsmotoren

(1) Die Verbrennungsgase von Blockheizkraftwerken und ortsfesten Verbrennungsmotoren in Gebäuden sind durch eigene, dichte Leitungen über Dach abzuleiten. Mehrere Verbrennungsmotoren dürfen an eine gemeinsame Leitung angeschlossen werden, wenn die einwandfreie Abführung der Verbrennungsgase nachgewiesen ist. Die Leitungen dürfen außerhalb der Aufstellräume der Verbrennungsmotoren nur nach Maßgabe des § 7 Abs. 5 und 7 sowie des § 8 angeordnet sein.

(2) Die Einleitung der Verbrennungsgase in Schornsteine oder Abgasleitungen von Feuerstätten ist nur zulässig, wenn die einwandfreie Abführung der Verbrennungsgase und auch die einwandfreie Abführung der Abgase angeschlossener Feuerstätten nachgewiesen ist.

(3) Für die Abführung der Abgase von Sorptionswärmepumpen mit feuerbeheizten Austreibern und Abgaswärmepumpen gelten die §§ 7 bis 9 entsprechend.

§ 12
Brennstofflagerräume

(1) Je Gebäude oder Brandabschnitt dürfen

1. feste Brennstoffe in einer Menge von mehr als 15 000 kg,

2. Heizöl und Dieselkraftstoff in Behältern mit mehr als insgesamt 5000 l oder

3. Flüssiggas in Behältern mit einem Füllgewicht von mehr als insgesamt 14 kg

nur in besonderen Räumen gelagert werden, die nicht zu anderen Zwecken genutzt werden dürfen (Brennstofflagerräume). Das Fassungsvermögen der Behälter darf insgesamt 100 000 l Heizöl oder Dieselkraftstoff oder 6500 l Flüssiggas je Brennstofflagerraum und 30 000 l Flüssiggas je Gebäude oder Brandabschnitt nicht überschreiten.

(2) Wände und Stützen von Brennstofflagerräumen sowie Decken über oder unter ihnen müssen feuerbeständig sein. Durch Decken und Wände von Brennstofflagerräumen dürfen keine Leitungen geführt werden, ausgenommen Leitungen, die zum Betrieb dieser Räume erforderlich sind, sowie Heizrohrleitungen, Wasserleitungen und Abwasserleitungen. Türen von Brennstofflagerräumen müssen mindestens Feuer hemmend und selbstschließend sein. Die Sätze 1 und 3 gelten nicht für Trennwände zwischen Brennstofflagerräumen und Heizräumen.

(3) Brennstofflagerräume für flüssige Brennstoffe

1. müssen gelüftet und von der Feuerwehr vom Freien aus beschäumt werden können,

2. dürfen nur Bodenabläufe mit Heizölsperren oder Leichtflüssigkeitsabscheidern haben und

3. müssen an den Zugängen mit der Aufschrift „HEIZÖLLAGERUNG" oder „DIESELKRAFTSTOFFLAGERUNG" gekennzeichnet sein.

(4) Brennstofflagerräume für Flüssiggas

1. müssen ständig wirksam belüftet sein,

2. dürfen keine Öffnungen zu anderen Räumen, ausgenommen für Türen, und keine offenen Schächte und Kanäle haben,

3. müssen mit ihrem Fußboden allseitig oberhalb der Geländeoberfläche liegen und dürfen in ihren Fußböden keine Öffnungen haben und

4. müssen an ihren Zugängen mit der Aufschrift „FLÜSSIGGASANLAGE" gekennzeichnet sein.

§ 13
Brennstofflagerung außerhalb von Brennstofflagerräumen

(1) In Wohnungen dürfen gelagert werden

1. Heizöl oder Dieselkraftstoff in einem Behälter bis zu 100 l oder in Kanistern bis zu insgesamt 40 l,

2. Flüssiggas in einem Behälter mit einem Füllgewicht von nicht mehr als 14 kg, wenn die Fußböden allseitig oberhalb der Geländeoberfläche liegen und außer Abläufen mit Flüssigkeitsverschluss keine Öffnungen haben.

(2) In sonstigen Räumen darf Heizöl oder Dieselkraftstoff von mehr als 1000 l und nicht mehr als 5000 l je Gebäude oder Brandabschnitt gelagert werden, wenn sie

1. die Anforderungen des § 5 Abs. 1 erfüllen und

2. nur Bodenabläufe mit Heizölsperren oder Leichtflüssigkeitsabscheidern haben.

Satz 1 Nr. 1 gilt nicht bei der Lagerung von Heizöl oder Dieselkraftstoff in Gebäuden ohne Aufenthaltsräume und Feuerstätten, wenn das Gebäude frei steht oder durch mindestens feuerbeständige Bauteile von anderern Gebäuden getrennt ist.

(3) Sind in den Räumen nach Absatz 2 Feuerstätten aufgestellt, so müssen diese

1. außerhalb des Auffangraumes für auslaufenden Brennstoff stehen und

2. einen Abstand von mindestens 1 m zu Lagerbehältern für Heizöl oder Dieselkraftstoff haben, soweit nicht ein Strahlungsschutz vorhanden ist.

§ 14
Dampfkesselanlagen

(1) Für Dampfkesselanlagen im Sinne der Betriebssicherheitsverordnung einschließlich der für ihren sicheren Betrieb erforderlichen Einrichtungen, die weder gewerblichen noch wirtschaftlichen Zwecken dienen und durch die Beschäftigte nicht gefährdet werden können, gelten die Vorschriften der Betriebssicherheitsverordnung entsprechend.

(2) Zuständige Behörden sind die unteren Bauaufsichtsbehörden.

§ 15
Inkrafttreten, Außerkrafttreten

(1) Diese Verordnung tritt 14 Tage nach ihrer Verkündung in Kraft.

(2) Gleichzeitig tritt die Feuerungsverordnung vom 5. Mai 1987 (Nds. GVBl. S. 85) außer Kraft.

2.7
Verordnung über den Bau und Betrieb von Garagen (Garagenverordnung – GarVO)

vom 4.9.1989 (Nds. GVBl. S. 327),
geändert durch Art. 3 V vom 22.7.2004 (Nds. GVBl. S. 263)

Inhaltsübersicht

§ 24 Übergangsvorschriften

§ 25 Inkrafttreten

§ 1
Begriffe

(1) Garagen sind Gebäude oder Gebäudeteile zum Abstellen von Kraftfahrzeugen außerhalb der öffentlichen Verkehrsflächen. Als Garagen im Sinne dieser Verordnung gelten auch Parkhäuser. Es sind Garagen mit einer Nutzfläche

1. bis zu 100 m² Kleingaragen,

2. über 100 m² bis 1000 m² Mittelgaragen,

3. über 1000 m² Großgaragen.

(2) Offene Garagen sind Garagen, die unmittelbar ins Freie führende unverschließbare Öffnungen in einer Größe von insgesamt mindestens einem Drittel der Gesamtfläche der Umfassungswände haben, bei denen mindestens zwei sich gegenüberliegende Umfassungswände mit den ins Freie führenden Öffnungen nicht mehr als 70 m voneinander entfernt sind und bei denen eine ständige Querlüftung vorhanden ist.

(3) Offene Kleingaragen sind Kleingaragen, die unmittelbar ins Freie führende unverschließbare Öffnungen in einer Größe von mindestens einem Drittel der Gesamtfläche der Umfassungswände haben.

(4) Geschlossene Garagen sind Garagen, die die Voraussetzungen nach den Absätzen 2 und 3 nicht erfüllen.

(5) Oberirdische Garagen sind Garagen, deren Fußboden in einem Geschoss im Mittel nicht mehr als 1,50 m unter der Geländeoberfläche liegt.

(6) Die Nutzfläche einer Garage ist die Summe aller miteinander verbundenen Flächen der Garageneinstellplätze und der Verkehrsflächen. Einstellplätze auf Dächern (Dacheinstellplätze) und die dazugehörigen Verkehrsflächen werden der Nutzfläche nicht zugerechnet, soweit nichts anderes bestimmt ist.

§ 2
Zu- und Abfahrten

(1) Zwischen Garagen und öffentlichen Verkehrsflächen müssen Zu- und Abfahrten von mindestens 3 m Länge vorhanden sein. Ausnah-

men können gestattet werden, wenn wegen der Sicht auf die öffentliche Verkehrsfläche Bedenken nicht bestehen.

(2) Vor Garagentoren und Schranken von Garagen sowie vor anderen, die freie Zufahrt zur Garage zeitweilig hindernden Anlagen, wie Tore von Einfriedungen, muss ein ausreichender Stauraum für wartende Kraftfahrzeuge vorhanden sein, wenn die Sicherheit oder Ordnung des Verkehrs dies erfordert.

(3) Die Fahrbahnen von Zu- und Abfahrten von Mittel- und Großgaragen müssen mindestens 2,75 m breit sein; der Halbmesser des inneren Fahrbahnrandes muss mindestens 5 m betragen. Für Fahrbahnen im Bereich von Zu- und Abfahrtssperren genügt eine Breite von 2,30 m. Breitere Fahrbahnen können in Kurven mit Innenradien von weniger als 10 m verlangt werden, wenn dies wegen der Verkehrssicherheit erforderlich ist. Soweit Zu- und Abfahrten von Garagen für Feuerwehrfahrzeuge bestimmt sind, müssen sie mindestens 3 m breit sein; im Übrigen gilt § 2 Abs. 4 der Allgemeinen Durchführungsverordnung zur Niedersächsischen Bauordnung (DVNBauO) vom 11. März 1987 (Nieders. GVBl. S. 29).

(4) Großgaragen müssen getrennte Fahrbahnen für Zu- und Abfahrten haben.

(5) Fahrbahnen von Zu- und Abfahrten müssen den zu erwartenden Belastungen entsprechend befestigt sein.

(6) Bei Großgaragen ist neben den Fahrbahnen der Zu- und Abfahrten ein mindestens 0,80 m breiter Gehweg erforderlich, soweit nicht für den Fußgängerverkehr besondere Fußwege vorhanden sind. Der Gehweg muss gegenüber der Fahrbahn erhöht oder baulich abgegrenzt sein.

(7) In den Fällen der Absätze 3 bis 6 sind die Dacheinstellplätze und die dazugehörigen Verkehrsflächen der Nutzfläche zuzurechnen.

(8) Für Zu- und Abfahrten von Stellplätzen gelten die Absätze 2 bis 6 entsprechend.

§ 3
Rampen

(1) Rampen von Mittel- und Großgaragen dürfen nicht mehr als 15 v. H. geneigt sein. Die Breite der Fahrbahnen auf diesen Rampen muss mindestens 2,75 m, in gewendelten Rampenbereichen mindestens 3,50 m betragen. Gewendelte Teile von Rampen nach Satz 1 müssen eine Querneigung von mindestens 3 v. H. haben; der Halbmesser des inneren Fahrbahnrandes muss mindestens 5 m betragen.

(2) Zwischen öffentlicher Verkehrsfläche und einer Rampe mit mehr als 10 v. H. Neigung muss eine Fläche von mindestens 3 m Länge liegen, deren Neigung nicht mehr als 10 v. H. betragen darf. Bei Rampen von Kleingaragen können Ausnahmen von Satz 1 zugelassen werden, wenn hinsichtlich der Sicherheit oder Ordnung des Verkehrs Bedenken nicht bestehen.

(3) In Großgaragen müssen Rampen, die von Fußgängern benutzt werden, einen mindestens 0,80 m breiten Gehweg haben; § 13 Abs. 1 Satz 3 bleibt unberührt. Der Gehweg muss gegenüber der Fahrbahn erhöht oder baulich abgegrenzt sein. An Rampen ohne den erforderlichen Gehweg nach Satz 1 ist auf das eingeschränkte Benutzungsverbot für Fußgänger hinzuweisen.

(4) Für Rampen zu Stellplätzen gelten die Absätze 1 bis 3 entsprechend.

§ 4
Einstellplätze und Verkehrsflächen

(1) Ein Einstellplatz muss mindestens 5 m lang und mindestens 2,30 m breit sein. Ein Einstellplatz, der für Behinderte bestimmt ist, muss mindestens 3,50 m breit sein. Ein Einstellplatz darf an keiner Längsseite im Abstand bis zu 0,10 m durch Wände, Stützen, andere Bauteile oder Einrichtungen begrenzt sein, es sei denn, dass der Einstellplatz bei Begrenzung einer Längsseite mindestens 2,40 m, bei Begrenzung beider Längsseiten mindestens 2,50 m breit ist. Satz 3 gilt nicht für Einstellplätze auf kraftbetriebenen Hebebühnen.

(2) Fahrgassen müssen, soweit sie unmittelbar der Zu- oder Abfahrt von Einstellplätzen dienen, hinsichtlich ihrer Breite mindestens die Anforderungen der folgenden Tabelle erfüllen; Zwischenwerte sind gradlinig einzuschalten:

Anordnung der Einstellplätze zur Fahrgasse	Erforderliche Fahrgassenbreite (in m) bei einer Einstellplatzbreite von		
	2,30 m	2,40 m	2,50 m
90°	6,50	6,00	5,50
bis 45°	3,50	3,25	3,00

(3) Fahrgassen müssen, soweit sie nicht unmittelbar der Zu- und Abfahrt von Einstellplätzen dienen, mindestens 2,75 m breit sein.

(4) Fahrgassen mit Gegenverkehr müssen in Mittel- und Großgaragen mindestens 5 m breit sein, soweit sich aus Absatz 2 keine weiter gehenden Anforderungen ergeben. Dies gilt entsprechend für Fahrgassen von Stellplätzen.

(5) Die einzelnen Einstellplätze und die Fahrgassen sind mindestens durch Markierungen am Boden leicht erkennbar und dauerhaft gegeneinander abzugrenzen. Mittel- und Großgaragen müssen in jedem Geschoss leicht erkennbare und dauerhafte Hinweise auf Fahrtrichtungen und Ausfahrten haben.

(6) In Großgaragen sind die einzelnen Einstellplätze leicht erkennbar und dauerhaft durch Nummern, Markierungen oder durch andere geeignete Maßnahmen so zu kennzeichnen, dass abgestellte Kraftfahrzeuge in den einzelnen Geschossen ohne Schwierigkeiten wieder aufgefunden werden können.

(7) Für Einstellplätze auf horizontal verschiebbaren Plattformen können Ausnahmen von den Absätzen 1 und 2 zugelassen werden, wenn die Verkehrssicherheit nicht beeinträchtigt wird und eine Breite der Fahrgasse von mindestens 2,75 m erhalten bleibt.

§ 5
Lichte Höhe

Mittel- und Großgaragen müssen in zum Begehen bestimmten Bereichen, auch unter Unterzügen, Lüftungsleitungen und sonstigen Bauteilen, eine lichte Höhe von mindestens 2 m haben.

§ 6
Tragende oder aussteifende Wände, Decken und Dächer

(1) Tragende oder aussteifende Wände von Garagen sowie Decken über und unter Garagen und zwischen Garagengeschossen müssen feuerbeständig sein.

(2) Liegen Einstellplätze nicht mehr als 22 m über der Geländeoberfläche, so brauchen Wände und Decken nach Absatz 1

1. bei oberirdischen Mittel- und Großgaragen nur Feuer hemmend und aus nichtbrennbaren Baustoffen zu sein, wenn sich aus den §§ 5 und 10 DVNBauO keine weiter gehenden Anforderungen ergeben,

2. bei offenen Mittel- und Großgaragen in Gebäuden, die allein der Garagennutzung dienen, nur aus nichtbrennbaren Baustoffen zu bestehen.

(3) Wände und Decken nach Absatz 1 brauchen nur Feuer hemmend zu sein oder aus nichtbrennbaren Baustoffen zu bestehen

1. bei eingeschossigen oberirdischen Mittel- und Großgaragen, auch mit Dacheinstellplätzen, wenn das Gebäude allein der Garagennutzung dient,

2. bei Kleingaragen, wenn sich aus den §§ 5 und 10 DVNBauO keine weiter gehenden Anforderungen ergeben.

(4) Die Absätze 1 und 3 Nr. 2 gelten nicht für Kleingaragen, wenn

1. die Gebäude allein der Garagennutzung dienen,

2. die Kleingaragen in Gebäuden liegen, an deren tragende oder aussteifende Wände und Decken keine Anforderungen hinsichtlich des Brandschutzes gestellt werden, oder

3. die Garagen offene Kleingaragen sind.

In den Fällen des Satzes 1 Nr. 1 bleiben Abstellräume mit insgesamt nicht mehr als 20 m² Grundfläche unberücksichtigt.

(5) Für befahrbare Dächer von Garagen gelten die Anforderungen an Decken.

(6) Untere Verkleidungen und Dämmschichten von Decken und Dächern über Garagen müssen bei Großgaragen aus nichtbrennbaren Baustoffen, bei Mittelgaragen aus mindestens schwer entflammbaren Baustoffen bestehen. Sie dürfen bei Großgaragen auch aus mindestens schwer entflammbaren Baustoffen mit überwiegend nichtbrennbaren Bestandteilen bestehen, wenn sie unmittelbar unter der Decke oder dem Dach angebracht sind.

(7) § 11 DVNBauO bleibt unberührt.

§ 7
Außenwände

(1) Außenwände von Mittel- und Großgaragen müssen aus nichtbrennbaren Baustoffen bestehen oder feuerbeständig sein.

(2) Außenwände von eingeschossigen oberirdischen Mittel- und Großgaragen brauchen nur die Anforderungen nach § 6 Abs. 1 und 2 DVNBauO zu erfüllen, wenn das Gebäude allein der Garagennutzung dient.

(3) Für Außenwände von Kleingaragen gelten die Anforderungen nach § 6 DVNBauO nicht, wenn

1. die Gebäude allein der Garagennutzung dienen oder

2. die Garagen offene Kleingaragen sind.

In den Fällen des Satzes 1 Nr. 1 bleiben Abstellräume mit insgesamt nicht mehr als 20 m² Grundfläche unberücksichtigt.

§ 8
Trennwände

(1) Trennwände und Tore im Innern von Mittel- und Großgaragen müssen aus nichtbrennbaren Baustoffen bestehen oder feuerbeständig sein.

(2) Trennwände zwischen Garagen und nicht zu Garagen gehörenden Räumen sowie Trennwände zwischen Garagen und anderen Gebäuden müssen

1. bei Mittel- und Großgaragen feuerbeständig sein,

2. bei Kleingaragen mindestens Feuer hemmend sein, wenn sich aus § 7 DVNBauO keine weiter gehenden Anforderungen ergeben.

(3) Absatz 2 gilt nicht für Trennwände

1. zwischen Kleingaragen und Räumen oder Gebäuden, die nur Abstellzwecken dienen und insgesamt nicht mehr als 20 m² Grundfläche haben,

2. zwischen offenen Kleingaragen und anders genutzten Räumen oder Gebäuden.

§ 9
Brandwände

(1) An Stelle von Brandwänden nach § 8 Abs. 1 Nr. 1 DVNBauO genügen

1. bei eingeschossigen oberirdischen Mittel- und Großgaragen feuerbeständige Abschlusswände ohne Öffnungen, wenn das Gebäude allein der Garagennutzung dient,

2. bei Kleingaragen mindestens Feuer hemmende oder aus nichtbrennbaren Baustoffen bestehende Abschlusswände ohne Öffnungen.

(2) § 8 Abs. 1 Nr. 1 DVNBauO gilt nicht für Abschlusswände von offenen Kleingaragen.

§ 10
Pfeiler und Stützen

Für Pfeiler und Stützen gelten die §§ 6 bis 9 sinngemäß.

§ 11
Rauchabschnitte

(1) Geschlossene Großgaragen müssen durch mindestens Feuer hemmende, aus nichtbrennbaren Baustoffen bestehende Wände in Rauchabschnitte unterteilt sein. Die Nutzfläche eines Rauchabschnitts darf

1. in oberirdischen geschlossenen Großgaragen 5000 m²,

2. in sonstigen geschlossenen Großgaragen 2500 m²

betragen; sie darf doppelt so groß sein, wenn die Garagen selbsttätige Feuerlöschanlagen mit über die Fläche verteilten Sprühdüsen haben. Ein Rauchabschnitt darf sich auch über mehrere Geschosse erstrecken.

(2) Öffnungen an den Wänden zwischen Rauchabschnitten müssen mit selbstschließenden und mindestens Feuer hemmenden Abschlüssen versehen sein. Die Abschlüsse müssen Haltevorrichtungen haben, die bei Raucheinwirkung ein selbsttätiges Schließen bewirken; sie müssen auch von Hand geschlossen werden können.

(3) § 8 Abs. 1 Nr. 2 DVNBauO gilt nicht für Garagen.

§ 12
Verbindungen zu Garagen und zwischen Garagengeschossen

(1) Flure, Treppenräume und Aufzüge, die nicht nur den Benutzern der Garage dienen, dürfen

1. mit geschlossenen Mittel- und Großgaragen nur durch Räume mit feuerbeständigen Wänden und Decken sowie selbstschließenden und mindestens Feuer hemmenden, in Fluchtrichtung aufschlagenden Türen (Sicherheitsschleusen),

2. mit anderen Garagen unmittelbar nur durch Öffnungen mit selbstschließenden und mindestens Feuer hemmenden Türen

verbunden sein.

(2) Garagen dürfen mit sonstigen nicht zur Garage gehörenden Räumen sowie mit anderen Gebäuden unmittelbar nur durch Öffnungen mit selbstschließenden und mindestens Feuer hemmenden Türen verbunden sein.

(3) Absatz 1 Nr. 2 und Absatz 2 gelten nicht für Verbindungen

1. zu offenen Kleingaragen,

2. zwischen Kleingaragen und Räumen oder Gebäuden, die nur Abstellzwecken dienen und insgesamt nicht mehr als 20 m² Grundfläche haben.

(4) Türen zu Treppenräumen, die Garagengeschosse miteinander verbinden, müssen selbstschließend, mindestens Feuer hemmend und aus nichtbrennbaren Baustoffen sein.

§ 13
Rettungswege

(1) Jede Mittel- und Großgarage muss in jedem Geschoss mindestens zwei voneinander unabhängige Rettungswege nach § 13 Abs. 1 DVNBauO haben. Der zweite Rettungsweg darf auch über eine Rampe führen. Die Rampe braucht abweichend von § 3 Abs. 3 keinen Gehweg haben.

(2) Von jeder Stelle einer Mittel- und Großgarage muss in demselben Geschoss mindestens ein Treppenraum einer notwendigen Treppe oder, wenn ein Treppenraum nicht erforderlich ist, mindestens eine notwendige Treppe oder ein Ausgang ins Freie

1. bei offenen Mittel- und Großgaragen in einer Entfernung von höchstens 50 m,

2. bei geschlossenen Mittel- und Großgaragen in einer Entfernung von höchstens 30 m

erreichbar sein. Die Entfernung ist in der Luftlinie, jedoch nicht durch Bauteile zu messen.

(3) In Mittel- und Großgaragen müssen dauerhafte und leicht erkennbare Hinweise auf die Ausgänge vorhanden sein. In Großgaragen müssen die zu den notwendigen Treppen oder zu den Ausgängen ins Freie führenden Wege auf dem Fußboden durch dauerhafte und leicht erkennbare Markierungen sowie an den Wänden durch beleuchtete Hinweise gekennzeichnet sein.

(4) Für Dacheinstellplätze gelten die Absätze 1 bis 3 entsprechend. Bei Mittel- und Großgaragen sind jedoch für Dacheinstellplätze, die im Mittel nicht mehr als 3 m über der Geländeoberfläche liegen, Treppenräume für notwendige Treppen nicht erforderlich.

§ 14
Beleuchtung

(1) In Mittel- und Großgaragen muss eine elektrische Beleuchtung vorhanden sein. Die Beleuchtungsstärke muss in den Rettungswegen und in den Fahrgassen mindestens 20 Lux, in allen anderen Bereichen mindestens 1 Lux betragen.

(2) In geschlossenen Großgaragen, ausgenommen eingeschossige Garagen mit festem Benutzerkreis, muss zur Beleuchtung der Rettungswege eine Sicherheitsbeleuchtung vorhanden sein. Diese muss eine vom Versorgungsnetz unabhängige, bei Ausfall des Netzstromes sich selbsttätig innerhalb von 15 Sekunden einschaltende Ersatzstromquelle haben, die für einen mindestens einstündigen Betrieb ausgelegt ist. Die Beleuchtungsstärke der Sicherheitsbeleuchtung muss mindestens 1 Lux betragen.

§ 15
Lüftung

(1) Geschlossene Mittel- und Großgaragen müssen maschinelle Abluftanlagen und so große und so verteilte Zuluftöffnungen haben, dass alle Teile der Garage ausreichend gelüftet werden. Bei nicht ausreichenden Zuluftöffnungen muss eine maschinelle Zuluftanlage vorhanden sein.

(2) Für geschlossene Mittel- und Großgaragen mit geringem Zu- und Abgangsverkehr genügt abweichend von Absatz 1 eine natürliche Lüftung durch Lüftungsöffnungen oder über höchstens 2 m hohe Lüftungsschächte. Die Lüftungsöffnungen müssen

1. einen freien Gesamtquerschnitt von mindestens 1 500 cm² je Garageneinstellplatz haben,

2. in den Außenwänden oberhalb der Geländeoberfläche in einer Entfernung von höchstens 35 m einander gegenüberliegen,

3. unverschließbar sein und

4. so über die Garage verteilt sein, dass eine ständige Querlüftung gesichert ist.

Die Lüftungsschächte müssen untereinander in einem Abstand von höchstens 20 m angeordnet sein und einen freien Gesamtquerschnitt von mindestens 1500 cm² je Garageneinstellplatz haben.

(3) Für geschlossene Mittel- und Großgaragen genügt abweichend von Absatz 1 eine natürliche Lüftung, wenn im Einzelfall nach dem Gutachten eines nach Bauordnungsrecht anerkannten Sachverständigen zu erwarten ist, dass der Mittelwert des Volumengehalts an Kohlenmonoxid in der Luft, gemessen über jeweils eine halbe Stunde und in einer Höhe von 1,50 m über dem Fußboden (CO-Halbstundenmittelwert), auch während der regelmäßigen Verkehrsspitzen im Mittel nicht mehr als 100 ppm (= 100 cm³/m³) betragen wird, und wenn dies auf der Grundlage von Messungen, die nach Inbetriebnahme der Garage über einen Zeitraum von mindestens einem Monat

durchzuführen sind, von einem nach Bauordnungsrecht anerkannten Sachverständigen bestätigt wird.

(4) Die maschinellen Abluftanlagen sind so zu bemessen und zu betreiben, dass der CO-Halbstundenmittelwert unter Berücksichtigung der regelmäßig zu erwartenden Verkehrsspitzen nicht mehr als 100 ppm beträgt. Diese Anforderungen gelten als erfüllt, wenn die Abluftanlage in Garagen mit geringem Zu- und Abgangsverkehr mindestens 6 m³, bei anderen Garagen mindestens 12 m³ Abluft in der Stunde je Quadratmeter Garagennutzfläche abführen kann; für Garagen mit regelmäßig besonders hohen Verkehrsspitzen kann im Einzelfall ein Nachweis der nach Satz 1 erforderlichen Leistung der Abluftanlage verlangt werden.

(5) Maschinelle Abluftanlagen müssen in jedem Lüftungssystem mindestens zwei gleich große Ventilatoren haben, die bei gleichzeitigem Betrieb zusammen den erforderlichen Gesamtvolumenstrom erbringen. Jeder Ventilator einer maschinellen Zu- oder Abluftanlage muss aus einem eigenen Stromkreis gespeist werden, an den andere elektrische Anlagen nicht angeschlossen werden können. Soll das Lüftungssystem zeitweise nur mit einem Ventilator betrieben werden, müssen die Ventilatoren so geschaltet sein, dass sich bei Ausfall eines Ventilators der andere selbsttätig einschaltet.

(6) Geschlossene Großgaragen mit nicht nur geringem Zu- und Abgangsverkehr müssen CO-Anlagen zur Messung und Warnung (CO-Warnanlagen) haben. Die CO-Warnanlagen müssen so beschaffen sein, dass die Benutzer der Garagen bei einem CO-Gehalt der Luft von mehr als 250 ppm über Lautsprecher oder durch Blinkzeichen mit deutlicher Aufschrift dazu aufgefordert werden, die Motoren abzustellen. Die CO-Warnanlagen müssen an eine Ersatzstromquelle angeschlossen sein.

(7) In geschlossen Mittel- und Großgaragen müssen an der Zufahrt und in jedem Geschoss leicht erkennbar und dauerhaft folgende Hinweise vorhanden sein:

„Abgase gefährden die Gesundheit.

Vermeiden Sie längeren Aufenthalt!"

§ 16
Feuerlöschanlagen

(1) Mittel- und Großgaragen müssen in Geschossen, deren Fußboden im Mittel mehr als 4 m unter der Geländeoberfläche liegt, Wandhyd-

ranten an einer nassen Steigleitung in der Nähe jedes Treppenraumes einer notwendigen Treppe haben.

(2) Großgaragen müssen in Geschossen, deren Fußboden im Mittel mehr als 4 m unter der Geländeoberfläche liegt, selbsttätige Feuerlöschanlagen mit über die Fläche verteilten Sprühdüsen haben, wenn das Gebäude nicht allein der Garagennutzung dient. Das gilt nicht, wenn die Großgarage zu Geschossen mit anderer Nutzung in keiner Verbindung steht.

§ 17
Brandmeldeanlagen

Geschlossene Mittel- und Großgaragen müssen Brandmeldeanlagen haben, wenn sie in Verbindung stehen mit baulichen Anlagen oder Räumen, für die Brandmeldeanlagen erforderlich sind.

§ 18
Zusätzliche Bauvorlagen

Die Bauvorlagen müssen zusätzliche Angaben enthalten über:

1. die Zahl, Abmessung und Kennzeichnung der Einstellplätze und Fahrgassen,

2. die Brandmelde- und Feuerlöschanlagen,

3. die CO-Warnanlagen,

4. die Lüftungsanlagen,

5. die Sicherheitsbeleuchtung.

§ 19
Betriebsvorschriften für Garagen

(1) Maschinelle Lüftungsanlagen und CO-Warnanlagen müssen so gewartet werden, dass sie ständig betriebsbereit sind. CO-Warnanlagen müssen ständig eingeschaltet sein.

(2) Kraftstoffe dürfen in Garagen außerhalb von Kraftfahrzeugen nicht aufbewahrt werden. In Kleingaragen dürfen abweichend von Satz 1 bis zu 200 l Dieselkraftstoff und bis zu 20 l Benzin in dicht verschlossenen, bruchsicheren Behältern aufbewahrt werden. Andere brennbare Stoffe dürfen in Mittel- und Großgaragen nur in unerheblichen Mengen aufbewahrt werden.

(3) In geschlossenen Großgaragen, deren Benutzung entgeltlich ist, muss, damit der Volumengehalt an Kohlenmonoxid in der Luft durch einen unnötig langen Aufenthalt an den Abfahrtssperren nicht erhöht wird, sichergestellt sein, dass die Entgelte entrichtet werden, bevor die abgestellten Fahrzeuge die Einstellplätze verlassen.

§ 20
Abstellen von Kraftfahrzeugen in anderen Räumen als Garagen

(1) Kraftfahrzeuge dürfen in Treppenräumen, Fluren und Kellergängen nicht abgestellt werden.

(2) Kraftfahrzeuge dürfen in sonstigen Räumen, die keine Garagen sind, nur abgestellt werden, wenn

1. das Fassungsvermögen ihrer Kraftstoffbehälter nicht mehr als 12 l beträgt, Kraftstoff außer dem Inhalt der Kraftstoffbehälter abgestellter Kraftfahrzeuge in diesen Räumen nicht aufbewahrt wird und diese Räume keine Zündquellen oder leicht entzündlichen Stoffe enthalten,

2. die Kraftfahrzeuge Arbeitsmaschinen sind oder

3. die Räume Ausstellungsräume, Verkaufsräume, Werkräume oder Lagerräume für Kraftfahrzeuge sind.

§ 21
– aufgehoben –

§ 22
Ausnahmen und weiter gehende Anforderungen

(1) Für Garagen ohne Fahrverkehr, in denen die Kraftfahrzeuge mit mechanischen Förderanlagen von der Garagenzufahrt zu den Garageneinstellplätzen befördert und ebenso zum Abholen an die Garagenausfahrt zurückbefördert werden, können Ausnahmen von den Vorschriften dieser Verordnung zugelassen werden, wenn hinsichtlich der Betriebssicherheit und des Brandschutzes Bedenken nicht bestehen.

(2) Weiter gehende Anforderungen als nach dieser Verordnung können zur Erfüllung des § 1 NBauO gestellt werden, soweit Garagen oder Stellplätze für Kraftfahrzeuge bestimmt sind, deren Länge mehr als 5 m und deren Breite mehr als 2 m beträgt.

§ 23
Ordnungswidrigkeiten

Ordnungswidrig handelt nach § 91 Abs. 3 NBauO, wer vorsätzlich oder fahrlässig entgegen § 15 Abs. 4 maschinelle Lüftungsanlagen so betreibt, dass der genannte Wert des CO-Gehalts der Luft überschritten wird.

§ 24
Übergangsvorschriften

Auf die zum Zeitpunkt des Inkrafttretens dieser Verordnung bestehenden Garagen ist § 19 Abs. 1 und 2 anzuwenden.

§ 25
Inkrafttreten

Diese Verordnung tritt vierzehn Tage nach ihrer Verkündung in Kraft. Gleichzeitig tritt die Garagenverordnung vom 26. November 1975 (Nieders. GVBl. S. 373), geändert durch Artikel 1 Nr. 2 der Verordnung zur Bereinigung von Ordnungswidrigkeitenvorschriften im Bereich des Bauordnungsrechts vom 25. Januar 1983 (Nieders. GVBl. S. 8), außer Kraft.

2.8

Verordnung über die Anerkennung als Prüf-, Überwachungs- oder Zertifizierungsstelle nach Bauordnungsrecht (PÜZ-Anerkennungsverordnung – PÜZAVO)

vom 14.2.1997 (Nds. GVBl. S. 58)

Inhaltsübersicht

§ 1
Anerkennungsvoraussetzungen

(1) Die Anerkennung als Prüf-, Überwachungs- oder Zertifizierungsstelle setzt voraus, dass eine ausreichende Zahl von Personen mit der für die Erfüllung ihrer Aufgaben erforderlichen Ausbildung und beruflichen Erfahrung beschäftigt wird und eine Person die Leitung oder die stellvertretende Leitung hauptberuflich wahrnimmt (hauptberuflich leitende Person). Diese Person muss ein für den jeweiligen Tätigkeitsbereich geeignetes technisches oder naturwissenschaftliches Studium an einer Hochschule abgeschlossen haben und

1. für Prüfstellen nach § 25a Abs. 2 NBauO über eine insgesamt mindestens fünfjährige Berufserfahrung im Bereich der Prüfung, Überwachung oder Zertifizierung von Bauprodukten und Bauarten,

2. für Prüfstellen nach § 28a Abs. 2 NBauO über eine mindestens dreijährige Berufserfahrung im Bereich der Prüfung von Bauprodukten und Bauarten,

3. für Zertifizierungsstellen nach § 28b Abs. 1 NBauO über eine insgesamt mindestens dreijährige Berufserfahrung im Bereich der Prüfung, Überwachung oder Zertifizierung von Bauprodukten oder Bauarten oder vergleichbarer Tätigkeit,

4. für Überwachungsstellen nach § 24 Abs. 6 oder § 28b Abs. 2 NBauO über eine mindestens dreijährige Berufserfahrung im Bereich der Überwachung von Bauprodukten und Bauarten

verfügen. Die Bestellung einer Person für die stellvertretende hauptberufliche Leitung kann verlangt werden, wenn dies nach Art und Umfang der Tätigkeit erforderlich ist. Für diese Aufgabe kann die Bestellung einer zweiten Person verlangt werden, wenn nur die Stellvertretung hauptberuflich tätig ist.

(2) Die hauptberuflich leitende Person der Prüf-, Überwachungs- oder Zertifizierungsstelle

1. darf zum Zeitpunkt der Antragstellung das 65. Lebensjahr nicht vollendet haben,

2. darf die Fähigkeit zur Bekleidung öffentlicher Ämter nicht verloren haben und durch gerichtliche Anordnung nicht in der Verfügung über ihr Vermögen beschränkt sein,

3. muss die erforderliche Zuverlässigkeit besitzen und die Gewähr dafür bieten, dass neben den Leitungsaufgaben andere Tätigkeiten nur in solchem Umfang ausgeübt werden, dass die Erfüllung ihrer Leitungspflichten gewährleistet ist.

(3) Prüf-, Überwachungs- und Zertifizierungsstellen müssen ferner über

1. die erforderlichen Räumlichkeiten und die erforderliche technische Ausstattung,

2. schriftliche Anweisungen für die Durchführung ihrer Aufgaben und für die Benutzung und Wartung der erforderlichen Prüfvorrichtungen,

3. ein System zur Aufzeichnung und Dokumentation ihrer Tätigkeiten

verfügen.

(4) Eine Überwachungsgemeinschaft hat für ihren jeweiligen Anerkennungsbereich einen Fachausschuss einzurichten, der die Leitung in allen Prüf-, Überwachungs- oder Zertifizierungsvorgängen durch Empfehlungen unterstützt. Dem Fachausschuss müssen mindestens drei Produkthersteller sowie die jeweilige hauptberuflich leitende Person angehören. Die Anerkennungsbehörde kann die Berufung weiterer von Produktherstellern unabhängiger Personen verlangen.

§ 2
Antrag, Anerkennung

(1) Die Anerkennung ist schriftlich bei der obersten Bauaufsichtsbehörde oder der von ihr bestimmten Behörde (Anerkennungsbehörde) mit folgenden Unterlagen zu beantragen:

1. Angabe der Tätigkeit, auf die sich die Anerkennung erstrecken soll,

2. Angaben zum Bauprodukt und zur Bauart, für die eine Anerkennung beantragt wird; dabei kann auf bekannt gemachte technische Regeln Bezug genommen werden,

3. Angaben zu den mit der hauptberuflichen Leitung betrauten Personen, deren Geburtsdatum und Qualifikation sowie zum leitenden und sachbearbeitenden Personal und deren Berufserfahrung,

4. Angaben über wirtschaftliche und rechtliche Verbindungen der Antragstellenden, der hauptberuflich leitenden Personen und der Beschäftigten zu einzelnen Herstellern,

5. Angaben zu den Räumlichkeiten und zur technischen Ausstattung,

6. Angaben zu Unterauftragnehmern.

(2) Die Anerkennung als Prüf-, Überwachungs- oder Zertifizierungsstelle kann für einzelne oder mehrere Bauprodukte und Bauarten erfolgen.

(3) Die Anerkennung kann zugleich als Prüf-, Überwachungs- und Zertifizierungsstelle, auch für das gleiche Bauprodukt oder die gleiche Bauart, erfolgen, wenn die jeweiligen Anerkennungsvoraussetzungen erfüllt sind.

§ 3
Allgemeine Pflichten

Prüf-, Überwachungs- und Zertifizierungsstellen müssen

1. im Rahmen ihrer Kapazitäten von allen Herstellern von Bauprodukten und Anwendern von Bauarten in Anspruch genommen werden können,

2. die Vertraulichkeit auf allen ihren Organisationsebenen sicherstellen,

3. regelmäßig an einem von der Anerkennungsbehörde vorgeschriebenen Erfahrungsaustausch teilnehmen,

4. ihr technisches Personal hinsichtlich neuer Entwicklungen fortbilden und die technische Ausstattung warten und so erneuern und ergänzen, dass die Anerkennungsvoraussetzungen während des gesamten Anerkennungszeitraums erfüllt sind,

5. Aufzeichnungen über die berufliche Qualifikation, Fortbildung und Erfahrung ihrer Beschäftigten führen und fortschreiben,

6. Anweisungen über die Pflichten und Verantwortlichkeiten der Beschäftigten erstellen und fortschreiben,

7. die Erfüllung der Pflichten nach den Nummern 3 bis 6 sowie nach § 1 Abs. 3 Nrn. 2 und 3 zusammenfassend dokumentieren und dem Personal zugänglich machen,

8. der Anerkennungsbehörde einen Wechsel der hauptberuflich leitenden Person sowie wesentliche Änderungen der gerätetechnischen Ausrüstung unverzüglich anzeigen.

§ 4
Besondere Pflichten

(1) Prüf- und Überwachungsstellen dürfen nur Prüfgeräte verwenden, die nach allgemein anerkannten Regeln der Technik geprüft sind; sie müssen sich hierzu an von der Anerkennungsbehörde geforderten Vergleichsuntersuchungen beteiligen.

(2) Prüf-, Überwachungs- und Zertifizierungsstellen haben in Tätigkeitsberichten mindestens zu dokumentieren:

1. den Gegenstand,

2. das beteiligte Personal,

3. die angewandten Verfahren entsprechend den technischen Anforderungen,

4. die Ergebnisse,

5. das Herstellerwerk,

6. das Prüfdatum, das Zertifizierungsdatum oder den Überwachungszeitraum.

Die Berichte sind von der hauptberuflich leitenden Person zu unterzeichnen. Sie sind fünf Jahre aufzubewahren und der Anerkennungsbehörde auf Verlangen vorzulegen.

§ 5
Erlöschen und Widerruf der Anerkennung

(1) Die Anerkennung erlischt, wenn

1. auf sie schriftlich gegenüber der Anerkennungsbehörde verzichtet wird,

2. die hauptberuflich leitende Person das 68. Lebensjahr vollendet hat.

(2) Die Anerkennung ist zu widerrufen, wenn

1. nachträglich Gründe eintreten, die eine Versagung der Anerkennung gerechtfertigt hätten,

2. die hauptberuflich leitende Person diese Aufgabe nicht mehr ordnungsgemäß ausüben kann oder

3. die Stelle Pflichten wiederholt oder grob verletzt hat.

Liegen Widerrufsgründe nach Satz 1 hinsichtlich der hauptberuflich leitenden Person vor, so kann von einem Widerruf der Anerkennung abgesehen werden, wenn innerhalb von sechs Monaten nach Eintreten der Widerrufsgründe ein Wechsel dieser Person stattgefunden hat.

(3) Die Anerkennung kann widerrufen werden, wenn die Stelle

1. ihre Tätigkeit zwei Jahre nicht ausgeübt hat,

2. nicht regelmäßig an dem Erfahrungsaustausch nach § 3 Nr. 3 teilgenommen hat oder

3. sich nicht an den Vergleichsuntersuchungen nach § 4 Abs. 1 beteiligt hat.

§ 6
Übergangsvorschriften

Personen, die zum Zeitpunkt des Inkrafttretens dieser Verordnung Leiterin oder Leiter einer nach bisherigem Recht anerkannten Prüfstelle oder Überwachungsgemeinschaft sind, sind für die entsprechenden Bauprodukte von den Voraussetzungen nach § 1 Abs. 1 Satz 2 befreit.

§ 7
Inkrafttreten

Diese Verordnung tritt 14 Tage nach ihrer Verkündung in Kraft.

2.9
Verordnung über den Bau und Betrieb von Verkaufsstätten (Verkaufsstättenverordnung – VKVO)

vom 17.1.1997 (Nds. GVBl. S. 31),
geändert durch Art. 4 V vom 22.7.2004 (Nds. GVBl. S. 263)

Inhaltsübersicht

§ 1
Geltungsbereich

Die Vorschriften dieser Verordnung gelten für jede Verkaufsstätte, deren Verkaufsräume und Ladenstraßen einschließlich ihrer Bauteile eine Fläche von insgesamt mehr als 2000 m² haben.

§ 2
Begriffe

(1) ¹Verkaufsstätten sind Gebäude oder Gebäudeteile, die

1. ganz oder teilweise dem Verkauf von Waren dienen,

2. mindestens einen Verkaufsraum haben und

3. keine Messebauten sind.

²Zu einer Verkaufsstätte gehören alle Räume, die unmittelbar oder mittelbar, insbesondere durch Aufzüge oder Ladenstraßen, miteinander in Verbindung stehen; als Verbindung gilt nicht die Verbindung durch Treppenräume notwendiger Treppen sowie durch Leitungen, Schächte und Kanäle haustechnischer Anlagen.

(2) Erdgeschossige Verkaufsstätten sind Gebäude mit nicht mehr als einem Geschoss, dessen Fußboden an keiner Stelle mehr als 1 m unter der Geländeoberfläche liegt; dabei bleiben Treppenraumerweiterungen sowie Geschosse außer Betracht, die ausschließlich der Unterbringung von haustechnischen Anlagen und Feuerungsanlagen dienen.

(3) ¹Verkaufsräume sind Räume, in denen Waren zum Verkauf oder sonstige Leistungen angeboten werden oder die dem Kundenverkehr dienen, ausgenommen Treppenräume notwendiger Treppen, Treppenraumerweiterungen sowie Garagen. ²Ladenstraßen gelten nicht als Verkaufsräume.

(4) Ladenstraßen sind überdachte oder überdeckte Flächen, an denen Verkaufsräume liegen und die dem Kundenverkehr dienen.

(5) Treppenraumerweiterungen sind Räume, die Treppenräume mit Ausgängen ins Freie verbinden.

§ 3
Tragende Wände, Pfeiler und Stützen

¹Tragende Wände, Pfeiler und Stützen müssen feuerbeständig, bei erdgeschossigen Verkaufsstätten ohne Sprinkleranlagen mindestens Feuer hemmend sein. ²Satz 1 gilt nicht für erdgeschossige Verkaufsstätten mit Sprinkleranlagen.

§ 4
Außenwände

Außenwände müssen bestehen aus

1. nichtbrennbaren Baustoffen bei Verkaufsstätten ohne Sprinkleranlage,

2. mindestens schwer entflammbaren Baustoffen bei Verkaufsstätten mit Sprinkleranlagen,

soweit die Außenwände nicht feuerbeständig sind;

3. mindestens schwer entflammbaren Baustoffen bei erdgeschossigen Verkaufsstätten, soweit die Außenwände nicht mindestens Feuer hemmend sind.

§ 5
Trennwände

(1) Trennwände zwischen einer Verkaufsstätte und Räumen, die nicht zur Verkaufsstätte gehören, müssen feuerbeständig sein und dürfen keine Öffnungen haben.

(2) ¹In Verkaufsstätten ohne Sprinkleranlagen sind Lagerräume mit einer Fläche von jeweils mehr als 100 m² sowie Werkräume mit erhöhter Brandgefahr, wie Schreinereien, Maler- oder Dekorationswerkstätten, von anderen Räumen durch feuerbeständige Wände zu trennen. ²Diese Werk- und Lagerräume müssen durch feuerbeständige

Trennwände so unterteilt werden, dass Abschnitte von nicht mehr als 500 m² entstehen. ³Öffnungen in den Trennwänden müssen mindestens Feuer hemmende und selbstschließende Abschlüsse haben.

§ 6
Brandabschnitte

(1) ¹Verkaufsstätten sind durch Brandwände in Brandabschnitte zu unterteilen. ²Die Fläche der Brandabschnitte darf je Geschoss betragen in

1. erdgeschossigen Verkaufsstätten mit Sprinkleranlagen nicht mehr als 10 000 m²,

2. sonstigen Verkaufsstätten mit Sprinkleranlagen nicht mehr als 5000 m²,

3. erdgeschossigen Verkaufsstätten ohne Sprinkleranlage nicht mehr als 3000 m²,

4. sonstigen Verkaufsstätten ohne Sprinkleranlagen nicht mehr als 1500 m², wenn sich die Verkaufsstätte über nicht mehr als drei Geschosse erstrecken und die Gesamtfläche aller Geschosse innerhalb eines Brandabschnitts nicht mehr als 3000 m² beträgt.

(2) Abweichend von Absatz 1 können Verkaufsstätten mit Sprinkleranlagen auch durch Ladenstraßen in Brandabschnitte unterteilt werden, wenn

1. die Ladenstraßen mindestens 10 m breit sind,

2. die Ladenstraßen Rauchabzugsanlagen haben,

3. das Tragwerk der Dächer der Ladenstraßen aus nichtbrennbaren Baustoffen besteht und

4. die Bedachung der Ladenstraßen aus nichtbrennbaren Baustoffen oder, soweit sie lichtdurchlässig ist, aus mindestens schwer entflammbaren Baustoffen besteht; sie darf im Brandfall nicht brennend abtropfen.

(3) In Verkaufsstätten mit Sprinkleranlagen brauchen Brandwände abweichend von Absatz 1 im Kreuzungsbereich mit Ladenstraßen nicht hergestellt zu werden, wenn

1. die Ladenstraßen eine Breite von mindestens 10 m über eine Länge von mindestens 10 m beiderseits der Brandwände haben und

2. die Anforderungen nach Absatz 2 Nrn. 2 bis 4 in diesem Bereich erfüllt sind.

(4) ¹Öffnungen in den Brandwänden nach Absatz 1 sind zulässig, wenn sie selbstschließende und feuerbeständige Abschlüsse haben.

²Die Abschlüsse müssen Feststellanlagen haben, die bei Raucheinwirkung ein selbsttätiges Schließen bewirken.

§ 7
Decken

(1) ¹Decken müssen feuerbeständig sein und aus nichtbrennbaren Baustoffen bestehen. ²Decken über Geschossen, deren Fußboden an keiner Stelle mehr als 1 m unter der Geländeoberfläche liegt, brauchen nur

1. Feuer hemmend zu sein und aus nichtbrennbaren Baustoffen zu bestehen in erdgeschossigen Verkaufsstätten ohne Sprinkleranlagen,

2. aus nichtbrennbaren Baustoffen zu bestehen in erdgeschossigen Verkaufsstätten mit Sprinkleranlagen.

³Für die Beurteilung der Feuerwiderstandsdauer bleiben abgehängte Unterdecken außer Betracht.

(2) ¹Unterdecken einschließlich ihrer Aufhängungen müssen in Verkaufsräumen, Treppenräumen, Treppenraumerweiterungen, notwendigen Fluren und in Ladenstraßen aus nichtbrennbaren Baustoffen bestehen. ²In Verkaufsräumen mit Sprinkleranlagen dürfen Unterdecken aus brennbaren Baustoffen bestehen, wenn auch der Deckenhohlraum durch die Sprinkleranlagen geschützt ist.

(3) ¹In Decken sind Öffnungen unzulässig. ²Dies gilt nicht für Öffnungen zwischen Verkaufsräumen, zwischen Verkaufsräumen und Ladenstraßen sowie zwischen Ladenstraßen

1. in Verkaufsstätten mit Sprinkleranlagen,

2. in Verkaufsstätten ohne Sprinkleranlagen, soweit die Öffnungen für nicht notwendige Treppen erforderlich sind.

§ 8
Dächer

(1) Das Tragwerk von Dächern, die den oberen Abschluss von Räumen der Verkaufsstätten bilden oder die von diesen Räumen nicht durch feuerbeständige Bauteile getrennt sind, muss

1. aus nichtbrennbaren Baustoffen bestehen in Verkaufsstätten mit Sprinkleranlagen, ausgenommen in erdgeschossigen Verkaufsstätten,

2. mindestens Feuer hemmend sein in erdgeschossigen Verkaufsstätten ohne Sprinkleranlagen,

3. feuerbeständig sein in sonstigen Verkaufsstätten ohne Sprinkleranlagen.

(2) Bedachungen müssen

1. gegen Flugfeuer und strahlende Wärme widerstandsfähig sein und

2. bei Dächern, die den oberen Abschluss von Räumen der Verkaufsstätten bilden oder die von diesen Räumen nicht durch feuerbeständige Bauteile getrennt sind, aus nichtbrennbaren Baustoffen bestehen mit Ausnahme der Dachhaut und der Dampfsperre.

(3) ¹Lichtdurchlässige Bedachungen über Verkaufsräumen und Ladenstraßen dürfen abweichend von Absatz 2 Nr. 1

1. schwer entflammbar sein bei Verkaufsstätten mit Sprinkleranlagen,

2. nicht brennbar sein bei Verkaufsstätten ohne Sprinkleranlagen.

²Sie dürfen im Brandfall nicht brennend abtropfen.

§ 9
Verkleidungen, Dämmstoffe

(1) Außenwandverkleidungen einschließlich der Dämmstoffe und Unterkonstruktionen müssen bestehen aus

1. mindestens schwer entflammbaren Baustoffen bei Verkaufsstätten mit Sprinkleranlagen und bei erdgeschossigen Verkaufsstätten,

2. nichtbrennbaren Baustoffen bei sonstigen Verkaufsstätten ohne Sprinkleranlagen.

(2) Deckenverkleidungen einschließlich der Dämmstoffe und Unterkonstruktionen müssen aus nichtbrennbaren Baustoffen bestehen.

(3) Wandverkleidungen einschließlich der Dämmstoffe und Unterkonstruktionen müssen in Treppenräumen, Treppenraumerweiterungen, notwendigen Fluren und in Ladenstraßen aus nichtbrennbaren Baustoffen bestehen.

§ 10
Rettungswege in Verkaufsstätten

(1) ¹Für jeden Verkaufsraum, Aufenthaltsraum und für jede Ladenstraße müssen in demselben Geschoss mindestens zwei voneinander unabhängige Rettungswege zu Ausgängen ins Freie oder zu Treppenräumen notwendiger Treppen vorhanden sein. ²An Stelle eines dieser Rettungswege darf ein Rettungsweg über Außentreppen ohne Treppenräume, Rettungsbalkone, Terrassen und begehbare Dächer auf das

Grundstück führen, wenn hinsichtlich des Brandschutzes keine Bedenken bestehen; dieser Rettungsweg gilt als Ausgang ins Freie.

(2) Von jeder Stelle

1. eines Verkaufsraumes in höchstens 25 m Entfernung,

2. eines sonstigen Raumes oder einer Ladenstraße in höchstens 35 m Entfernung

muss mindestens ein Ausgang ins Freie oder ein Treppenraum notwendiger Treppen erreichbar sein (erster Rettungsweg).

(3) Der erste Rettungsweg darf, soweit er über eine Ladenstraße führt, auf der Ladenstraße eine zusätzliche Länge von höchstens 35 m haben, wenn die Ladenstraße Rauchabzugsanlagen hat und der nach Absatz 1 erforderliche zweite Rettungsweg für Verkaufsräume mit einer Fläche von mehr als 100 m² nicht über diese Ladenstraße führt.

(4) In den Verkaufsstätten mit Sprinkleranlagen oder in erdgeschossigen Verkaufsstätten darf der Rettungsweg nach den Absätzen 2 und 3 innerhalb von Brandabschnitten eine zusätzliche Länge von höchstens 35 m haben, soweit er über einen notwendigen Flur für Kundinnen und Kunden mit einem unmittelbaren Ausgang ins Freie oder in einen Treppenraum notwendiger Treppen führt.

(5) Von jeder Stelle eines Verkaufsraumes muss ein Hauptgang oder eine Ladenstraße in höchsten 10 m Entfernung erreichbar sein.

(6) ¹In Rettungswegen ist nur eine Folge von mindestens drei Stufen zulässig. ²Die Stufen müssen eine Stufenbeleuchtung haben.

(7) ¹An Kreuzungen der Ladenstraßen und der Hauptgänge sowie an Türen im Zuge von Rettungswegen ist deutlich und dauerhaft auf die Ausgänge durch Sicherheitszeichen hinzuweisen. ²Die Sicherheitszeichen müssen beleuchtet sein.

(8) Die Entfernungen nach den Absätzen 2 bis 5 sind in der Luftlinie, jedoch nicht durch Bauteile zu messen.

§ 11
Treppen

(1) ¹Notwendige Treppen müssen feuerbeständig sein, aus nichtbrennbaren Baustoffen bestehen und an den Unterseiten geschlossen sein. ²Dies gilt nicht für notwendige Treppen nach § 10 Abs. 1 Satz 2, wenn wegen des Brandschutzes Bedenken nicht bestehen.

(2) ¹Notwendige Treppen für Kundinnen und Kunden müssen mindestens 2 m breit sein und dürfen eine Breite von 2,50 m nicht überschreiten. ²Für notwendige Treppe für Kundinnen und Kunden

genügt eine Breite von mindestens 1,25 m, wenn die Treppen für Verkaufsräume bestimmt sind, deren Fläche insgesamt nicht mehr als 500 m² beträgt.

(3) ¹Notwendige Treppen brauchen nicht in Treppenräumen zu liegen und die Anforderungen nach Absatz 1 Satz 1 nicht zu erfüllen in Verkaufsräumen, die

1. eine Fläche von nicht mehr als 100 m² haben oder

2. eine Fläche von mehr als 100 m² haben, wenn diese Treppen im Zuge nur eines der zwei erforderlichen Rettungswege liegen.

²Notwendige Treppen mit gewendelten Läufen sind in Verkaufsräumen unzulässig. ³Dies gilt nicht für notwendige Treppen nach Satz 1.

(4) ¹Treppen für Kundinnen und Kunden müssen auf beiden Seiten Handläufe ohne freie Enden haben. ²Die Handläufe müssen fest und griffsicher sein und sind über Treppenabsätze fortzuführen.

§ 12
Treppenräume, Treppenraumerweiterungen

(1) ¹Die Wände von Treppenräumen notwendiger Treppen müssen in der Bauart von Brandwänden hergestellt sein. ²Bodenbeläge müssen in Treppenräumen notwendiger Treppen aus nichtbrennbaren Baustoffen bestehen.

(2) ¹Treppenraumerweiterungen müssen

1. die Anforderungen an Treppenräume erfüllen,

2. feuerbeständige Decken aus nichtbrennbaren Baustoffen haben und

3. mindestens so breit sein wie die notwendigen Treppen, mit denen sie in Verbindung stehen.

²Sie dürfen nicht länger als 35 m sein und keine Öffnungen zu anderen Räumen haben.

§ 13
Ladenstraßen, Flure, Hauptgänge

(1) Ladenstraßen müssen mindestens 5 m breit sein.

(2) ¹Wände und Decken notwendiger Flure für Kundinnen und Kunden müssen

1. feuerbeständig sein und aus nichtbrennbaren Baustoffen bestehen in Verkaufsstätten ohne Sprinkleranlagen,

2. mindestens Feuer hemmend sein und in den wesentlichen Teilen aus nichtbrennbaren Baustoffen bestehen in Verkaufsstätten mit Sprinkleranlagen.

²Bodenbeläge in notwendigen Fluren für Kundinnen und Kunden müssen mindestens schwer entflammbar sein.

(3) ¹Notwendige Flure für Kundinnen und Kunden müssen mindestens 2 m breit sein. ²Für notwendige Flure für Kundinnen und Kunden genügt eine Breite von 1,40 m, wenn die Flure für Verkaufsräume bestimmt sind, deren Fläche insgesamt nicht mehr als 500 m² beträgt.

(4) ¹Hauptgänge müssen mindestens 2 m breit sein. ²Sie müssen auf möglichst kurzem Wege zu Ausgängen ins Freie, zu Treppenräumen notwendiger Treppen, zu notwendigen Fluren für Kundinnen und Kunden oder zu Ladenstraßen führen. ³Verkaufsstände an Hauptgängen müssen unverrückbar sein.

(5) Ladenstraßen, notwendige Flure für Kundinnen und Kunden sowie Hauptgänge dürfen innerhalb der nach den Absätzen 1, 3 und 4 erforderlichen Breiten nicht durch Einbauten oder Einrichtungen eingeengt sein.

(6) Die Anforderungen an sonstige notwendige Flure nach § 17 der Allgemeinen Durchführungsverordnung zur Niedersächsischen Bauordnung (DVNBauO) bleiben unberührt.

§ 14
Ausgänge

(1) Jeder Verkaufs- und Aufenthaltsraum mit einer Fläche von mehr als 100 m² sowie jede Ladenstraße muss mindestens zwei Ausgänge haben, die ins Freie oder zu Treppenräumen notwendiger Treppen führen.

(2) ¹Ausgänge aus Verkaufsräumen müssen mindestens 2 m breit sein; für Ausgänge aus Verkaufsräumen, die eine Fläche von nicht mehr als 500 m² haben, genügt eine Breite von 1 m. ²Ein Ausgang, der in einen Flur führt, darf nicht breiter sein als der Flur.

(3) ¹Die Ausgänge aus einem Geschoss einer Verkaufsstätte ins Freie oder in Treppenräume notwendiger Treppen müssen eine Breite von mindestens 30 cm je 100 m² der Fläche der Verkaufsräume haben; dabei bleiben die Flächen von Ladenstraßen außer Betracht. ²Ausgänge aus Geschossen einer Verkaufsstätte müssen mindestens 2 m breit sein. ³Ein Ausgang, der in einen Treppenraum führt, darf nicht breiter sein als die notwendige Treppe.

(4) Ausgänge aus Treppenräumen notwendiger Treppen ins Freie oder in Treppenraumerweiterungen müssen mindestens so breit sein wie die notwendigen Treppen.

§ 15
Türen in Rettungswegen

(1) In Verkaufsstätten ohne Sprinkleranlagen müssen Türen von Treppenräumen notwendiger Treppen und von notwendigen Fluren für Kundinnen und Kunden mindestens Feuer hemmend, rauchdicht- und selbstschließend sein, ausgenommen Türen, die ins Freie führen.

(2) In Verkaufsstätten mit Sprinkleranlagen müssen Türen von Treppenräumen notwendiger Treppen und von notwendigen Fluren für Kundinnen und Kunden rauchdicht- und selbstschließend sein, ausgenommen Türen, die ins Freie führen.

(3) [1]Türen nach den Absätzen 1 und 2 sowie Türen, die ins Freie führen, dürfen nur in Fluchtrichtung aufschlagen und keine Schwellen haben. [2]Sie müssen während der Betriebszeit von innen leicht in voller Breite zu öffnen sein. [3]Elektrische Verriegelungen von Türen in Rettungswegen sind nur zulässig, wenn die Türen im Gefahrenfall jederzeit geöffnet werden können.

(4) Türen, die selbstschließend sein müssen, dürfen offen gehalten werden, wenn sie Feststellanlagen haben, die bei Raucheinwirkung ein selbsttätiges Schließen der Türen bewirken; sie müssen auch von Hand geschlossen werden können.

(5) [1]Drehtüren und Schiebetüren sind in Rettungswegen unzulässig; dies gilt nicht für automatische Dreh- und Schiebetüren, die die Rettungswege im Brandfall nicht beeinträchtigen. [2]Pendeltüren müssen in Rettungswegen Schließvorrichtungen haben, die ein Durchpendeln der Türen verhindern.

(6) Rollläden, Scherengitter oder ähnliche Abschlüsse von Türöffnungen, Toröffnungen oder Durchfahrten im Zuge von Rettungswegen müssen so beschaffen sein, dass sie von Unbefugten nicht geschlossen werden können.

§ 16
Rauchabführung

(1) In Verkaufsstätten ohne Sprinkleranlagen müssen Verkaufsräume ohne notwendige Fenster nach § 19 Abs. 1 DVNBauO sowie Ladenstraßen Rauchabzugsanlagen haben.

(2) In Verkaufsstätten mit Sprinkleranlagen müssen Lüftungsanlagen in Verkaufsräumen und Ladenstraßen im Brandfall so betrieben

werden können, dass sie nur entlüften, soweit es die Zweckbestimmung der Absperrvorrichtungen gegen Brandübertragung zulässt.

(3) [1]Rauchabzugsanlagen müssen von Hand und automatisch durch Rauchmelder ausgelöst werden können und sind an den Bedienungsstellen mit der Aufschrift „Rauchabzug" zu versehen. [2]An den Bedienungseinrichtungen muss erkennbar sein, ob die Rauchabzugsanlage betätigt wurde.

(4) [1]Innen liegende Treppenräume notwendiger Treppen müssen Rauchabzugsanlagen haben. [2]Sonstige Treppenräume notwendiger Treppen, die durch mehr als zwei Geschosse führen, müssen an ihrer obersten Stelle eine Rauchabzugsvorrichtung mit einem freien Querschnitt von mindestens 5 vom Hundert der Grundfläche der Treppenräume, jedoch nicht weniger als 1 m² haben. [3]Die Rauchabzugsvorrichtungen müssen von jedem Geschoss aus zu öffnen sein.

§ 17
Beheizung

Feuerstätten dürfen in Verkaufsräumen, Ladenstraßen, Lagerräumen und Werkräumen zur Beheizung nicht aufgestellt werden.

§ 18
Sicherheitsbeleuchtung

[1]Verkaufsstätten müssen eine Sicherheitsbeleuchtung haben. [2]Sie muss vorhanden sein

1. in Verkaufsräumen,

2. in Treppenräumen, Treppenraumerweiterungen und Ladenstraßen sowie in notwendigen Fluren für Kundinnen und Kunden,

3. in Arbeits- und Pausenräumen,

4. in Toilettenräumen mit einer Fläche von mehr als 50 m²,

5. in elektrischen Betriebsräumen und Räumen für haustechnische Anlagen,

6. für Hinweisschilder auf Ausgänge und für Stufenbeleuchtung.

§ 19
Blitzschutzanlagen

Gebäude mit Verkaufsstätten müssen Blitzschutzanlagen haben.

§ 20
Feuerlöscheinrichtungen, Brandmeldeanlagen und Alarmierungseinrichtungen

(1) [1]Verkaufsstätten müssen Sprinkleranlagen haben. [2]Dies gilt nicht für

1. erdgeschossige Verkaufsstätten mit Brandabschnitten von nicht mehr als 3000 m²,

2. sonstige Verkaufsstätten nach § 6 Abs. 1 Satz 2 Nr. 4.

[3]Geschosse einer Verkaufsstätte nach Satz 2 Nr. 2 müssen Sprinkleranlagen haben, wenn die Geschosse mit ihrem Fußboden im Mittel mehr als 3 m unter der Geländeoberfläche liegen und Verkaufsräume mit einer Fläche von mehr als 500 m² haben.

(2) In Verkaufsstätten müssen vorhanden sein:

1. geeignete Feuerlöscher und geeignete Wandhydranten in ausreichender Zahl, gut sichtbar und leicht zugänglich,

2. Brandmeldeanlagen mit nicht automatischen Brandmeldern zur unmittelbaren Alarmierung der dafür zuständigen Stelle und

3. Alarmierungseinrichtungen, durch die alle Betriebsangehörigen alarmiert und Anweisungen an sie sowie an die Kundinnen und Kunden gegeben werden können.

§ 21
Sicherheitsstromversorgungsanlagen

Verkaufsstätten müssen eine Sicherheitsstromversorgungsanlage haben, die bei Ausfall der allgemeinen Stromversorgung den Betrieb der sicherheitstechnischen Anlagen und Einrichtungen übernimmt, insbesondere der

1. Sicherheitsbeleuchtung,

2. Beleuchtung der Stufen und Hinweise auf Ausgänge,

3. Sprinkleranlagen,

4. Rauchabzugsanlagen,

5. Schließeinrichtungen für Feuerschutzabschlüsse (zum Beispiel Rolltore),

6. Brandmeldeanlagen,

7. Alarmierungseinrichtungen.

§ 22
Lage der Verkaufsräume

[1]Verkaufsräume, ausgenommen Gaststätten, dürfen mit ihrem Fußboden nicht mehr als 22 m über der Geländeoberfläche liegen. [2]Verkaufsräume dürfen mit ihrem Fußboden im Mittel nicht mehr als 5 m unter der Geländeoberfläche liegen.

§ 23
Räume für Abfälle

[1]Verkaufsstätten müssen für Abfälle besondere Räume haben, die mindestens die Abfälle von zwei Tagen aufnehmen können. [2]Die Räume müssen feuerbeständige Wände und Decken sowie mindestens Feuer hemmende und selbstschließende Türen haben.

§ 24
Gefahrenverhütung

(1) [1]Das Rauchen und das Verwenden von offenem Feuer sind in Verkaufsräumen und Ladenstraßen verboten. [2]Dies gilt nicht für Bereiche, in denen Getränke oder Speisen verabreicht oder Besprechungen abgehalten werden. [3]Auf das Verbot ist dauerhaft und leicht erkennbar hinzuweisen.

(2) [1]In Treppenräumen notwendiger Treppen, in Treppenraumerweiterungen und in notwendigen Fluren dürfen keine Dekorationen vorhanden sein. [2]In diesen Räumen sowie auf Ladenstraßen und Hauptgängen innerhalb der nach § 13 Abs. 1 und 4 erforderlichen Breiten dürfen keine Gegenstände abgestellt sein.

§ 25
Rettungswege auf dem Grundstück, Flächen für die Feuerwehr

(1) Die erforderlichen Zufahrten, Durchfahrten und Aufstell- und Bewegungsflächen für die Feuerwehr müssen vorhanden sein.

(2) [1]Die als Rettungswege dienenden Flächen auf dem Grundstück sowie die Flächen für die Feuerwehr nach Absatz 1 müssen ständig freigehalten werden. [2]Hierauf ist dauerhaft und leicht erkennbar hinzuweisen.

§ 26
Verantwortliche Personen

(1) Während der Betriebszeit einer Verkaufsstätte muss eine verantwortliche Person ständig anwesend sein.

(2) ¹Der Betreiber einer Verkaufsstätte hat zu bestellen:

1. eine Brandschutzbeauftragte oder einen Brandschutzbeauftragten, die oder der für die Einhaltung des Absatzes 3, des § 13 Abs. 5, der §§ 24, 25 Abs. 2 und des § 27 zu sorgen hat,

2. für Verkaufsstätten, deren Verkaufsräume eine Fläche von insgesamt mehr als 15 000 m² haben, die von der Bauaufsichtsbehörde im Einvernehmen mit der für den Brandschutz zuständigen Dienststelle festgelegte erforderliche Anzahl von Selbsthilfekräften für den Brandschutz.

²Die Namen dieser Personen und jeder Wechsel sind der für den Brandschutz zuständigen Dienststelle auf Verlangen mitzuteilen. ³Der Betreiber hat für die Ausbildung dieser Personen im Einvernehmen mit der für den Brandschutz zuständigen Dienststelle zu sorgen.

(3) Selbsthilfekräfte für den Brandschutz müssen in erforderlicher Anzahl während der Betriebszeit der Verkaufsstätte anwesend sein.

§ 27
Brandschutzordnung

(1) ¹Der Betreiber einer Verkaufsstätte hat im Einvernehmen mit der für den Brandschutz zuständigen Dienststelle eine Brandschutzordnung aufzustellen. ²In der Brandschutzordnung sind insbesondere die Aufgaben der Brandschutzbeauftragten oder des Brandschutzbeauftragten und der Selbsthilfekräfte für den Brandschutz sowie die Maßnahmen festzulegen, die zur Rettung Behinderter erforderlich sind.

(2) Die Betriebsangehörigen sind bei Beginn des Arbeitsverhältnisses und danach mindestens einmal jährlich zu belehren über

1. die Lage und die Bedienung der Feuerlöschgeräte, Brandmelde- und Feuerlöscheinrichtungen und

2. die Brandschutzordnung, insbesondere über das Verhalten bei einem Brand oder bei einer Panik.

(3) Im Einvernehmen mit der für den Brandschutz zuständigen Dienststelle sind Feuerwehrpläne anzufertigen und der örtlichen Feuerwehr zur Verfügung zu stellen.

§ 28
Einstellplätze für Behinderte

[1]Mindestens 3 vom Hundert der notwendigen Einstellplätze, mindestens jedoch ein Einstellplatz, müssen für Behinderte bestimmt sein. [2]Auf diese Einstellplätze ist dauerhaft und leicht erkennbar hinzuweisen.

§ 29
Zusätzliche Bauvorlagen

Die Bauvorlagen müssen zusätzliche Angaben enthalten über

1. eine Berechnung der Flächen der Verkaufsräume und der Brandabschnitte,

2. eine Berechnung der erforderlichen Breiten der Ausgänge aus den Geschossen ins Freie oder in Treppenräume notwendige Treppen,

3. die Sprinkleranlagen, die sonstigen Feuerlöscheinrichtungen und die Feuerlöschgeräte,

4. die Brandmeldeanlagen,

5. die Alarmierungseinrichtungen,

6. die Sicherheitsbeleuchtung und die Sicherheitsstromversorgung,

7. die Rauchabzugsvorrichtungen und Rauchabzugsanlagen,

8. die Rettungswege auf dem Grundstück und die Flächen für die Feuerwehr.

§ 30
– aufgehoben –

§ 31
Weiter gehende Anforderungen

An Lagerräume, deren lichte Höhe mehr als 9 m beträgt, können aus Gründen des Brandschutzes weiter gehende Anforderungen gestellt werden.

§ 32
Ordnungswidrigkeiten

Ordnungswidrig im Sinne des § 91 Abs. 3 NBauO handelt, wer vorsätzlich oder fahrlässig

1. Rettungswege entgegen § 13 Abs. 5 einengt oder einengen lässt,

2. Türen im Zuge von Rettungswegen entgegen § 15 Abs. 3 während der Betriebszeit abschließt oder abschließen lässt,

3. in Treppenräumen notwendiger Treppen, in Treppenraumerweiterungen oder in notwendigen Fluren entgegen § 24 Abs. 2 Dekorationen anbringt oder anbringen lässt oder Gegenstände abstellt oder abstellen lässt,

4. auf Ladenstraßen oder Hauptgängen entgegen § 24 Abs. 2 Gegenstände abstellt oder abstellen lässt,

5. Rettungswege auf dem Grundstück oder Flächen für die Feuerwehr entgegen § 25 Abs. 2 nicht freihält oder freihalten lässt,

6. als verantwortliche Person entgegen § 26 Abs. 1 während der Betriebszeit nicht ständig anwesend ist,

7. als Betreiber entgegen § 26 Abs. 2 die Brandschutzbeauftragte oder den Brandschutzbeauftragten und die Selbsthilfekräfte für den Brandschutz in der erforderliche Anzahl nicht bestellt oder

8. als Betreiber entgegen § 26 Abs. 3 nicht sicherstellt, dass Selbsthilfekräfte für den Brandschutz in der erforderlichen Anzahl während der Betriebszeit anwesend sind.

§ 33
Übergangsvorschriften

Auf die im Zeitpunkt des Inkrafttretens dieser Verordnung bestehenden Verkaufsstätten sind § 13 Abs. 4 und 5 sowie die §§ 24 bis 27 anzuwenden.

§ 34
Inkrafttreten

Diese Verordnung tritt 14 Tage nach ihrer Verkündung in Kraft.

2.10
Niedersächsische Versammlungsstättenverordnung (NVStättVO)[1)]

i.d.F. der Bek. vom 8.11.2004 (Nds. GVBl. S. 426),
geändert durch Art. 1 V vom 22.4.2005 (Nds. GVBl. S. 126)

Aufgrund des § 71 Abs. 2 Satz 2 sowie der §§ 87 und 95 Abs. 2 und 3 der Niedersächsischen Bauordnung in der Fassung vom 10. Februar 2003 (Nds. GVBl. S. 89) wird verordnet:

Inhaltsverzeichnis

TEIL 1
Allgemeine Vorschriften

TEIL 2
Allgemeine Bauvorschriften

ABSCHNITT 1
Bauteile und Baustoffe

ABSCHNITT 2
Rettungswege

[1)] Die Verpflichtungen aus der Richtlinie 98/34/EG des Europäischen Parlaments und des Rates vom 22. Juni 1998 über ein Informationsverfahren auf dem Gebiet der Normen und technischen Vorschriften (ABl. EG Nr. L 204 S. 37), zuletzt geändert durch die Richtlinie 98/48/EG des Europäischen Parlaments und des Rates vom 20. Juli 1998 (ABl. EG Nr. L 217 S. 18), sind beachtet worden.

TEIL 1

Allgemeine Vorschriften

§ 1
Anwendungsbereich

(1) Die Vorschriften dieser Verordnung gelten für den Bau und Betrieb von

1. Versammlungsstätten

    a) mit Versammlungsräumen, die einzeln mehr als 200 Besucherinnen und Besucher fassen, oder

b) mit mehreren Versammlungsräumen, die insgesamt mehr als 200 Besucherinnen und Besucher fassen und einen gemeinsamen Rettungsweg haben,

2. Versammlungsstätten im Freien, die Szenenflächen haben und deren Besucherbereich mehr als 1000 Besucherinnen und Besucher fasst und ganz oder teilweise aus baulichen Anlagen besteht, sowie

3. Versammlungsstätten in Form von Sportstadien, die mehr als 5000 Besucherinnen und Besucher fassen.

(2) ¹Die Besucherkapazität ist wie folgt zu bemessen:

1. für Sitzplätze an Tischen:

   eine Person je m² Grundfläche des Versammlungsraumes,

2. für Sitzplätze in Reihen und für Stehplätze:

   zwei Personen je m² Grundfläche des Versammlungsraumes,

3. für Stehplätze auf Stufenreihen:

   zwei Personen je laufenden Meter Stufenreihe,

4. bei Ausstellungsräumen:

   eine Person je m² Grundfläche des Versammlungsraumes.

²Für Besucherinnen und Besucher nicht zugängliche Flächen und die Flächen der Rettungswege werden in die Berechnung nicht einbezogen. ³Für Versammlungsstätten im Freien und für Sportstadien gilt Satz 1 Nrn. 1 und 2 und Satz 2 entsprechend.

(3) Die Vorschriften dieser Verordnung gelten nicht für

1. Räume, die dem Gottesdienst gewidmet sind,

2. Unterrichtsräume in allgemein bildenden und in berufsbildenden Schulen,

3. Seminarräume in Hochschulen, wenn sie keinen Rettungsweg gemeinsam mit Versammlungsräumen nach Absatz 1 Nr. 1 haben und einzeln nicht mehr als 75 Besucherinnen und Besucher fassen,

4. Räume, die zum Verzehr von Speisen und Getränken bestimmt sind und weder einzeln noch insgesamt mehr als 400 Besucherinnen und Besucher fassen,

5. Ausstellungsräume in Museen und

6. Fliegende Bauten.

(4) Bauprodukte, Bauarten und Prüfverfahren, die den in Vorschriften anderer Vertragsstaaten des Abkommens über den Europäischen Wirtschaftsraum genannten technischen Anforderungen entsprechen,

dürfen verwendet oder angewendet werden, wenn das geforderte Schutzniveau in Bezug auf Sicherheit, Gesundheit und Gebrauchstauglichkeit gleichermaßen dauerhaft erreicht und die Verwendbarkeit nachgewiesen wird.

§ 2
Begriffe

(1) Versammlungsstätten sind bauliche Anlagen oder Teile baulicher Anlagen, die für die gleichzeitige Anwesenheit vieler Menschen bei Veranstaltungen bestimmt sind, sowie Schank- und Speisewirtschaften.

(2) Erdgeschossige Versammlungsstätten sind Gebäude mit nur einem Geschoss ohne Ränge und Emporen, dessen Fußboden an keiner Stelle mehr als 1 m unter der Geländeoberfläche liegt; Geschosse, die ausschließlich der Unterbringung technischer Anlagen und Einrichtungen dienen, bleiben außer Betracht.

(3) [1]Versammlungsräume sind Räume für Veranstaltungen oder für den Verzehr von Speisen oder Getränken. [2]Hierzu gehören auch Aulen und Foyers, Vortrags- und Hörsäle sowie Studios.

(4) Szenenflächen sind Flächen für Darbietungen; für Darbietungen bestimmte Flächen unter 20 m² gelten nicht als Szenenflächen.

(5) Eine Bühne ist der hinter einer Bühnenöffnung liegende Raum mit Szenenflächen, wobei zur Bühne die Hauptbühne sowie die Hinter- und Seitenbühnen einschließlich der jeweils zugehörigen Ober- und Unterbühnen zählen.

(6) Eine Bühnenöffnung ist die Öffnung in der Trennwand zwischen der Hauptbühne und dem Versammlungsraum.

(7) Eine Großbühne ist eine Bühne

1.   mit einer Szenenfläche hinter der Bühnenöffnung von mehr als 200 m²,

2.   mit einer Oberbühne mit einer lichten Höhe von mehr als 2,5 m über der Bühnenöffnung oder

3.   mit einer Unterbühne.

(8) Die Unterbühne ist der begehbare Teil des Bühnenraumes unter dem Bühnenboden, der zur Unterbringung einer Untermaschinerie geeignet ist.

(9) Die Oberbühne ist der Teil des Bühnenraumes über der Bühnenöffnung, der zur Unterbringung einer Obermaschinerie geeignet ist.

(10) In einer Versammlungsstätte mit einer Großbühne ist

1. das Zuschauerhaus der Gebäudeteil, der die Versammlungsräume und die mit ihnen in baulichem Zusammenhang stehenden Räume umfasst, und

2. das Bühnenhaus der Gebäudeteil, der die Bühnen und die mit ihnen in baulichem Zusammenhang stehenden Räume umfasst.

(11) Mehrzweckhallen sind überdachte Versammlungsstätten für verschiedene Veranstaltungsarten.

(12) Studios sind Produktionsstätten für Film-, Fernseh- und Hörfunkproduktionen mit Besucherplätzen.

(13) Foyers sind Empfangs- und Pausenräume für Besucherinnen und Besucher von Veranstaltungen.

(14) Ausstattungen sind Bestandteile von Bühnen- oder Szenenbildern, insbesondere Wand-, Fußboden- und Deckenelemente, Bildwände und Treppen.

(15) Requisiten sind bewegliche Einrichtungsgegenstände von Bühnen- oder Szenenbildern, insbesondere Möbel, Leuchten, Bilder und Geschirr.

(16) Ausschmückungen sind vorübergehend eingebrachte Dekorationsgegenstände, insbesondere Drapierungen, Girlanden, Fahnen und Pflanzenschmuck.

(17) Sportstadien sind Versammlungsstätten mit Tribünen für Besucherinnen und Besucher und mit nicht überdachten Sportflächen.

(18) Tribünen sind bauliche Anlagen mit ansteigenden Reihen mit Steh- oder Sitzplätzen (Stufenreihen) für Besucherinnen und Besucher.

(19) Innenbereich ist die von Tribünen begrenzte Sportfläche oder Fläche für Darbietungen.

TEIL 2

Allgemeine Bauvorschriften

ABSCHNITT 1

Bauteile und Baustoffe

§ 3

Bauteile

(1) ¹Tragende und aussteifende Bauteile müssen feuerbeständig, in erdgeschossigen Versammlungsstätten mindestens feuerhemmend

sein. [2]Satz 1 gilt nicht für erdgeschossige Versammlungsstätten mit automatischen Feuerlöschanlagen.

(2) Außenwände mehrgeschossiger Versammlungsstätten müssen aus nichtbrennbaren Baustoffen bestehen.

(3) Trennwände zwischen Versammlungsräumen und anders genutzten Räumen müssen feuerbeständig, in erdgeschossigen Versammlungsstätten mindestens feuerhemmend sein; dies gilt auch für Trennwände zu Bühnen, jedoch nicht für Trennwände zu notwendigen Fluren.

(4) [1]Trennwände zwischen Räumen mit besonderen Brandgefahren, wie Werkstätten und Lagerräumen, sowie zwischen solchen Räumen und anders genutzten Räumen müssen feuerbeständig sein. [2]Feuerbeständig müssen auch die Trennwände und Decken von Räumen unter Tribünen und Podien in Versammlungsräumen sein.

(5) [1]Der Fußboden von Szenenflächen muss fugendicht sein; betriebsbedingte Öffnungen sind zulässig. [2]Die Unterkonstruktion des Fußbodens von Szenenflächen muss mit Ausnahme von Lagerhölzern aus nichtbrennbaren Baustoffen bestehen. [3]Räume unter dem Fußboden von Szenenflächen, die nicht zu einer Unterbühne gehören, müssen feuerbeständige Wände und Decken haben.

(6) Die Unterkonstruktion der Fußböden von Tribünen und Podien, die veränderbare Einbauten in Versammlungsräumen sind, muss aus nichtbrennbaren Baustoffen bestehen; dies gilt nicht für Podien mit insgesamt weniger als 20 m² Fläche.

(7) Veränderbare Einbauten müssen so hergestellt und eingebaut sein, dass sie in ihrer Standsicherheit nicht durch dynamische Schwingungen gefährdet werden können.

§ 4
Dächer

(1) [1]Tragwerke von Dächern, die den oberen Abschluss von Räumen einer Versammlungsstätte bilden oder die von diesen Räumen nicht durch feuerbeständige Bauteile getrennt sind, müssen feuerhemmend sein. [2]Tragwerke von Dächern über Tribünen und Szenenflächen im Freien müssen mindestens feuerhemmend sein oder aus nichtbrennbaren Baustoffen bestehen. [3]Satz 1 gilt nicht für Versammlungsstätten mit automatischen Feuerlöschanlagen.

(2) [1]Bedachungen, ausgenommen Dachhaut und Dampfsperre, müssen bei Dächern, die den oberen Abschluss von Räumen der Versammlungsstätten bilden oder die von diesen Räumen nicht durch feuer-

beständige Bauteile getrennt sind, aus nichtbrennbaren Baustoffen bestehen. ²Satz 1 gilt nicht für Bedachungen über einem Raum mit weniger als 1000 m² Grundfläche.

(3) ¹Lichtdurchlässige Bedachungen über Versammlungsräumen müssen aus nichtbrennbaren Baustoffen bestehen. ²Bei Versammlungsräumen mit automatischen Feuerlöschanlagen genügen schwerentflammbare Baustoffe, die nicht brennend abtropfen können.

§ 5
Dämmstoffe, Verkleidungen, Unterdecken und Bodenbeläge

(1) Dämmstoffe müssen aus nichtbrennbaren Baustoffen bestehen.

(2) ¹Verkleidungen an Wänden in Versammlungsräumen müssen aus mindestens schwerentflammbaren Baustoffen bestehen. ²In Versammlungsräumen mit nicht mehr als 1000 m² Grundfläche sind geschlossene nicht hinterlüftete Holzverkleidungen zulässig.

(3) ¹Unterdecken und Verkleidungen an Decken in Versammlungsräumen müssen aus nichtbrennbaren Baustoffen bestehen. ²In Versammlungsräumen mit nicht mehr als 1000 m² Grundfläche sind Verkleidungen aus mindestens schwerentflammbaren Baustoffen und geschlossene nicht hinterlüftete Holzverkleidungen zulässig.

(4) In Foyers, durch die Rettungswege aus anderen Versammlungsräumen führen, in notwendigen Treppenräumen, in Räumen zwischen einem notwendigen Treppenraum und dem Ausgang ins Freie sowie in notwendigen Fluren müssen Verkleidungen und Unterdecken aus nichtbrennbaren Baustoffen bestehen.

(5) Verkleidungen und Unterdecken, die mindestens schwerentflammbar sein müssen, dürfen nicht brennend abtropfen können.

(6) ¹Unterkonstruktionen, Halterungen und Befestigungen von Verkleidungen und Unterdecken nach den Absätzen 2 bis 4 müssen aus nichtbrennbaren Baustoffen bestehen; in den Hohlräumen hinter Verkleidungen und Unterdecken aus brennbaren Baustoffen dürfen Kabel und Leitungen nur in Installationsschächten oder Installationskanälen aus nichtbrennbaren Baustoffen verlegt sein. ²Satz 1 Halbsatz 1 gilt nicht für Versammlungsräume mit nicht mehr als 100 m² Grundfläche.

(7) ¹In notwendigen Treppenräumen und in Räumen zwischen einem notwendigen Treppenraum und dem Ausgang ins Freie müssen Bodenbeläge nichtbrennbar sein. ²In Foyers, durch die Rettungswege aus anderen Versammlungsräumen führen, und in notwendigen Fluren müssen Bodenbeläge mindestens schwerentflammbar sein.

ABSCHNITT 2

Rettungswege

§ 6
Führung der Rettungswege

(1) [1]Rettungswege müssen ins Freie zu öffentlichen Verkehrsflächen führen. [2]Zu den Rettungswegen von Versammlungsstätten gehören insbesondere die vorgeschriebenen und frei zu haltenden Gänge und Stufengänge, die Ausgänge aus Versammlungsräumen, die notwendigen Flure, die notwendigen Treppen und die Treppenräume notwendiger Treppen (notwendige Treppenräume), die Ausgänge ins Freie, die als Rettungsweg dienenden Balkone, Dachterrassen und Außentreppen sowie die Rettungswege im Freien auf dem Grundstück.

(2) [1]In Versammlungsstätten muss jedes Geschoss mit einem Aufenthaltsraum und jede Tribüne mindestens zwei voneinander unabhängige bauliche Rettungswege haben. [2]Es ist zulässig, zwei Rettungswege innerhalb des Geschosses durch einen gemeinsamen notwendigen Flur zu führen. [3]Rettungswege dürfen über Balkone, Dachterrassen und Außentreppen auf das Grundstück führen, wenn sie im Gefahrenfall sicher begehbar sind.

(3) Rettungswege dürfen nur dann durch Foyers oder Hallen zu Ausgängen ins Freie führen, wenn für jedes Geschoss mindestens ein weiterer von dem Foyer oder der Halle unabhängiger baulicher Rettungsweg vorhanden ist.

(4) Versammlungsstätten müssen für jedes Geschoss mit mehr als 800 Besucherplätzen nur diesem Geschoss zugeordnete Rettungswege haben.

(5) Versammlungsräume und sonstige Aufenthaltsräume mit mehr als 100 m² Grundfläche müssen jeweils mindestens zwei möglichst weit auseinander und entgegengesetzt liegende Ausgänge ins Freie oder zu Rettungswegen haben.

(6) Ausgänge und Rettungswege müssen durch Sicherheitszeichen dauerhaft und gut sichtbar gekennzeichnet sein.

§ 7
Bemessung der Rettungswege

(1) [1]Die Entfernung von jedem Besucherplatz bis zum nächsten Ausgang des Versammlungsraumes oder der Tribüne darf nicht größer als 30 m sein. [2]Bei mehr als 5 m lichter Höhe vergrößert sich je 2,5 m zusätzlicher lichter Höhe über der Ebene, von der Rauch abzuleiten ist,

die zulässige Entfernung für diesen Bereich um 5 m. ³Eine Entfernung von 60 m bis zum nächsten Ausgang darf nicht überschritten sein. ⁴Die Entfernung wird in der Lauflinie gemessen.

(2) ¹Die Entfernung von jeder Stelle einer Bühne bis zu deren nächstem Ausgang darf nicht größer als 30 m sein. ²Gänge zwischen den Wänden der Bühne und einem Rundhorizont oder den Dekorationen müssen eine lichte Breite von 1,20 m haben; in Großbühnen müssen solche Gänge vorhanden sein.

(3) Die Entfernung von jeder Stelle eines notwendigen Flures oder eines Foyers bis zum Ausgang ins Freie oder zu einem notwendigen Treppenraum darf nicht größer als 30 m sein.

(4) ¹Die Breite der Rettungswege ist nach der größtmöglichen Zahl der darauf angewiesenen Personen zu bemessen. ²Die lichte Breite eines teils eines Rettungsweges muss bei Versammlungsstätten im Freien und Sportstadien 0,60 m je 300 und bei sonstigen Versammlungsstätten 0,60 m je 100 der auf den Rettungsweg angewiesenen Personen betragen, mindestens jedoch 1,20 m. ³Bei Ausgängen aus Aufenthaltsräumen mit nicht mehr als 200 m² Grundfläche und bei Rettungswegen im Bühnenhaus genügt eine lichte Breite von 0,90 m. ⁴Für Rettungswege von Arbeitsgalerien genügt eine Breite von 0,80 m.

(5) ¹Ausstellungshallen müssen durch Gänge so unterteilt sein, dass die Tiefe der zur Aufstellung von Ausstellungsständen bestimmten Grundflächen (Ausstellungsflächen) nicht mehr als 30 m beträgt. ²Die Entfernung von jeder Stelle auf einer Ausstellungsfläche bis zu einem Gang darf nicht größer als 20 m sein; sie wird auf die nach Absatz 1 bemessene Entfernung nicht angerechnet. ³Die Gänge müssen auf möglichst geradem Weg zu entgegengesetzt liegenden Ausgängen führen. ⁴Die lichte Breite der Gänge und der zugehörigen Ausgänge muss mindestens 3,00 m betragen.

§ 8
Treppen

(1) Eine nach § 6 Abs. 4 einem einzelnen Geschoss besonders zugeordnete notwendige Treppe darf mit Treppen für andere Geschosse durch einen gemeinsamen notwendigen Treppenraum geführt werden.

(2) ¹Notwendige Treppen müssen feuerbeständig sein. ²Für notwendige Treppen in notwendigen Treppenräumen oder als Außentreppen genügen nichtbrennbare Baustoffe. ³Für notwendige Treppen von Tribünen und Podien als veränderbare Einbauten genügen Stufen aus

Holz und im Übrigen nichtbrennbare Baustoffe. [4]Die Sätze 1 bis 3 gelten nicht für notwendige Treppen von Ausstellungsständen.

(3) Die lichte Breite notwendiger Treppen darf nicht mehr als 2,40 m betragen.

(4) [1]Notwendige Treppen und dem allgemeinen Besucherverkehr dienende Treppen müssen auf beiden Seiten feste und griffsichere Handläufe ohne freie Enden haben. [2]Die Handläufe müssen über Treppenabsätze fortgeführt sein.

(5) Notwendige Treppen und dem allgemeinen Besucherverkehr dienende Treppen müssen geschlossene Trittstufen haben; dies gilt nicht für Außentreppen.

(6) Wendeltreppen sind als dem allgemeinen Besucherverkehr dienende Treppen unzulässig.

§ 9
Türen und Tore

(1) Türen und Tore in Trennwänden, die feuerbeständig sein müssen, sowie in inneren Brandwänden müssen mindestens feuerhemmend, rauchdicht und selbstschließend sein.

(2) Türen und Tore in Trennwänden, die feuerhemmend sein müssen, müssen mindestens rauchdicht und selbstschließend sein.

(3) [1]Türen in Rettungswegen müssen in Fluchtrichtung aufschlagen und dürfen keine Schwellen haben. [2]Während des Aufenthaltes von Personen in der Versammlungsstätte müssen die Türen in den jeweiligen Rettungswegen jederzeit von innen leicht und in voller Breite geöffnet werden können.

(4) [1]Schiebetüren sind in Rettungswegen unzulässig, dies gilt nicht für automatische Schiebetüren, die die Rettungswege nicht beeinträchtigen. [2]Pendeltüren müssen in Rettungswegen Vorrichtungen haben, die ein Durchpendeln der Türen verhindern.

(5) Türen, die selbstschließend sein müssen, dürfen offen gehalten werden, wenn sie Einrichtungen haben, die bei Raucheinwirkung ein selbsttätiges Schließen der Türen bewirken; sie müssen auch von Hand geschlossen werden können.

(6) Mechanische Vorrichtungen zur Vereinzelung oder Zählung von Besucherinnen und Besuchern, wie Drehtüren oder -kreuze, sind in Rettungswegen unzulässig; dies gilt nicht für mechanische Vorrichtungen, die im Gefahrenfall von innen leicht und in voller Breite geöffnet werden können.

ABSCHNITT 3
Besucherplätze und Einrichtungen für Besucherinnen und Besucher

§ 10
Bestuhlung, Gänge und Stufengänge

(1) [1]In Reihen angeordnete Sitzplätze müssen unverrückbar befestigt sein; sind Stühle nur vorübergehend aufgestellt, so genügt es, wenn sie in den einzelnen Reihen fest miteinander verbunden sind. [2]Satz 1 gilt nicht für Gaststätten und Kantinen sowie in sonstigen Versammlungsstätten nicht für abgegrenzte Bereiche, wie Logen, mit bis zu 20 Sitzplätzen und ohne Stufen.

(2) In Versammlungsstätten mit mehr als 5000 Besucherplätzen müssen Sitzplatzbereiche auf Tribünen unverrückbar befestigte Einzelsitze haben.

(3) [1]Sitzplätze müssen mindestens 0,50 m breit sein. [2]Zwischen Sitzplatzreihen muss eine lichte Durchgangsbreite von mindestens 0,40 m vorhanden sein.

(4) [1]Sitzplätze müssen in Blöcken von höchstens 30 Sitzplatzreihen angeordnet sein. [2]Hinter und zwischen den Blöcken müssen Gänge mit einer Mindestbreite von 1,20 m vorhanden sein. [3]Die Gänge müssen auf möglichst kurzem Weg zum Ausgang führen.

(5) [1]Seitlich eines Ganges dürfen in einer Reihe höchstens 10 Sitzplätze, bei Versammlungsstätten im Freien und Sportstadien höchstens 20 Sitzplätze angeordnet sein. [2]Zwischen zwei Seitengängen dürfen in einer Reihe höchstens 20 Sitzplätze, bei Versammlungsstätten im Freien und Sportstadien höchstens 40 Sitzplätze angeordnet sein. [3]In Versammlungsräumen dürfen zwischen zwei Seitengängen in einer Reihe bis zu 50 Sitzplätze angeordnet sein, wenn auf jeder Seite des Versammlungsraumes für jeweils vier Sitzreihen eine Tür mit einer lichten Breite von mindestens 1,20 m angeordnet ist.

(6) [1]Von jedem Tischplatz darf der Weg zu einem Gang nicht länger als 10 m sein. [2]Der Abstand von Tisch zu Tisch soll 1,50 m nicht unterschreiten.

(7) [1]In Versammlungsstätten müssen für Benutzerinnen und Benutzer von Rollstühlen mindestens eins vom Hundert der Besucherplätze, mindestens jedoch zwei Plätze auf ebenen Standflächen vorhanden sein. [2]Den Plätzen für Benutzerinnen und Benutzer von Rollstühlen müssen Besucherplätze für Begleitpersonen zugeordnet sein. [3]Die Plätze für Benutzerinnen und Benutzer von Rollstühlen und die Wege zu ihnen müssen durch Hinweisschilder gut sichtbar gekennzeichnet sein.

(8) ¹Stufen in Gängen (Stufengänge) müssen eine Steigung von mindestens 0,10 m und höchstens 0,19 m und einen Auftritt von mindestens 0,26 m haben. ²Der Fußboden des Durchganges zwischen Sitzplatzreihen und der Fußboden von Stehplatzreihen muss mit dem anschließenden Auftritt des Stufenganges auf einer Höhe liegen. ³Stufengänge in Mehrzweckhallen mit mehr als 5000 Besucherplätzen und in Sportstadien müssen sich durch farbliche Kennzeichnung von den umgebenden Flächen deutlich abheben.

§ 11
Abschrankungen und Schutzvorrichtungen

(1) ¹Zum Begehen bestimmte Flächen und Treppen in Versammlungsstätten sowie Verkehrsflächen auf dem Baugrundstück müssen umwehrt sein, wenn sie mehr als 0,20 m tiefer liegenden Flächen benachbart sind und soweit sie nicht durch Stufengänge oder Rampen mit der tiefer liegenden Fläche verbunden sind. ²Satz 1 ist nicht anzuwenden auf

1. Bühnen- und Szenenflächen an den Besucherplätzen zugewandten Seiten,

2. Stufen von Sitzplatz- oder Stehplatzreihen, wenn die Stufenfläche nicht mehr als 0,50 m über der davor liegenden Stufenfläche oder über dem Fußboden des Versammlungsraumes liegt, und

3. Stufen von Sitzplatzreihen, wenn die Rückenlehnen der davor liegenden Sitze die Stufenfläche um mindestens 0,65 m überragen.

(2) Abschrankungen, wie Umwehrungen, Geländer, Wellenbrecher, Zäune, Absperrgitter und Glaswände, müssen mindestens 1,10 m hoch sein.

(3) ¹Für Umwehrungen nach Absatz 1 genügt bei einer Absturzhöhe bis zu 12 m eine Höhe von 1 m; vor Sitzplatzreihen genügt unabhängig von der Absturzhöhe eine Höhe von 0,90 m, bei mindestens 0,20 m Breite der Brüstung eine Höhe von 0,80 m und bei mindestens 0,50 m Breite eine Höhe von 0,70 m. ²Liegt die Stufenfläche nicht mehr als 1 m über der davor liegenden Stufenfläche oder über dem Fußboden des Versammlungsraumes, so genügt vor Sitzplätzen auf Stufenreihen eine Höhe von 0,65 m.

(4) Abschrankungen in den für Besucherinnen und Besucher zugänglichen Bereichen müssen so bemessen sein, dass sie dem Druck einer Personengruppe standhalten.

(5) Die Fußböden und Stufen von Tribünen, Podien, Bühnen oder Szenenflächen dürfen keine Öffnungen haben, durch die Personen abstürzen können.

(6) [1]Spielfelder, Manegen, Fahrbahnen für den Rennsport und Reitbahnen müssen durch Abschrankungen, Netze oder andere Vorrichtungen so gesichert sein, dass Besucherinnen und Besucher durch die Darbietung oder den Betrieb auf dem Spielfeld, in der Manege oder auf der Bahn nicht gefährdet werden. [2]Besucherplätze müssen ohne Betreten von Fahrbahnen für den Rennsport erreicht werden können. [3]Für Darbietungen und den Betrieb technischer Einrichtungen im Luftraum über Besucherplätzen gilt Satz 1 entsprechend.

§ 12
Toiletten

(1) [1]Versammlungsstätten müssen getrennte Toilettenräume für Frauen und Männer haben. [2]Toiletten sollen in jedem Geschoss angeordnet werden. [3]Es sollen mindestens vorhanden sein für:

Besucherplätze	für Frauen	für Männer	
	Toiletten-becken	Toiletten-becken	Urinalbecken
bis 1000 je 100	1,2	0,8	1,2
über 1000 je weitere 100	0,8	0,4	0,6
über 20 000 je weitere 100	0,4	0,3	0,6.

[4]Die ermittelten Zahlen sind auf ganze Zahlen aufzurunden. [5]Soweit die Aufteilung der Toilettenräume auf Frauen und Männer nach der Art der Veranstaltung nicht zweckmäßig ist, kann für die Dauer der Veranstaltung eine andere Aufteilung erfolgen, wenn die Toilettenräume entsprechend gekennzeichnet werden. [6]Auf dem Gelände der Versammlungsstätte oder in der Nähe vorhandene Toiletten können angerechnet werden, wenn sie für die Besucherinnen und Besucher der Versammlungsstätte zugänglich sind.

(2) Je angefangene zehn Plätze für Benutzerinnen und Benutzer von Rollstühlen muss eine stufenlos erreichbare Toilette vorhanden sein.

(3) Jeder Toilettenraum muss einen Vorraum mit Waschbecken haben.

§ 13
Einstellplätze für Menschen mit Behinderungen

[1]Für die Kraftfahrzeuge von Menschen mit Behinderungen müssen mindestens halb so viele Einstellplätze vorhanden sein, wie nach § 10 Abs. 7 Satz 1 Plätze für Benutzerinnen und Benutzer von Rollstühlen erforderlich sind. [2]Auf diese Einstellplätze muss dauerhaft und leicht erkennbar hingewiesen sein.

ABSCHNITT 4
Technische Einrichtungen

§ 14
Sicherheitsstromversorgung, elektrische Anlagen und Blitzschutzanlagen

(1) Versammlungsstätten müssen eine Anlage für die Sicherheitsstromversorgung haben, die bei Ausfall der allgemeinen Stromversorgung den Betrieb der sicherheitstechnischen Anlagen und Einrichtungen mit elektrischer Energie übernimmt, insbesondere der

1. Anlagen der Sicherheitsbeleuchtung,

2. automatischen Feuerlöschanlagen und Druckerhöhungsanlagen für die Löschwasserversorgung,

3. Rauchabzugsanlagen,

4. Brandmeldeanlagen und

5. Alarmierungsanlagen.

(2) In Versammlungsstätten für verschiedene Veranstaltungsarten, müssen bauliche Vorkehrungen, wie Installationsschächte und -kanäle oder Abschottungen, vorhanden sein, damit Kabel und Leitungen vorübergehend so verlegt werden können, dass sich Feuer und Rauch nicht ausbreiten können und die sichere Begehbarkeit der Rettungswege nicht beeinträchtigt wird.

(3) Elektrische Schaltanlagen dürfen für Besucherinnen und Besucher nicht zugänglich sein.

(4) Versammlungsstätten müssen Blitzschutzanlagen haben, die auch die sicherheitstechnischen Einrichtungen schützen.

§ 15
Sicherheitsbeleuchtung

(1) In Versammlungsstätten muss eine Sicherheitsbeleuchtung vorhanden sein, die so beschaffen ist, dass sich Besucherinnen und Besucher, Mitwirkende und Betriebsangehörige auch bei vollständigem Versagen der allgemeinen Beleuchtung bis zu öffentlichen Verkehrsflächen hin gut zurechtfinden und Arbeitsvorgänge auf Bühnen und Szenenflächen sicher durchgeführt werden können.

(2) Eine Sicherheitsbeleuchtung muss vorhanden sein

1. in notwendigen Treppenräumen, in Räumen zwischen einem notwendigen Treppenraum und dem Ausgang ins Freie sowie in notwendigen Fluren,

2. in Versammlungsräumen und in allen übrigen Räumen für Besucherinnen und Besucher,

3. für Bühnen und Szenenflächen,

4. in Räumen für Mitwirkende und Beschäftigte mit mehr als 20 m² Grundfläche, ausgenommen Büroräume,

5. in elektrischen Betriebsräumen, in Räumen für haustechnische Anlagen sowie in Scheinwerfer- und Bildwerferräumen,

6. in Versammlungsstätten im Freien und Sportstadien, die während der Dunkelheit benutzt werden,

7. für Sicherheitszeichen von Ausgängen und Rettungswegen und

8. für Stufen, die beleuchtet sein müssen.

(3) ¹In Versammlungsräumen, die während des Betriebs verdunkelt werden, auf Bühnen und auf Szenenflächen muss eine Sicherheitsbeleuchtung in Bereitschaftsschaltung vorhanden sein. ²Die Ausgänge, Gänge und Stufen in Versammlungsräumen müssen auch bei Verdunklung unabhängig von der übrigen Sicherheitsbeleuchtung erkennbar sein. ³In Versammlungsräumen mit auswechselbarer Bestuhlung sowie in Sportstadien mit Sicherheitsbeleuchtung ist eine gesonderte Beleuchtung der Stufen nicht erforderlich.

§ 16
Rauchableitung

(1) Aus Versammlungsräumen und sonstigen Aufenthaltsräumen mit mehr als 200 m² Grundfläche, Versammlungsräumen in Kellergeschossen, Bühnen und notwendigen Treppenräumen muss Rauch abgeleitet werden können.

(2) Für das Ableiten von Rauch aus Versammlungsräumen und sonstigen Aufenthaltsräumen mit nicht mehr als 1000 m² Grundfläche genügen Öffnungen zur Rauchableitung mit einer freien Öffnungsfläche von insgesamt eins vom Hundert der Grundfläche, Fenster oder Türen mit einer freien Öffnungsfläche von insgesamt zwei vom Hundert der Grundfläche oder maschinelle Rauchabzugsanlagen mit einem Luftvolumenstrom von 36 m³/h je m² Grundfläche.

(3) Für die Entrauchung von Versammlungsräumen und sonstigen Aufenthaltsräumen mit mehr als 1000 m² Grundfläche sowie von Bühnen müssen Rauchabzugsanlagen vorhanden sein, die so bemessen sind, dass sie eine raucharme Schicht von mindestens 2,50 m Höhe auf allen zu entrauchenden Ebenen, bei Bühnen jedoch mindestens eine raucharme Schicht von der Höhe der Bühnenöffnung ermöglichen.

(4) Notwendige Treppenräume müssen Öffnungen zur Rauchableitung mit einer freien Öffnungsfläche von mindestens 1 m² haben.

(5) [1]Öffnungen zur Rauchableitung sollen an der höchsten Stelle des Raumes liegen und müssen unmittelbar ins Freie führen. [2]Die Rauchableitung über Schächte mit einem strömungstechnisch äquivalenten Querschnitt ist zulässig, wenn die Wände der Schächte die Anforderungen nach § 3 Abs. 3 erfüllen. [3]Die Austrittsöffnungen müssen mindestens 0,25 m über der Dachfläche liegen. [4]Fenster und Türen, die auch der Rauchableitung dienen, müssen im oberen Drittel einer Außenwand der Ebene, von der Rauch abzuleiten ist, angeordnet sein.

(6) Abschlüsse von Öffnungen zur Rauchableitung von Bühnen mit Schutzvorhang müssen bei einem Überdruck von 350 Pa selbsttätig öffnen; eine automatische Auslösung durch Temperaturmelder ist zulässig.

(7) [1]Maschinelle Rauchabzugsanlagen müssen für eine Betriebszeit von 30 Minuten bei einer Rauchgastemperatur von 300 °C ausgelegt sein. [2]Maschinelle Lüftungsanlagen können als maschinelle Rauchabzugsanlagen betrieben werden, wenn sie die an diese gestellten Anforderungen erfüllen.

(8) [1]Vorrichtungen zum Öffnen von Fenstern, die der Rauchableitung dienen, oder zum Öffnen oder Einschalten von Rauchabzugsanlagen oder der Abschlüsse von Öffnungen zur Rauchableitung müssen von einer jederzeit zugänglichen Stelle im Raum aus leicht bedient werden können. [2]Bei notwendigen Treppenräumen muss die Vorrichtung zum Öffnen von jedem Geschoss aus leicht bedient werden können.

(9) [1]An jeder Bedienungsstelle muss ein Hinweisschild mit dem Wort „Rauchabzug" und der Bezeichnung des jeweiligen Raumes

vorhanden sein. ²An der Bedienungsvorrichtung muss die Betriebsstellung der Anlage oder Öffnung erkennbar sein.

§ 17
Heizungsanlagen und Lüftungsanlagen

(1) ¹Heizungsanlagen in Versammlungsstätten müssen fest eingebaut sein. ²Sie müssen so angeordnet sein, dass von Personen, brennbaren Bauprodukten und brennbarem Material ausreichende Abstände eingehalten werden und keine Beeinträchtigungen durch Abgase entstehen.

(2) Versammlungsräume mit mehr als 200 m² Grundfläche müssen Lüftungsanlagen haben.

§ 18
Stände und Arbeitsgalerien für Licht-, Ton-, Bild- oder Regieanlagen

(1) ¹Stände und Arbeitsgalerien für den Betrieb von Licht-, Ton-, Bild- oder Regieanlagen, wie Schnürböden, Beleuchtungstürme oder Arbeitsbrücken, müssen aus nichtbrennbaren Baustoffen bestehen. ²Der Abstand zwischen dem Boden von Arbeitsgalerien und Raumdecken muss mindestens 2 m betragen.

(2) ¹Von einer Arbeitsgalerie müssen mindestens zwei Rettungswege erreichbar sein. ²Jede Arbeitsgalerie einer Hauptbühne muss auf beiden Seiten der Hauptbühne einen Ausgang zu Rettungswegen außerhalb des Bühnenraumes haben.

(3) Öffnungen in Arbeitsgalerien müssen so gesichert sein, dass weder Personen noch Gegenstände herabfallen können.

§ 19
Feuerlöscheinrichtungen und -anlagen

(1) ¹Versammlungsräume, Bühnen, Foyers, Werkstätten, Lagerräume und notwendige Flure müssen jeweils mit Feuerlöschern in ausreichender Zahl ausgestattet sein. ²Die Feuerlöscher müssen gut sichtbar und leicht zugänglich angebracht sein.

(2) In Versammlungsstätten mit Versammlungsräumen von insgesamt mehr als 1000 m² Grundfläche müssen Wandhydranten in ausreichender Zahl gut sichtbar und leicht zugänglich angebracht sein.

(3) Versammlungsstätten mit Versammlungsräumen von insgesamt mehr als 3600 m² Grundfläche müssen eine automatische Feuerlösch-

anlage haben; dies gilt nicht für Versammlungsstätten, deren Versammlungsräume jeweils nicht mehr als 400 m² Grundfläche haben.

(4) Foyers oder Hallen, durch die Rettungswege aus anderen Versammlungsräumen mit jeweils mehr als 400 m² Grundfläche führen, müssen eine automatische Feuerlöschanlage haben.

(5) Versammlungsräume, bei denen eine Fußbodenebene höher als 22 m über der Geländeoberfläche liegt, sind nur in Gebäuden mit automatischer Feuerlöschanlage zulässig.

(6) [1]Versammlungsräume in Kellergeschossen müssen eine automatische Feuerlöschanlage haben. [2]Dies gilt nicht für Versammlungsräume im ersten Untergeschoss, die nicht mehr als 200 m² Grundfläche haben und deren Fußboden an keiner Stelle mehr als 5 m unter der Geländeoberfläche liegt.

(7) In Versammlungsräumen müssen offene Küchen oder ähnliche Einrichtungen mit einer Grundfläche von mehr als 30 m² eine automatische Feuerlöschanlage haben.

(8) Die Wirkung automatischer Feuerlöschanlagen darf durch überdeckte oder mehrgeschossige Ausstellungs- oder Dienstleistungsstände nicht beeinträchtigt werden.

(9) Automatische Feuerlöschanlagen müssen an eine Brandmelderzentrale angeschlossen sein.

§ 20
Brandmelde- und Alarmierungsanlagen, Brandmelder- und Alarmzentrale, Brandfallsteuerung der Aufzüge

(1) Versammlungsstätten mit Versammlungsräumen von insgesamt mehr als 1000 m² Grundfläche müssen Brandmeldeanlagen mit automatischen und nicht automatischen Brandmeldern haben.

(2) Versammlungsstätten mit Versammlungsräumen von insgesamt mehr als 1000 m² Grundfläche müssen Alarmierungs- und Lautsprecheranlagen haben, mit denen im Gefahrenfall Besucherinnen und Besucher, Mitwirkende und Betriebsangehörige alarmiert und Anweisungen erteilt werden können.

(3) In Versammlungsstätten mit Versammlungsräumen von insgesamt mehr als 1000 m² Grundfläche müssen zusätzlich zu den örtlichen Bedienungsvorrichtungen zentrale Bedienungsvorrichtungen für Rauchabzugs-, Feuerlösch-, Brandmelde-, Alarmierungs- und Lautsprecheranlagen in einem für die Feuerwehr leicht zugänglichen Raum (Brandmelder- und Alarmzentrale) zusammengefasst sein.

(4) ¹In Versammlungsstätten mit Versammlungsräumen von insgesamt mehr als 1000 m² Grundfläche müssen die Aufzüge mit einer Brandfallsteuerung ausgestattet sein, die durch die automatische Brandmeldeanlage ausgelöst wird. ²Die Brandfallsteuerung muss sicherstellen, dass die Aufzüge das Geschoss mit dem Hauptausgang ins Freie oder das diesem nächstgelegene, nicht von der Brandmeldung betroffene Geschoss unmittelbar anfahren und dort mit geöffneten Türen außer Betrieb gehen.

(5) ¹Automatische Brandmeldeanlagen müssen durch technische Maßnahmen gegen Falschalarme gesichert sein. ²Brandmeldungen müssen von der Brandmelderzentrale unmittelbar und automatisch zur Feuerwehreinsatzleitstelle weitergeleitet werden.

§ 21
Werkstätten und Lagerräume

(1) Für betriebsbedingte feuergefährliche Arbeiten, wie Schweiß-, Löt- oder Klebearbeiten, muss eine hierfür eingerichtete Werkstatt vorhanden sein.

(2) Für das Aufbewahren von Dekorationen, Requisiten und anderem brennbaren Material müssen Lagerräume vorhanden sein.

(3) Für das Sammeln von Abfällen und Wertstoffen müssen dafür geeignete Behälter im Freien oder gesonderte Lagerräume vorhanden sein.

(4) Werkstätten und Lagerräume dürfen mit notwendigen Treppenräumen nicht in unmittelbarer Verbindung stehen.

TEIL 3
Besondere Bauvorschriften

ABSCHNITT 1
Großbühnen

§ 22
Bühnenhaus

(1) In Versammlungsstätten mit Großbühnen müssen alle für den Bühnenbetrieb notwendigen Räume und Einrichtungen in einem eigenen, von dem Zuschauerhaus getrennten Bühnenhaus untergebracht sein.

(2) ¹Die Trennwand zwischen Bühnen- und Zuschauerhaus muss feuerbeständig und in der Bauart einer Brandwand hergestellt sein. ²Türen in dieser Trennwand müssen feuerbeständig und selbstschließend sein.

§ 23
Schutzvorhang

(1) ¹Die Bühnenöffnung von Großbühnen muss gegen den Versammlungsraum durch einen Vorhang aus nichtbrennbarem Material dicht geschlossen werden können (Schutzvorhang). ²Der Schutzvorhang muss durch sein Eigengewicht schließen können. ³Die Schließzeit darf 30 Sekunden nicht überschreiten. ⁴Der Schutzvorhang muss einem Druck von 450 Pa nach beiden Richtungen standhalten. ⁵Eine höchstens 1 m breite, zur Hauptbühne aufschlagende, selbsttätig schließende Tür im Schutzvorhang ist zulässig.

(2) ¹Der Schutzvorhang muss so angeordnet sein, dass er in geschlossenem Zustand an allen Seiten an feuerbeständige Bauteile anschließt. ²Der Bühnenboden darf unter dem Schutzvorhang durchgeführt werden. ³Das untere Profil des Schutzvorhangs muss ausreichend steif sein oder mit Stahldornen in entsprechende stahlbewehrte Aussparungen im Bühnenboden eingreifen.

(3) ¹Die Vorrichtung zum Schließen des Schutzvorhangs muss mindestens an zwei Stellen von Hand ausgelöst werden können. ²Beim Schließen muss auf der Bühne ein Warnsignal zu hören sein.

§ 24
Feuerlösch- und Brandmeldeanlagen

(1) Großbühnen müssen eine automatische Sprühwasserlöschanlage haben, die auch den Schutzvorhang beaufschlagt.

(2) Die Sprühwasserlöschanlage muss zusätzlich mindestens von zwei Stellen aus von Hand in Betrieb gesetzt werden können.

(3) In Großbühnen muss neben den Ausgängen zu den Rettungswegen in Höhe der Arbeitsgalerien und des Schnürbodens jeweils ein Wandhydrant vorhanden sein.

(4) ¹Großbühnen und zugehörige Räume mit besonderen Brandgefahren müssen eine Brandmeldeanlage mit automatischen und nicht automatischen Brandmeldern haben. ²Die Auslösung eines Alarms muss optisch und akustisch am Platz der Brandsicherheitswache erkennbar sein.

§ 25
Platz für eine Brandsicherheitswache

(1) [1]Auf jeder Seite der Bühnenöffnung muss für eine Brandsicherheitswache ein Platz mit einer Grundfläche von mindestens 1 m × 1 m und einer Höhe von mindestens 2,20 m vorhanden sein. [2]Die Brandsicherheitswache muss die Fläche, die bespielt wird, überblicken und betreten können.

(2) [1]Am Platz der Brandsicherheitswache müssen die Vorrichtung zum Schließen des Schutzvorhangs und die Auslösevorrichtungen der Rauchabzugs- und der Sprühwasserlöschanlagen der Bühne sowie ein nicht automatischer Brandmelder leicht erreichbar angebracht und durch Hinweisschilder gekennzeichnet sein. [2]Die Auslösevorrichtungen müssen beleuchtet sein. [3]Diese Beleuchtung muss an die Sicherheitsstromversorgung angeschlossen sein. [4]Die Vorrichtungen müssen gegen unbeabsichtigtes Auslösen gesichert sein.

ABSCHNITT 2
Versammlungsstätten mit mehr als 5000 Besucherplätzen

§ 26
Lautsprecherzentrale, Räume für Polizei, Feuerwehr, Sanitäts- und Rettungsdienst

(1) [1]In Mehrzweckhallen und Sportstadien mit mehr als 5000 Besucherplätzen muss eine zentral steuerbare Lautsprecheranlage vorhanden sein, mit der alle Besucherbereiche erreicht werden können; sie muss eine Vorrangschaltung für die Einsatzleitung der Polizei haben. [2]Die Lautsprecherzentrale muss in einem Raum untergebracht sein, von dem aus die Besucherbereiche und der Innenbereich überblickt und Polizei, Feuerwehr und Rettungsdienst benachrichtigt werden können.

(2) [1]In Mehrzweckhallen und Sportstadien mit mehr als 5000 Besucherplätzen müssen Räume für die Polizei und die Feuerwehr vorhanden sein. [2]Der Raum für die Einsatzleitung der Polizei muss einen direkten Zugang zu dem Raum haben, in dem die Lautsprecherzentrale untergebracht ist, und mit Anschlüssen für eine Videoanlage zur Überwachung der Besucherbereiche ausgestattet sein.

(3) Wird die Funkkommunikation der Einsatzkräfte von Polizei und Feuerwehr innerhalb der Versammlungsstätte durch die bauliche Anlage gestört, so muss die Versammlungsstätte mit technischen Anlagen zur Unterstützung des Funkverkehrs ausgestattet sein.

(4) In Mehrzweckhallen und Sportstadien mit mehr als 5000 Besucherplätzen muss ein Raum für den Sanitäts- und Rettungsdienst vorhanden sein.

§ 27
Abschrankung und Blockbildung in Sportstadien mit mehr als 10 000 Besucherplätzen

(1) [1]Die Besucherplätze müssen vom Innenbereich durch eine mindestens 2,20 m hohe Abschrankung abgetrennt sein. [2]In dieser Abschrankung müssen den Stufengängen zugeordnete, mindestens 1,80 m breite Tore angeordnet sein, die sich im Gefahrenfall leicht zum Innenbereich hin öffnen lassen. [3]Die Tore dürfen nur vom Innenbereich oder von zentralen Stellen aus zu öffnen sein und müssen in geöffnetem Zustand durch selbsteinrastende Feststeller gesichert sein. [4]Der Übergang in den Innenbereich muss niveaugleich sein.

(2) Stehplätze müssen in Blöcken für höchstens 2500 Besucherinnen und Besucher angeordnet sein, die durch mindestens 2,20 m hohe Abschrankungen mit eigenen Zugängen voneinander abgetrennt sind.

(3) Von den Absätzen 1 und 2 abweichende Abschrankungen und Blockbildungen sind zulässig, soweit in einem Sicherheitskonzept, das mit den für die öffentliche Sicherheit und Ordnung zuständigen Behörden und Stellen, insbesondere der Polizei, der Feuerwehr und dem Rettungsdienst, abgestimmt ist, die Unbedenklichkeit der Abweichungen nachgewiesen ist.

§ 28
Wellenbrecher

[1]Sind mehr als fünf Stufen von Stehplatzreihen hintereinander angeordnet, so muss vor der vordersten Stufe eine durchgehende Schränke von 1,10 m Höhe angeordnet sein. [2]Nach jeweils fünf weiteren Stufen müssen Schranken gleicher Höhe (Wellenbrecher) angebracht sein, die einzeln mindestens 3 m und höchstens 5,50 m lang sind. [3]Die seitlichen Abstände zwischen den Wellenbrechern dürfen nicht mehr als 5 m betragen. [4]Die seitlichen Abstände müssen nach höchstens fünf Stehplatzreihen durch versetzt angeordnete Wellenbrecher überdeckt sein, die auf beiden Seiten mindestens 0,25 m länger sein müssen als die seitlichen Abstände zwischen den Wellenbrechern. [5]Die Wellenbrecher müssen im Bereich der Stufenvorderkante angeordnet sein.

§ 29
Abschrankung von Stehplätzen vor Szenenflächen

(1) Befinden sich vor Szenenflächen Stehplätze für Besucherinnen und Besucher, so müssen die Besucherplätze von der Szenenfläche durch eine Abschrankung so abgetrennt sein, dass zwischen der Szenenfläche und der Abschrankung ein Gang von mindestens 2 m Breite für den Ordnungsdienst und Rettungskräfte vorhanden ist.

(2) [1]Befinden sich vor Szenenflächen mehr als 5000 Stehplätze, so muss die dafür genutzte Fläche durch mindestens zwei zusätzliche in unterschiedlichem Abstand zur Szenenfläche angeordnete Abschrankungen in nur von den Seiten zugängliche Stehplatzbereiche unterteilt sein. [2]Die Abschrankungen nach Absatz 1 und Satz 1 müssen über die Breite der Szenenfläche einen Abstand von mindestens 10 m voneinander haben und an den Seiten für die Zugänge Abstände von mindestens 5 m voneinander und von der seitlichen Begrenzung des Stehplatzbereichs haben. [3]§ 27 Abs. 3 gilt entsprechend.

§ 30
Einfriedungen und Eingänge

(1) Stadionanlagen müssen eine mindestens 2,20 m hohe Einfriedung haben, die sich nicht leicht überklettern lässt.

(2) [1]Vor den Eingängen müssen Geländer so angeordnet sein, dass Besucherinnen und Besucher nur einzeln und hintereinander Einlass finden. [2]Es müssen Einrichtungen für Zugangskontrollen sowie für die Durchsuchung von Personen und Sachen vorhanden sein. [3]Für die Einsatzkräfte von Polizei, Feuerwehr und Rettungsdienst müssen von den Besuchereingängen getrennte Eingänge vorhanden sein.

(3) [1]Für Einsatz- und Rettungsfahrzeuge müssen gesonderte Zufahrten sowie Aufstell- und Bewegungsflächen vorhanden sein. [2]Von den Zufahrten und Aufstellflächen aus müssen die Eingänge der Versammlungsstätten unmittelbar erreichbar sein. [3]Für Einsatz- und Rettungsfahrzeuge muss eine Zufahrt zum Innenbereich vorhanden sein. [4]Die Zufahrten, Aufstell- und Bewegungsflächen müssen gekennzeichnet sein.

TEIL 4

Betriebsvorschriften

ABSCHNITT 1

Rettungswege, Flächen für Einsatzfahrzeuge, Besucherplätze

§ 31
Rettungswege, Flächen für Einsatzfahrzeuge

(1) [1]Rettungswege auf dem Baugrundstück der Versammlungsstätte sowie Zufahrten, Aufstell- und Bewegungsflächen für Einsatzfahrzeuge von Polizei, Feuerwehr und Rettungsdienst müssen ständig freigehalten werden. [2]Hierauf muss dauerhaft und gut sichtbar hingewiesen sein.

(2) Rettungswege in der Versammlungsstätte müssen ständig freigehalten werden.

(3) Während des Betriebes müssen alle Türen in Rettungswegen unverschlossen sein.

§ 32
Besucherplätze

(1) Die Zahl der im Bestuhlungs- und Rettungswegeplan (§ 44) dargestellten Besucherplätze darf nicht überschritten und die dargestellte Anordnung der Besucherplätze nicht geändert werden.

(2) Eine Ausfertigung des Bestuhlungs- und Rettungswegeplanes für die jeweilige Nutzung eines Versammlungsraumes muss in der Nähe des Haupteingangs des Versammlungsraumes gut sichtbar angebracht sein.

(3) Sind nach der Art der Veranstaltung Abschrankungen der Stehplatzbereiche vor Szenenflächen nach Maßgabe des § 29 Abs. 2 erforderlich, so müssen solche Abschrankungen auch in Versammlungsstätten mit nicht mehr als 5000 Besucherplätzen vorhanden sein.

ABSCHNITT 2

Brandverhütung

§ 33
Vorhänge, Sitze, Ausstattungen, Requisiten und Ausschmückungen

(1) Vorhänge von Bühnen und Szenenflächen müssen aus mindestens schwerentflammbarem Material bestehen.

(2) ¹Sitze von Versammlungsstätten mit mehr als 5000 Besucherplätzen müssen aus mindestens schwerentflammbarem Material bestehen. ²Die Unterkonstruktion muss aus nichtbrennbarem Material bestehen.

(3) ¹Ausstattungen müssen aus mindestens schwerentflammbarem Material bestehen. ²In Bühnen und auf Szenenflächen, die mit einer automatischen Feuerlöschanlage ausgestattet sind, dürfen Ausstattungen aus normalentflammbarem Material angebracht sein.

(4) Requisiten müssen aus mindestens normalentflammbarem Material bestehen.

(5) ¹Ausschmückungen müssen aus mindestens schwerentflammbarem Material bestehen. ²Ausschmückungen in notwendigen Fluren und notwendigen Treppenräumen müssen aus nichtbrennbarem Material bestehen.

(6) ¹Ausschmückungen müssen unmittelbar an Wänden, Decken oder Ausstattungen angebracht sein. ²Frei im Raum hängende Ausschmückungen sind zulässig, wenn sie einen Abstand von mindestens 2,50 m zum Fußboden haben. ³Ausschmückungen aus natürlichem Pflanzenschmuck dürfen sich nur so lange sie frisch sind in den Räumen befinden.

(7) Der Raum unter einem Schutzvorhang muss von Ausstattungen, Requisiten oder Ausschmückungen so freigehalten werden, dass die Funktion des Schutzvorhangs nicht beeinträchtigt wird.

(8) Brennbares Material muss von Zündquellen einschließlich Scheinwerfern und Heizstrahlern so weit entfernt sein, dass es durch diese nicht entzündet werden kann.

§ 34
Aufbewahrung von Materialien

(1) ¹Ausstattungen, Requisiten und Ausschmückungen dürfen nur außerhalb der Bühnen und der Szenenflächen aufbewahrt werden; dies gilt nicht für den Tagesbedarf. ²Abweichend von Satz 1 dürfen auf Hinter- und Seitenbühnen Ausstattungen für die laufende Spielzeit aufbewahrt werden, wenn diese Bühnen durch dichtschließende Abschlüsse aus nichtbrennbaren Baustoffen gegen die Hauptbühne abgetrennt sind.

(2) An den Zügen von Bühnen oder Szenenflächen dürfen nur Ausstattungsteile für den Tagesbedarf hängen.

(3) Pyrotechnische Gegenstände und nicht von Absatz 1 erfasste brennbare Materialien dürfen nur in den dafür vorgesehenen Lagerräumen der Versammlungsstätte aufbewahrt werden.

§ 35
Rauchen, Verwendung von offenem Feuer und pyrotechnischen Gegenständen

(1) [1]Auf Bühnen- und Szenenflächen sowie in Werkstätten und Lagerräumen ist das Rauchen verboten. [2]Das Rauchverbot gilt nicht für Darstellerinnen und Darsteller sowie Mitwirkende auf Bühnen- und Szenenflächen während der Proben und Veranstaltungen, soweit das Rauchen in der Art der Veranstaltungen begründet ist.

(2) [1]In Versammlungsräumen, auf Bühnen- und Szenenflächen und in Sportstadien ist das Verwenden von offenem Feuer, brennbaren Flüssigkeiten und Gasen, pyrotechnischen Gegenständen und anderen explosionsgefährlichen Stoffen verboten. [2]§ 17 Abs. 1 bleibt unberührt. [3]Offenes Feuer, brennbare Flüssigkeiten und Gase sowie pyrotechnische Gegenstände dürfen abweichend von Satz 1 verwendet werden, wenn die Verwendung in der Art der Veranstaltung begründet ist und der Veranstalter die erforderlichen Brandschutzmaßnahmen im Einzelfall mit der Feuerwehr oder der für den Brandschutz zuständigen Dienststelle abgestimmt hat.

(3) Die Verwendung von Kerzen und ähnlichen Lichtquellen als Tischdekoration sowie die Verwendung von offenem Feuer in dafür vorgesehenen Kücheneinrichtungen zur Zubereitung von Speisen ist zulässig.

(4) Auf die Verbote der Absätze 1 und 2 muss dauerhaft und gut sichtbar hingewiesen sein.

ABSCHNITT 3
Betrieb technischer Einrichtungen

§ 36
Bedienung und Wartung der technischen Einrichtungen

(1) [1]Schutzvorhänge müssen täglich vor der ersten Vorstellung oder Probe durch Aufziehen und Herablassen auf ihre Betriebsbereitschaft geprüft werden. [2]Der Schutzvorhang muss nach jeder Vorstellung herabgelassen und zu allen arbeitsfreien Zeiten geschlossen gehalten werden.

(2) Die Automatik einer Sprühwasserlöschanlage kann während der Dauer der Anwesenheit einer oder eines Verantwortlichen für Veranstaltungstechnik abgeschaltet werden.

(3) Eine automatische Brandmeldeanlage kann abgeschaltet werden, soweit dies nach der Art der Veranstaltung vertretbar ist und der Veranstalter die erforderlichen Brandschutzmaßnahmen im Einzelfall mit der Feuerwehr oder der für den Brandschutz zuständigen Dienststelle abgestimmt hat.

(4) Halten sich Personen in Räumen auf, für die eine Sicherheitsbeleuchtung vorgeschrieben ist und die nicht ausreichend durch Tageslicht erhellt sind, so muss die Sicherheitsbeleuchtung in Betrieb sein.

§ 37
Laseranlagen

Durch den Betrieb von Laseranlagen in den für Besucherinnen und Besucher zugänglichen Bereichen dürfen diese nicht in ihrer Gesundheit beeinträchtigt werden.

ABSCHNITT 4
Verantwortliche Personen, besondere Betriebsvorschriften

§ 38
Pflichten der Betreiberinnen und Betreiber

(1) Die Betreiberin oder der Betreiber der Versammlungsstätte ist für die Sicherheit der Veranstaltung und die Einhaltung der baurechtlichen Vorschriften verantwortlich.

(2) Während des Betriebes der Versammlungsstätte muss deren Betreiberin oder Betreiber oder eine von ihr oder ihm mit der Leitung der Veranstaltung beauftragte Person ständig anwesend sein.

(3) Die Betreiberin oder der Betreiber der Versammlungsstätte muss die Zusammenarbeit des Ordnungsdienstes und der Brandsicherheitswache mit der Polizei, der Feuerwehr und dem Rettungsdienst gewährleisten.

(4) Die Betreiberin oder der Betreiber der Versammlungsstätte ist zur Einstellung des Betriebes verpflichtet, wenn für die Sicherheit der Versammlungsstätte notwendige Anlagen, Einrichtungen oder Vorrichtungen nicht betriebsfähig sind oder wenn Betriebsvorschriften nicht eingehalten werden können.

(5) [1]Die Betreiberin oder der Betreiber der Versammlungsstätte kann die Verpflichtungen nach den Absätzen 1 bis 4 durch schriftliche

Vereinbarung auf die Veranstalterin oder den Veranstalter übertragen. [2]Die mit der Leitung der Veranstaltung Beauftragten müssen mit der Versammlungsstätte und deren Einrichtungen vertraut sein. [3]Die Verantwortung der Betreiberin oder des Betreibers bleibt unberührt.

§ 39
Verantwortliche für Veranstaltungstechnik

(1) [1]Als Verantwortliche für Veranstaltungstechnik können beauftragt werden

1. geprüfte Meisterinnen und Meister für Veranstaltungstechnik der Fachrichtung Bühne/Studio, Beleuchtung oder Halle nach der Verordnung über die Prüfung zum anerkannten Abschluss „Geprüfter Meister für Veranstaltungstechnik/Geprüfte Meisterin für Veranstaltungstechnik" in den Fachrichtungen Bühne/Studio, Beleuchtung, Halle vom 26. Januar 1997 (BGBl. I S. 118) in ihrer jeweiligen Fachrichtung,

2. technische Fachkräfte, die im fachrichtungsspezifischen Teil der Prüfung nach § 3 Abs. 1 Nr. 2 in Verbindung mit § 5, 6 oder 7 der Verordnung über die Prüfung zum anerkannten Abschluss „Geprüfter Meister für Veranstaltungstechnik/Geprüfte Meisterin für Veranstaltungstechnik" in den Fachrichtungen Bühne/Studio, Beleuchtung, Halle in allen Prüfungsfächern, in der Projektarbeit und in dem Fachgespräch mindestens ausreichende Leistungen erbracht haben, in ihrer jeweiligen Fachrichtung,

3. Hochschulabsolventen mit berufsqualifizierendem Abschluss der Fachrichtung Theatertechnik oder Veranstaltungstechnik mit mindestens einem Jahr Berufserfahrung im technischen Betrieb von Bühnen, Studios oder Mehrzweckhallen sowie

4. technische Fachkräfte, die als Verantwortliche für Veranstaltungstechnik nach den bis zum Inkrafttreten dieser Verordnung geltenden Vorschriften tätig werden durften.

[2]Die Industrie- und Handelskammer Hannover kann zum Nachweis der Befähigung nach Satz 1 einen Befähigungsausweis nach Anlage 1 ausstellen. [3]Die Befähigung nach Satz 1 kann auch durch einen Befähigungsausweis nachgewiesen werden, der in einem anderen Land ausgestellt worden ist.

(2) Ausbildungen, die in einem anderen Mitgliedstaat der Europäischen Union oder einem Vertragsstaat des Abkommens über den Europäischen Wirtschaftsraum erworben und durch ein Zeugnis nachgewiesen werden, sind nach Maßgabe der Richtlinien 89/48/EWG

des Rates vom 21. Dezember 1988 über eine allgemeine Regelung zur Anerkennung der Hochschuldiplome, die eine mindestens dreijährige Berufsausbildung abschließen (ABl. EG 1989 Nr. L 19 S. 16), und 92/51/EWG des Rates vom 18. Juni 1992 über eine zweite Regelung zur Anerkennung beruflicher Befähigungsnachweise in Ergänzung der Richtlinie 89/48/EWG (ABl. EG Nr. L 209 S. 25) den in Absatz 1 genannten Ausbildungen gleichgestellt.

§ 40
Aufgaben und Pflichten der Verantwortlichen für Veranstaltungstechnik, technische Probe

(1) Jede oder jeder Verantwortliche für Veranstaltungstechnik muss mit den technischen Einrichtungen der Versammlungsstätte vertraut sein und deren Sicherheit und Funktionsfähigkeit, insbesondere hinsichtlich des Brandschutzes, während des Betriebes gewährleisten.

(2) In Großbühnen, auf Szenenflächen mit mehr als 200 m² Grundfläche und in Mehrzweckhallen mit mehr als 5000 Besucherplätzen müssen der Auf- oder Abbau bühnen-, studio- und beleuchtungstechnischer Einrichtungen, wesentliche Wartungs- und Instandsetzungsarbeiten an diesen Einrichtungen und technische Proben von einer oder einem Verantwortlichen für Veranstaltungstechnik geleitet und beaufsichtigt werden.

(3) Bei Generalproben, Veranstaltungen, Sendungen und Aufzeichnungen von Veranstaltungen in Versammlungsstätten mit einer Großbühne oder mit einer Szenenfläche mit mehr als 200 m² Grundfläche und in Mehrzweckhallen mit mehr als 5000 Besucherplätzen müssen mindestens eine Verantwortliche oder ein Verantwortlicher für Veranstaltungstechnik der Fachrichtung Bühne/Studio oder der Fachrichtung Halle sowie eine Verantwortliche oder ein Verantwortlicher für Veranstaltungstechnik der Fachrichtung Beleuchtung anwesend sein.

(4) ¹Für Szenenflächen mit mehr als 50 m² und nicht mehr als 200 m² Grundfläche sowie Mehrzweckhallen mit nicht mehr als 5000 Besucherplätzen gelten die Absätze 2 und 3 mit der Maßgabe entsprechend, dass es genügt, wenn die Aufgaben von einer Fachkraft für Veranstaltungstechnik im Sinne der Verordnung über die Ausbildung zur Fachkraft für Veranstaltungstechnik vom 24. März 1998 (BGBl. I S. 621) mit mindestens drei Jahren Berufserfahrung wahrgenommen werden. ²Für Szenenflächen nach Satz 1, die überwiegend für Laienspiele bestimmt sind, wie in Schulen und Vereinshäusern, gelten die Absätze 2 und 3 mit der Maßgabe entsprechend, dass es genügt, wenn

die Aufgaben von einer Fachkraft mit der Befähigung als „Erfahrener Bühnenhandwerker/Beleuchter" oder „Veranstaltungsoperator" wahrgenommen werden.

(5) Die Anwesenheit verantwortlicher Personen nach den Absätzen 3 und 4 ist nicht erforderlich, wenn

1. die Sicherheit und Funktionsfähigkeit der bühnen-, studio- und beleuchtungstechnischen sowie der sonstigen technischen Einrichtungen der Versammlungsstätte von einer oder einem Verantwortlichen für Veranstaltungstechnik oder in den Fällen des Absatzes 4 von einer Fachkraft überprüft wurde,

2. diese Einrichtungen während der Veranstaltung nicht bewegt oder verändert werden,

3. von der Veranstaltung keine Gefahr ausgehen kann und

4. die Aufsicht führende Person mit den technischen Einrichtungen vertraut ist.

(6) ¹Bei Darbietungen in Großbühnen und auf Szenenflächen mit mehr als 200 m² Grundfläche sowie bei Gastspielveranstaltungen mit eigenem Szenenaufbau in Versammlungsräumen hat die Bauaufsichtsbehörde vor der ersten Veranstaltung eine nichtöffentliche technische Probe mit vollem Szenenaufbau und voller Beleuchtung durchzuführen. ²Die Bereitschaft zur Durchführung dieser technischen Probe hat die Veranstalterin oder der Veranstalter der Bauaufsichtsbehörde rechtzeitig anzuzeigen. ³Beabsichtigte wesentliche Änderungen des Szenenaufbaus nach der technischen Probe sind der Bauaufsichtsbehörde rechtzeitig anzuzeigen. ⁴Die Bauaufsichtsbehörde kann auf die technische Probe verzichten, wenn dies nach der Art der Veranstaltung oder nach dem Umfang des Szenenaufbaus unbedenklich ist.

§ 41
Brandsicherheitswache und Rettungsdienst

(1) Bei Veranstaltungen mit erhöhten Brandgefahren hat die Betreiberin oder der Betreiber der Versammlungsstätte eine Brandsicherheitswache einzurichten.

(2) ¹Auf Großbühnen und auf Szenenflächen mit mehr als 200 m² Grundfläche darf eine Veranstaltung nur stattfinden, wenn eine Brandsicherheitswache der Feuerwehr anwesend ist. ²Die Anordnungen der Brandsicherheitswache sind zu befolgen.

(3) Veranstaltungen mit voraussichtlich mehr als 5000 Besucherinnen und Besuchern sind der für den Rettungsdienst zuständigen Behörde rechtzeitig anzuzeigen.

§ 42
Brandschutzbeauftragte, Brandschutzordnung, Feuerwehrpläne

(1) [1]Die Betreiberin oder der Betreiber der Versammlungsstätte hat im Einvernehmen mit der für den Brandschutz zuständigen Dienststelle eine Brandschutzbeauftragte oder einen Brandschutzbeauftragten und Selbsthilfekräfte für den Brandschutz zu bestellen. [2]Auf Brandschutzbeauftragte und Selbsthilfekräfte für den Brandschutz kann im Einvernehmen mit der für den Brandschutz zuständigen Dienststelle verzichtet werden, wenn sie nicht erforderlich sind. [3]Die oder der Brandschutzbeauftragte hat für die Einhaltung der Verpflichtungen nach den Absätzen 2 und 3 sowie der §§ 31, 32, 33 Abs. 3 bis 8 und der §§ 34 bis 36 zu sorgen.

(2) [1]Die Betreiberin oder der Betreiber der Versammlungsstätte hat im Einvernehmen mit der für den Brandschutz zuständigen Dienststelle eine Brandschutzordnung aufzustellen und durch Aushang in der Versammlungsstätte bekannt zu machen. [2]Auf eine Brandschutzordnung kann im Einvernehmen mit der für den Brandschutz zuständigen Dienststelle verzichtet werden, wenn sie nicht erforderlich ist. [3]In der Brandschutzordnung sind die Einzelheiten der Aufgabenerfüllung der oder des Brandschutzbeauftragten und der Selbsthilfekräfte für den Brandschutz sowie die Maßnahmen festzulegen, die zur Rettung von Menschen mit Behinderungen, insbesondere Benutzerinnen und Benutzern von Rollstühlen, erforderlich sind.

(3) [1]Das Betriebspersonal ist bei Beginn des Arbeitsverhältnisses und danach mindestens einmal jährlich vertraut zu machen mit

1. der Lage und der Bedienung der Feuerlöscheinrichtungen und -anlagen, der Rauchabzugsanlagen, der Brandmelde- und Alarmierungsanlagen und der Brandmelder- und Alarmzentrale,

2. der Brandschutzordnung, insbesondere über das Verhalten bei einem Brand oder bei einer Panik, und

3. den Betriebsvorschriften (§§ 31 bis 43).

[2]Der für den Brandschutz zuständigen Dienststelle ist Gelegenheit zu geben, an der jährlichen Unterweisung teilzunehmen. [3]Über die Unterweisung ist eine Niederschrift zu fertigen, die der Bauaufsichtsbehörde auf Verlangen vorzulegen ist.

(4) [1]Im Einvernehmen mit der für den Brandschutz zuständigen Dienststelle sind Feuerwehrpläne anzufertigen und der örtlichen Feuerwehr zur Verfügung zu stellen. [2]Auf Feuerwehrpläne kann im Einvernehmen mit der für den Brandschutz zuständigen Dienststelle verzichtet werden, wenn sie nicht erforderlich sind.

§ 43
Sicherheitskonzept, Ordnungsdienst

(1) Erfordert es die Art der Veranstaltung, so hat die Betreiberin oder der Betreiber der Versammlungsstätte ein Sicherheitskonzept aufzustellen und einen Ordnungsdienst einzurichten.

(2) [1]Für Versammlungsstätten mit mehr als 5000 Besucherplätzen ist im Einvernehmen mit den für die öffentliche Sicherheit und Ordnung zuständigen Behörden und Stellen, insbesondere der Polizei, der Feuerwehr und dem Rettungsdienst, ein Sicherheitskonzept aufzustellen und ein Ordnungsdienst einzurichten. [2]Im Sicherheitskonzept sind die Mindestzahl und die Leitung der Kräfte des Ordnungsdienstes, gestaffelt nach Besucherzahlen und Gefährdungsgraden, sowie die betrieblichen Sicherheitsmaßnahmen und die allgemeinen und besonderen Sicherheitsdurchsagen festzulegen.

(3) [1]Die Ordnungsdienstleiterin oder der Ordnungsdienstleiter und die Ordnungsdienstkräfte sind für die betrieblichen Sicherheitsmaßnahmen verantwortlich. [2]Die Ordnungsdienstkräfte haben insbesondere durch eine Kontrolle an den Ein- und Ausgängen und den Zugängen zu den Besucherblöcken für die Beachtung der zulässigen Besucherzahl und der Zuordnung der Besucherplätze zu sorgen. [3]Sie haben außerdem für die Beachtung der Verbote des § 35, für die Sicherheitsdurchsagen und für die geordnete Evakuierung im Gefahrenfall zu sorgen.

TEIL 5

Bauvorlagen

§ 44
Zusätzliche Bauvorlagen, Bestuhlungs- und Rettungswegeplan

(1) Mit den Bauvorlagen ist ein Brandschutzkonzept vorzulegen, in dem insbesondere die zulässige Zahl der Besucherinnen und Besucher, die Anordnung und Bemessung der Rettungswege und die zur Erfüllung der brandschutztechnischen Anforderungen erforderlichen baulichen, technischen und betrieblichen Maßnahmen dargestellt sind.

(2) Für die nach dieser Verordnung erforderlichen technischen Einrichtungen sind gesonderte Pläne, Beschreibungen und Nachweise vorzulegen.

(3) Mit den bautechnischen Nachweisen sind Standsicherheitsnachweise für dynamische Belastungen vorzulegen.

(4) Der Verlauf der Rettungswege im Freien, die Zufahrten und die Aufstell- und Bewegungsflächen für die Einsatz- und Rettungsfahrzeuge sind in einem gesonderten Außenanlagenplan darzustellen.

(5) [1]Die Anordnung der Sitz- und Stehplätze einschließlich der Plätze für Benutzerinnen und Benutzer von Rollstühlen und der Bühnen-, Szenen- und Sportflächen sowie der Verlauf der Rettungswege sind in einem Bestuhlungs- und Rettungswegeplan im Maßstab von mindestens 1:200 darzustellen. [2]Für verschiedene Anordnungen ist jeweils ein Plan vorzulegen.

§ 45

Gastspielprüfbuch

(1) Für den eigenen, gleich bleibenden Szenenaufbau einer wiederkehrenden Gastspielveranstaltung stellt die Bauaufsichtsbehörde der Veranstalterin oder dem Veranstalter auf Antrag ein Gastspielprüfbuch nach Anlage 2 aus.

(2) [1]Das Gastspielprüfbuch dient dem Nachweis der baurechtlichen Sicherheit der Gastspielveranstaltung in dem jeweils eingetragenen Umfang. [2]Die Veranstalterin oder der Veranstalter ist durch das Gastspielprüfbuch von der Verpflichtung entbunden, an jedem folgenden Gastspielort eine technische Probe (§ 40 Abs. 6) durchführen zu lassen, soweit die baurechtliche Sicherheit durch das Gastspielprüfbuch nachgewiesen ist.

(3) [1]Vor dem Ausstellen eines Gastspielprüfbuchs ist eine technische Probe durchzuführen. [2]Die Geltungsdauer ist auf die Dauer der Tournee zu befristen und kann auf Antrag verlängert werden.

(4) Es gelten auch die in einem anderen Land ausgestellten Gastspielprüfbücher.

(5) [1]Das Gastspielprüfbuch ist der für den Gastspielort zuständigen Bauaufsichtsbehörde rechtzeitig vor der ersten Veranstaltung am Gastspielort vorzulegen. [2]Werden für den Szenenaufbau, für den ein Gastspielprüfbuch erteilt ist, Fliegende Bauten genutzt, so ist das Gastspielprüfbuch mit der Anzeige der Aufstellung der Fliegenden Bauten vorzulegen. [3]Die Befugnisse nach § 89 der Niedersächsischen Bauordnung bleiben unberührt.

TEIL 6

Bestehende Versammlungsstätten, vorübergehende Nutzung, Prüfungen

§ 46
Bestehende Versammlungsstätten

(1) Am 1. Februar 2005 bereits bestehende Versammlungsstätten mit mehr als 5000 Besucherplätzen sind innerhalb von zwei Jahren den Anforderungen des § 6 Abs. 6, des § 10 Abs. 2, des § 20 Abs. 2, des § 26 Abs. 1 und 2, des § 27 Abs. 1 und 3 sowie der §§ 28, 29 und 33 Abs. 2 anzupassen.

(2) Auf am 1. Februar 2005 bereits bestehende Versammlungsstätten sind § 10 Abs. 1, § 14 Abs. 3, § 19 Abs. 8 und die §§ 31 bis 43 anzuwenden.

§ 47
Vorübergehende Nutzung von Räumen für Veranstaltungen

Für die Durchführung einer Veranstaltung in einem Raum, der nicht als Versammlungsraum genehmigt ist, können auf Antrag Ausnahmen von den §§ 3 bis 21, 32 Abs. 1 und 2, §§ 42 und 44 durch besondere schriftliche Entscheidung zugelassen werden, wenn

1. der Raum nur vorübergehend für Veranstaltungen genutzt wird und

2. der Brandschutz und die Sicherheit der Besucherinnen und Besucher sowie der Mitwirkenden auf andere Weise gewährleistet ist.

§ 48
Prüfungen

(1) [1]Die Bauaufsichtsbehörde hat Versammlungsstätten in Abständen von höchstens drei Jahren auf die Einhaltung der baurechtlichen Vorschriften und bauaufsichtlichen Anordnungen zu prüfen. [2]Den für die öffentliche Sicherheit und Ordnung zuständigen Behörden, dem Staatlichen Gewerbeaufsichtsamt und der für den Brandschutz zuständigen Dienststelle ist Gelegenheit zur Teilnahme an den Prüfungen zu geben.

(2) [1]Betreibt der Bund eine Versammlungsstätte, so hat er diese anstelle der Bauaufsichtsbehörde nach Absatz 1 Satz 1 zu prüfen. [2]Betreibt ein Land eine Versammlungsstätte, so gilt Satz 1 entsprechend.

TEIL 7

Schlussvorschriften

§ 49
Ordnungswidrigkeiten

Ordnungswidrig nach § 91 Abs. 3 der Niedersächsischen Bauordnung handelt, wer vorsätzlich oder fahrlässig

1. entgegen § 31 Abs. 1 Satz 1 einen Rettungsweg auf dem Baugrundstück der Versammlungsstätte, eine Zufahrt oder eine Aufstell- und Bewegungsfläche für Einsatzfahrzeuge nicht freihält,

2. entgegen § 31 Abs. 2 einen Rettungsweg in der Versammlungsstätte nicht freihält,

3. entgegen § 31 Abs. 3 eine Tür in einem Rettungsweg verschließt oder feststellt,

4. entgegen § 32 Abs. 1 als Betreiberin oder Betreiber der Versammlungsstätte oder als Veranstalterin oder Veranstalter

    a) die Zahl der Besucherplätze überschreitet oder

    b) die Anordnung der Besucherplätze ändert,

5. entgegen § 33 Abs. 1 bis 5 Material verwendet, das nicht die jeweiligen Anforderungen des § 33 Abs. 1 bis 5 erfüllt,

6. entgegen § 33 Abs. 6 Ausschmückungen anbringt,

7. entgegen § 33 Abs. 7 den Raum unter einem Schutzvorhang nicht freihält,

8. entgegen § 33 Abs. 8 brennbares Material nicht von Zündquellen fern hält,

9. entgegen § 34 Abs. 1 eine Ausstattung, eine Requisite oder eine Ausschmückung in einer Bühne oder auf einer Szenenfläche aufbewahrt,

10. entgegen § 34 Abs. 2 ein Ausstattungsteil an den Zug einer Bühne oder Szenenfläche hängt oder dort hängen lässt,

11. entgegen § 34 Abs. 3 einen pyrotechnischen Gegenstand oder brennbares Material außerhalb der dafür vorgesehenen Lagerräume der Versammlungsstätte aufbewahrt,

12. entgegen § 35 Abs. 1 raucht,

13. entgegen § 35 Abs. 2 offenes Feuer, eine brennbare Flüssigkeit, brennbares Gas, einen pyrotechnischen Gegenstand oder einen anderen explosionsgefährlichen Stoff verwendet,

14. entgegen § 36 Abs. 4 die Sicherheitsbeleuchtung nicht in Betrieb nimmt,

15. entgegen § 38 Abs. 2, auch in Verbindung mit § 38 Abs. 5, während des Betriebes der Versammlungsstätte nicht ständig anwesend ist,

16. entgegen § 38 Abs. 4, auch in Verbindung mit § 38 Abs. 5, den Betrieb der Versammlungsstätte nicht einstellt,

17. als Betreiberin oder Betreiber, als Veranstalterin oder Veranstalter oder als beauftragte Veranstaltungsleiterin oder beauftragter Veranstaltungsleiter den Auf- oder Abbau einer bühnen-, studio- oder beleuchtungstechnischen Einrichtung, eine wesentliche Wartungs- oder Instandsetzungsarbeit an diesen Einrichtungen oder eine technische Probe durchführen lässt, ohne dass dies

    a) entgegen § 40 Abs. 2 von einer oder einem Verantwortlichen für Veranstaltungstechnik,

    b) entgegen § 40 Abs. 4 Satz 1 von einer Fachkraft für Veranstaltungstechnik mit mindestens drei Jahren Berufserfahrung oder

    c) entgegen § 40 Abs. 4 Satz 2 von einer Fachkraft mit der Befähigung als „Erfahrener Bühnenhandwerker/Beleuchter" oder „Veranstaltungsoperator" beaufsichtigt wird,

18. als Betreiberin oder Betreiber, als Veranstalterin oder Veranstalter oder als beauftragte Veranstaltungsleiterin oder beauftragter Veranstaltungsleiter eine Generalprobe, eine Veranstaltung, eine Sendung oder eine Aufzeichnung einer Veranstaltung stattfinden lässt, ohne dass

    a) entgegen § 40 Abs. 3 eine Verantwortliche oder ein Verantwortlicher für Veranstaltungstechnik der Fachrichtung Bühne/Studio oder der Fachrichtung Halle sowie eine Verantwortliche oder ein Verantwortlicher für Veranstaltungstechnik der Fachrichtung Beleuchtung anwesend sind,

    b) entgegen § 40 Abs. 4 Satz 1 eine Fachkraft für Veranstaltungstechnik mit mindestens drei Jahren Berufserfahrung oder

    c) entgegen § 40 Abs. 4 Satz 2 eine Fachkraft mit der Befähigung als „Erfahrener Bühnenhandwerker/Beleuchter" oder „Veranstaltungsoperator" anwesend ist,

19. als beauftragte Verantwortliche oder beauftragter Verantwortlicher entgegen § 40 Abs. 2, auch in Verbindung mit § 40 Abs. 4 Sätze 1 und 2, den Auf- oder Abbau einer bühnen-, studio- oder beleuchtungstechnischen Einrichtung, eine wesentliche Wartungs- oder Instandsetzungsarbeit an diesen Einrichtungen oder eine technische Probe nicht beaufsichtigt,

20. als beauftragte Verantwortliche oder beauftragter Verantwortlicher entgegen § 40 Abs. 3, auch in Verbindung mit § 40 Abs. 4 Sätze 1 und 2, bei einer Generalprobe, einer Veranstaltung, einer Sendung oder einer Aufzeichnung einer Veranstaltung nicht anwesend ist,

21. als Betreiberin oder Betreiber einer Versammlungsstätte

   a) entgegen § 41 Abs. 1 eine Brandsicherheitswache nicht einrichtet,

   b) es entgegen § 41 Abs. 2 Satz 1 zulässt, dass eine Veranstaltung stattfindet, ohne dass eine Brandsicherheitswache der Feuerwehr anwesend ist, oder

   c) entgegen § 41 Abs. 3 eine Veranstaltung nicht rechtzeitig anzeigt,

22. als Betreiberin oder Betreiber einer Versammlungsstätte oder als Veranstalterin oder Veranstalter entgegen § 42 Abs. 3 Satz 1 eine Unterweisung nicht vornimmt,

23. als Betreiberin oder Betreiber einer Versammlungsstätte

   a) entgegen § 43 Abs. 1 einen Ordnungsdienst nicht einrichtet oder

   b) entgegen § 43 Abs. 2 die Leitung der Kräfte des Ordnungsdienstes nicht festlegt,

24. als Ordnungsdienstkraft

   a) entgegen § 43 Abs. 3 Satz 2 nicht für die Beachtung der Besucherzahl und der Zuordnung der Besucherplätze sorgt oder

   b) entgegen § 43 Abs. 3 Satz 3 nicht für die Beachtung der Verbote des § 35, für die Sicherheitsdurchsagen und die geordnete Evakuierung sorgt,

25. als Betreiberin oder Betreiber einer Versammlungsstätte einer Anpassungspflicht nach § 46 Abs. 1 nicht oder nicht fristgerecht nachkommt.

§ 50
Inkrafttreten

(1) Diese Verordnung tritt am 1. Februar 2005 in Kraft.

(2) Gleichzeitig tritt die Versammlungsstättenverordnung vom 9. Oktober 1978 (Nds. GVBl. S. 711), zuletzt geändert durch Artikel 5 der Verordnung vom 22. Juli 2004 (Nds. GVBl. S. 263), außer Kraft.

Anlage 1
(zu § 39 Abs. 1 Satz 2)

Muster für einen Befähigungsausweis

Innenseite:

Vorname und Name	
geboren am	
in	
gegenwärtige Anschrift	
kann als	
Verantwortliche oder Verantwortlicher für Veranstaltungstechnik	
der Fachrichtung	(Foto)
Bühne/Studio **Beleuchtung** **Halle**	
nach § 39 der Niedersächsischen Versammlungsstättenverordnung eingesetzt werden.	
Industrie- und Handelskammer Hannover	
Hannover, den	
(Siegel)	
(Unterschrift)	(Unterschrift der Inhaberin oder des Inhabers)

Außenseite:

	Befähigungsausweis **als** **Verantwortliche oder Verantwortlicher für Veranstaltungstechnik**

GASTSPIELPRÜFBUCH

nach § 45 NVStättVO

Gastspielveranstaltung: ....

Art der Veranstaltung: ....

Veranstalterin oder Veranstalter: ....

Straße/Hausnummer: ....

PLZ: .... Ort: ....

Telefonnummer: .... Telefaxnummer: ....

E-Mail-Adresse: ....

Das Gastspielbuch gilt bis zum: ....

Auf der Grundlage der Angaben in diesem Gastspielprüfbuch, evtl.
Auflagen und einer nichtöffentlichen Probe

am .... in (Adresse) ....

ist der Nachweis der Sicherheit der Gastspielveranstaltung in dem sich
aus den Anhängen ergebenden Umfang erbracht.

Dieses Gastspielprüfbuch ist in drei Ausfertigungen ausgestellt worden, davon verbleibt eine Ausfertigung bei der ausstellenden Behörde.

Vorname und Name der Geschäftsführerin oder des Geschäftsführers
oder einer Vertreterin oder eines Vertreters der Veranstalterin oder des
Veranstalters:

....

(Anschrift, falls diese nicht mit der Anschrift der Veranstalterin oder
des Veranstalters identisch ist.)

Straße und Hausnummer: ....

PLZ: .... Ort: ....

Telefonnummer: .... Telefaxnummer: ....

E-Mail-Adresse: ....

Dieses Gastspielprüfbuch hat ...... Seiten und folgende Anhänge:

... Seiten statische Berechnungen (Anhang 1)

... Seiten Angaben über das Brandverhalten der Materialien (Anhang 2)

... Seiten Angaben über die feuergefährlichen Handlungen (Anhang 3)

... Seiten Angaben über pyrotechnische Effekte (Anhang 4)

... Seiten Sonstige Angaben z. B. über Prüfzeugnisse, Baumuster (Anhang 5)

... Seiten ....

... Seiten ....

... Seiten ....

Veranstaltungsleiterin oder Veranstaltungsleiter nach § 38 Abs. 2 und 5 Satz 2 NVStättVO für die geplanten Gastspiele ist

....
(Vorname und Name)

Verantwortliche für Veranstaltungstechnik der Fachrichtung nach § 40 NVStättVO sind:

1. Bühne/Studio: ....
(Vorname und Name)

Befähigungsausweis Nr.: .... Ausstellungsdatum: ....

ausstellende Behörde: ....

2. Halle: ....
(Vorname und Name)

Befähigungsausweis Nr.: .... Ausstellungsdatum: ....

ausstellende Behörde: ....

3. Beleuchtung: ....
(Vorname und Name)

Befähigungsausweis Nr.: .... Ausstellungsdatum: ....

ausstellende Behörde: ....

4. Fachkraft für Veranstaltungstechnik (bei Szenenflächen mit nicht mehr als 200 m² Grundfläche, § 40 Abs. 4 NVStättVO):

....
(Vorname und Name)

Ausführliche Beschreibung der Veranstaltung:

(Angaben zur Veranstaltungsart, zu den vorgesehenen Gastspielen, zur Anzahl der Mitwirkenden, zu feuergefährlichen Handlungen, pyrotechnischen Effekten, anderen technischen Einrichtungen, z. B. Laser, zur Ausstattung, zum Ablauf der Veranstaltung und zu Vorgängen, die Maßnahmen zur Gefahrenabwehr erforderlich machen.)

....

....

....
....
....
....
....
....
....
....
....
....
....
....

Darstellung der Aufbauten, Ausstattungen und technischen Einrichtungen

(Die Aufbauten und Ausstattungen sind zu beschreiben. Der Bühnenaufbau ist zeichnerisch mindestens durch einen Grundriss und möglichst durch einen Schnitt darzustellen. Werden Ausrüstungen in größerem Umfang gehängt, so ist ein Hängeplan erforderlich, auf bewegliche Teile der Dekoration und zum Aufbau gehörende maschinen- und elektrotechnische Einrichtungen und die damit verbundenen Gefahren ist hinzuweisen. Es sind Angaben zu mitgeführten Bühnen, Szenenflächen, Zuschauertribünen und Bestuhlungen zu machen.)

....
....
....
....
....
....
....
....
....
....
....
....

Gefährdungsanalyse

a) zu gefährlichen szenischen Vorgängen als Ergebnis einer Gefährdungsanalyse[1]:

Beschreibung der gefährlichen szenischen Vorgänge: ....

....

....

Unterwiesene Personen: ....

....

....

Schutzmaßnahmen: ....

....

....

Einweisung weiterer Personen vor jeder Probe und Vorstellung: ..

....

....

b) zum Einsatz gefährlicher szenischer Einrichtungen als Ergebnis einer Gefährdungsanalyse[2]:

Geräte, Einrichtungen und Einbauten: ....

....

....

Unterbauen des Schutzvorhangs: ....

....

....

Ortsveränderliche technische Einrichtungen im Zuschauerraum: ..

....

....

Leitungsverbindungen: ....

....

....

---

1) Gefährliche szenische Vorgänge sind z. B. offene Verwandlungen, maschinentechnische Bewegungen, feuergefährliche Handlungen, von denen eine besondere Gefahr wegen ihrer Art oder wegen der Nähe des Abbrennortes zu Ausstattungen oder Personen ausgeht, sowie darstellerische Tätigkeiten im oder über dem Zuschauerraum.

2) Gefährliche szenische Einrichtungen sind Geräte, Einrichtungen und Einbauten in kritischen Bereichen von Bühnen, Szenenflächen und Zuschauerbereichen, z. B. Unterbauen des Schutzvorhangs, Regieeinrichtungen, Vorführgeräte, Scheinwerfer, Kameras, Laseranlagen und Leitungsverbindungen zwischen Brandabschnitten.

Sonstiges: ....

....

....

Auflagen

....

....

....

....

....

....

....

....

....

....

....

....

....

....

....

....

....

....
(Ort, Datum)

....
(Dienstsiegel)   (Behörde, Unterschrift)

Anhang 1

zum Gastspielprüfbuch ....
(Titel der Gastspielveranstaltung)

Standsicherheitsnachweis

(ggf. Hinweis auf beigefügte statische Berechnungen)

....
....
....
....
....
....
....
....
....
....
....
....
....
....
....

Anhang 2

zum Gastspielprüfbuch ....
(Titel der Gastspielveranstaltung)

Baustoff- und Materialliste

Nach DIN 4102 Teil 1 gelten für die Klassifizierung von Baustoffen hinsichtlich ihres Brandverhaltens folgende Bezeichnungen:

A 1: nichtbrennbare Baustoffe

A 2: nichtbrennbare Baustoffe mit brennbaren Bestandteilen

B 1: schwerentflammbare Baustoffe

B 2: normalentflammbare Baustoffe

In der Niedersächsischen Versammlungsstättenverordnung werden an Baustoffe und Materialien die folgenden brandschutztechnischen Mindestanforderungen gestellt:

Ort: Gegenstand	Szenenfläche ohne automatische Feuerlöschanlage	Szenenfläche mit automatischer Feuerlöschanlage	Großbühne	Zuschauerraum und Nebenräume	Foyers
Podien: Fußboden/Bodenbeläge	B 2	B 2	B 2	B 2	B 2
Podien: Unterkonstruktion	A 1	A 1	A 1	A 1	A 1
Vorhänge	B 1	B 1	B 1	–	–
Ausstattungen	B 1	B 2	B 2	–	–
Requisiten	B 2	B 2	B 2	–	–
Ausschmückungen	B 1	B 1	B 1	B 1	B 1

☐ Für die Baustoffe ist die Verwendbarkeit nach den §§ 24 bis 28b der Niedersächsischen Bauordnung nachgewiesen.

☐ Soweit die eingesetzten Materialien keine Baustoffe sind, sind sie zur Kennzeichnung ihres Brandverhaltens ebenfalls nach der für Baustoffe geltenden Klassifizierung nach DIN 4102 Teil 1 bezeichnet.

☐ Für Textilien und Möbel sind die Klassifizierungen und Prüfungen nach den dafür geltenden DIN-Normen nachgewiesen.

☐ Die eingesetzten nicht nach DIN-Normen klassifizierten oder durch ein Prüfzeichen zugelassenen Materialien sind aufgrund einer Behandlung mit Feuerschutzmitteln einer Baustoffklasse zugeordnet worden.

Als Ort wird der Einsatzort des Baustoffes oder Materials mit den folgenden Abkürzungen bezeichnet:

B = Bühne

S = Szenenfläche

SmF = Szenenfläche mit automatischer Feuerlöschanlage

SoF = Szenenfläche ohne automatische Feuerlöschanlage

Z = Zuschauerraum (bei Versammlungsstätten mit Bühnenhaus)

V = Versammlungsraum

F = Foyer

Die folgenden Baustoffe und Materialien werden verwendet:

Baustoff oder Material				Feuerschutz			
Nr.	Beschreibung	Bau-stoff-klasse A 1, A 2, B 1, B 2	Ort	Klassifi-zierung nach DIN/ Prüfzei-chen	Feuer-schutzmit-tel/Prüfzei-chen	damit erreichte Bau-stoff-klasse	aufge-bracht am

Baustoff oder Material				Feuerschutz			
Nr.	Beschreibung	Bau-stoff-klasse A 1, A 2, B 1, B 2	Ort	Klassifi-zierung nach DIN/ Prüfzei-chen	Feuer-schutzmit-tel/Prüfzei-chen	damit erreichte Bau-stoff-klasse	aufge-bracht am

Anhang 3

zum Gastspielprüfbuch ....
(Titel der Gastspielveranstaltung)

Angaben über feuergefährliche Handlungen

(Diese Angaben sind erforderlich, wenn auf der Bühne oder der
Szenenfläche oder im Versammlungsraum szenisch bedingt geraucht
oder offenes Feuer verwendet wird. Die Angaben befreien nicht von
den Verpflichtungen nach § 35 Abs. 2 Satz 3 NVStättVO.)

Handlungen mit offenem Feuer

Zeitpunkt im Ablauf	Anzahl	Art (Zigarette, Kerze o. Ä.)	Szenischer Ablauf (Ablauf der Aktion)	Ort auf der Bühne oder Szenenfläche	Löschen oder Aschablage	Gliederungspunkt der Gefährdungsanalyse

Erläuterungen:

Der Zeitpunkt im Ablauf kann, je nach Veranstaltungstyp, in Akten,
Szenen, Bildern, Programmpunkten oder Musikstücken oder in Minuten von einer Nullzeit ausgehend, angegeben werden. Unter Anzahl
ist die Stückzahl der zu diesem Zeitpunkt entzündeten Effekte einzutragen. Art bezeichnet den Typ des Effektes, z. B. Zigarette, Kerze, Fackel,
Brennpaste, Gas. Ort auf der Bühne oder Szenenfläche bezeichnet, in
welchem Teilraum oder auf welcher Teilfläche die Aktion haupt-
sächlich stattfindet. Unter Löschen oder Aschablage sind die Vor-

richtungen einzutragen, die für das sichere Löschen der feuergefährlichen Gegenstände oder für die Ablage der Asche vorgesehen sind.

Brandschutztechnische Gefährdungsanalyse

zu feuergefährlichen Handlungen, von denen eine besondere Gefahr wegen ihrer Art oder der Nähe des Abbrennortes zu Ausstattungen oder Personen ausgeht als Ergebnis einer Gefährdungsanalyse:

Feuergefährliche Handlungen

Gefahren durch:

☐ Flammbildung   ☐ Splittereinwirkung

☐ Funkenflug   ☐ Staubablagerung

☐ Blendung   ☐ Schallwirkung

☐ Wärmestrahlung   ☐ gegenseitige Beeinflussung verschiedener Effekte

☐ Abtropfen heißer Schlacke   ☐ gesundheitsgefährdende Gase, Staube, Dämpfe, Rauch

☐ Druckwirkung

Es sind folgende Schutzmaßnahmen vorgesehen:

Abstände zu Personen: ....

Abstände zu Dekorationen: ....

Unterwiesene Personen: ....

Lösch- und Feuerbekämpfungsmittel: ....

Sonstige Maßnahmen: ....

Anhang 4

zum Gastspielprüfbuch ....
(Titel der Gastspielveranstaltung)

Angaben über die pyrotechnischen Effekte

(Diese Angaben sind erforderlich, wenn auf der Bühne oder Szenenfläche oder im Versammlungsraum szenisch bedingte pyrotechnische Effekte durchgeführt werden. Die Angaben befreien nicht von den Verpflichtungen nach § 35 Abs. 2 Satz 3 NVStättVO.)

Hinweis:

Pyrotechnische Effekte der Klassen III, IV und T2 dürfen nur von verantwortlichen Personen im Sinne der §§ 19 und 21 des Sprengstoffgesetzes (SprengG) durchgeführt werden. Pyrotechnische Gegenstände der Klassen I, II und T1 dürfen auch von Personen ohne Befähigungsschein verwendet werden, wenn sie von der Veranstalterin oder vom Veranstalter hierzu beauftragt sind (1. Verordnung zum Sprengstoffgesetz).

Nach den §§ 19 und 21 SprengG verantwortliche Personen:

Erlaubnisscheininhaberin oder Erlaubnisscheininhaber:

....
(Vorname und Name)

Erlaubnisschein Nr.: .... Ausstellungsdatum: ....
ausstellende Behörde: ....

Befähigungsscheininhaberin oder Befähigungsscheininhaber:

....
(Vorname und Name)

Befähigungsschein Nr.: .... Ausstellungsdatum: ....
ausstellende Behörde: ....

Beauftragte Person:
(nur für pyrotechnische Gegenstände der Klassen I, II und T1)

....
(Vorname und Name)

Pyrotechnische Effekte

Nr.	Zeit-punkt im Ablauf	Anzahl	Art des Effektes	BAM-Num-mer	Ort auf der Bühne oder Sze-nenfläche	Dauer des Effek-tes	Nummer der Ge-fähr-dungsana-lyse

Erläuterungen:

Unter Nr. sind die vorgesehenen Effekte fortlaufend in der Reihenfolge des Abbrennens zu nummerieren. Der Zeitpunkt im Ablauf kann, je nach Veranstaltungstyp, in Akten, Szenen, Bildern, Programmpunkten oder Musikstücken oder in Minuten von einer Nullzeit ausgehend angegeben werden. Unter Anzahl ist die Stückzahl der zu diesem Zeitpunkt gezündeten, identischen Effekte einzutragen. Art bezeichnet den Typ des Effektes (z. B. Bühnenblitz, Fontäne). BAM-Nummer meint das Zulassungszeichen der Bundesanstalt für Materialprüfung. Bei Ort auf der Bühne oder Szenenfläche ist anzugeben, wo die Effekte gezündet werden. Dauer des Effektes bezeichnet die Zeitspanne vom Zünden des Effektes bis zum endgültigen Verlöschen in Sekunden. Bei extrem kurzzeitigen Effekten, wie Blitzen oder Knallkörpern, ist eine „0" einzutragen.

Pyrotechnische Gefährdungsanalyse

zu dem Einsatz pyrotechnischer Effekte als Ergebnis einer Gefährdungsanalyse:

Pyrotechnische Effekte

Gefahren durch:

☐ Flammbildung   ☐ Splittereinwirkung

☐ Funkenflug   ☐ Staubablagerung

☐ Blendung   ☐ Schallwirkung

☐ Wärmestrahlung   ☐ gegenseitige Beeinflussung
                               verschiedener Effekte

☐ Abtropfen heißer Schlacke   ☐ gesundheitsgefährdende Gase,
                               Stäube, Dämpfe, Rauch

☐ Druckwirkung

Es sind folgende Schutzmaßnahmen vorgesehen:

Abstände zu Personen: ....

Abstände zu Dekorationen: ....

Unterwiesene Personen: ....

Lösch- und Feuerbekämpfungsmittel: ....

Sonstige Maßnahmen: ....

Anhang 5

zum Gastspielprüfbuch ....

(Titel der Gastspielveranstaltung)

Sonstige Angaben

Für folgende Bauprodukte liegen Prüfzeugnisse vor:

....

....

....

....

....

....

....

....

....

....

....

....

Für folgende Fliegende Bauten liegen Ausführungsgenehmigungen vor:

....

....

....

....

....

....

....

....

....

....

2.11
Verordnung über die Gebühren und Auslagen für Amtshandlungen der Bauaufsicht (Baugebührenordnung – BauGO)

vom 13.1.1998 (Nds. GVBl. S. 3),
zuletzt geändert durch Art. 2 V vom 22.4.2005 (Nds. GVBl. S. 126)

Auf Grund

des § 3 Abs. 1 und 4 Satz 2 sowie des § 11 Abs. 5 des Niedersächsischen Verwaltungskostengesetzes (NVwKostG) vom 7. Mai 1962 (Nds. GVBl. S. 43), zuletzt geändert durch Gesetz vom 5. Juni 1997 (Nds. GVBl. S. 263), im Einvernehmen mit dem Finanzministerium,

des § 4 Abs. 2 NVwKostG im Einvernehmen mit dem Innenministerium, dem Sozialministerium, dem Ministerium für Wirtschaft, Technologie und Verkehr, dem Ministerium für Ernährung, Landwirtschaft und Forsten, dem Ministerium für Wissenschaft und Kultur und dem Umweltministerium sowie

des § 66 Abs. 3 der Niedersächsischen Bauordnung (NBauO) in der Fassung vom 13. Juli 1995 (Nds. GVBl. S. 199), zuletzt geändert durch Artikel 1 des Gesetzes vom 6. Oktober 1997 (Nds. GVBl. S. 422),

wird verordnet:

§ 1

(1) [1]Für Amtshandlungen der Bauaufsichtsbehörde oder der Stelle oder Person, auf die nach § 66 Abs. 2 NBauO eine Zuständigkeit übertragen worden ist, sind Gebühren und Auslagen zu erheben. [2]Die Höhe der Gebühren ergibt sich aus dem Gebührenverzeichnis (Anlage 1) und den Anlagen 2 bis 5. [3]Gebühren und Vergütungen, die von der Bauaufsichtsbehörde oder der Stelle oder Person, auf die nach § 66 Abs. 2 NBauO eine Zuständigkeit übertragen worden ist, an ein Prüfamt für Baustatik, an eine Prüfingenieurin oder einen Prüfingenieur für Baustatik oder an eine anerkannte Prüfstelle für Baustatik zu zahlen sind, sind als Auslagen zu erstatten, soweit sich aus dem Gebührenverzeichnis nichts anderes ergibt. [4]Die Gebühren sind auf volle Euro abzurunden.

(2) Die nach dem Gebührenverzeichnis maßgebenden Gebühren für bestimmte Amtshandlungen sind auch bei deren Ablehnung, Rücknahme, Widerruf oder Änderung nach Maßgabe des § 11 Abs. 3

NVwKostG zu erheben. Das Gleiche gilt, wenn ein Antrag auf Vornahme einer Amtshandlung zurückgenommen wird, bevor die Amtshandlung beendet ist.

§ 2

(1) Die Prüfingenieurinnen und Prüfingenieure für Baustatik erhalten für ihre Leistungen in Angelegenheiten der Bauaufsicht Gebühren und Auslagen nach Maßgabe dieser Verordnung und den Anlagen 1 bis 5. In den Gebühren ist die Umsatzsteuer in jeweils gesetzlich bestimmter Höhe enthalten.

(2) Den Prüfingenieurinnen und Prüfingenieuren für Baustatik werden Auslagen für notwendige Reisen (Reisekostenvergütung) nach den für Landesbeamtinnen und Landesbeamte geltenden Vorschriften erstattet. Für die Benutzung eines Kraftfahrzeuges bestimmt sich die Wegstreckenentschädigung abweichend von Satz 1 nach der Verordnung zu § 6 Abs. 2 des Bundesreisekostengesetzes vom 22. Oktober 1965 (BGBl. I S. 1809), zuletzt geändert durch Artikel 9 der Verordnung vom 8. August 2002 (BGBl. I S. 3177). Fahr- und Wartezeiten sind nach Zeitaufwand zu berechnen.

(3) Mit dem Prüfauftrag teilt die Bauaufsichtsbehörde oder die Stelle oder Person, auf die nach § 66 Abs. 2 NBauO eine Zuständigkeit übertragen worden ist, der Prüfingenieurin oder dem Prüfingenieur für Baustatik den Rohbauwert und die für die Gebührenberechnung anzuwendende Bauwerksklasse mit.

§ 3

(1) Der Rohbauwert ist für die in Anlage 2[1] genannten Gebäude nach deren Brutto-Rauminhalt, vervielfältigt mit dem jeweils angegebenen Rohbauwert je Kubikmeter Brutto-Rauminhalts, zu errechnen. Der Brutto-Rauminhalt für die in Anlage 2 genannten Gebäude bestimmt sich nach Anlage 5. Die Rohbauwerte der Anlage 2 basieren auf der Indexzahl 100 für das Jahr 2000. Ab 1. Oktober eines jeden Jahres sind diese Rohbauwerte mit der vom Statistischen Bundesamt für das jeweils vergangene Jahr bekannt gemachten Preisindexzahl ohne Umsatzsteuer (Deutschland) für den Neubau von Wohngebäuden insgesamt zu vervielfältigen und auf volle Euro zu runden. Die Indexzahl wird jeweils von der obersten Bauaufsichtsbehörde im Niedersächsischen Ministerialblatt bekannt gemacht.

---

1) Anlage 2 wurde durch RdErl. des MS vom 16. 9. 2004 (Nds. MBl. S. 588) geändert. Die Rohbauwerte der Anlage 2 der BauGO sind ab 1. 10. 2004 mit 0,999 zu vervielfältigen.

(2) Für die nicht in Anlage 2 genannten Gebäude und für sonstige bauliche Anlagen ist der Rohbauwert nach den Kosten zu ermitteln, die im Zeitpunkt der Genehmigung für alle bis zu einer Rohbau-abnahme fertig zu stellenden Arbeiten und Lieferungen entstehen werden. Hierzu gehören insbesondere die Kosten für Erdarbeiten, Abdichtungen, Dachdeckungsarbeiten, Klempnerarbeiten, Gerüste, Baugrubensicherungen, die Baustelleneinrichtung sowie die Kosten für Bauteile, die nicht bis zu einer Rohbauabnahme fertig zu stellen sind, für die jedoch ein Standsicherheitsnachweis erforderlich ist. Bei Umbauten sind auch die Kosten von Abbrucharbeiten zu berücksichtigen. Soweit die Gebühr nach dem Herstellungswert zu berechnen ist, sind die Kosten zugrunde zu legen, die im Zeitpunkt der Genehmigung für alle bis zu einer Schlussabnahme fertig zu stellenden Arbeiten und Lieferungen entstehen werden. Zu dem Rohbau- und Herstellungswert gehört die auf die Kosten nach den Sätzen 1 bis 4 entfallende Umsatzsteuer.

(3) In den Fällen des Absatzes 2 kann die Bauaufsichtsbehörde oder die Stelle oder Person, auf die nach § 66 Abs. 2 NBauO eine Zuständigkeit übertragen worden ist, für die Ermittlung der Gebühren den Rohbau- oder Herstellungswert unter Berücksichtigung ortsüblicher Preise schätzen, wenn der Rohbau- oder Herstellungswert nicht nachgewiesen wird. Dieser Nachweis kann auch noch bis zur Unanfechtbarkeit eines Gebührenbescheides geführt werden.

(4) Rohbauwert und Herstellungswert sind jeweils auf volle 500 Euro aufzurunden.

§ 4

(1) Bestimmt sich die Gebühr nach der Tafel (Anlage 4), so ist das Gebäude oder die andere bauliche Anlage zur Gebührenbemessung in die dem Schwierigkeitsgrad entsprechende Bauwerksklasse nach Anlage 3 einzustufen. Für Zwischenwerte der in der Tafel genannten Rohbauwerte sind die Gebühren der Tafel gradlinig zu interpolieren.

(2) Besteht ein Gebäude oder eine andere bauliche Anlage aus Tragwerken mit unterschiedlichem Schwierigkeitsgrad, so ist die bauliche Anlage in die Bauwerksklasse einzustufen, auf die sich der überwiegende Prüfaufwand erstreckt.

(3) Besteht eine Baumaßnahme aus mehreren Gebäuden oder anderen baulichen Anlagen, so ist die Gebühr nach der Tafel für jede einzelne bauliche Anlage getrennt zu ermitteln, wobei der Rohbauwert und die Bauwerksklasse der jeweiligen baulichen Anlage zugrunde zu

legen sind. Gehören die baulichen Anlagen jedoch der gleichen Bauwerksklasse an, so ist, wenn sie auch im Übrigen in statisch-konstruktiver Hinsicht weitgehend vergleichbar sind und die Bauvorlagen gleichzeitig zur Prüfung vorgelegt werden, der Rohbauwert dieser baulichen Anlagen zusammenzufassen und die Gebühr wie für eine bauliche Anlage zu berechnen, es sei denn, dass die Voraussetzungen für eine Gebührenermäßigung nach der Anmerkung zu den Nummern 9.1 bis 9.9 des Gebührenverzeichnisses vorliegen.

§ 5

Wirken weitere Organisationseinheiten innerhalb der für die Bauaufsicht zuständigen Behörde oder andere Behörden (mitwirkende Stellen) im Verfahren zur Erteilung einer Baugenehmigung, einer Zustimmung nach § 82 NBauO oder eines Bauvorbescheides oder einer sonstigen Amtshandlung der Bauaufsichtsbehörde oder der Stelle oder Person, auf die nach § 66 Abs. 2 NBauO eine Zuständigkeit übertragen worden ist, mit, so erhöht sich die jeweilige Gebühr um einen Zuschlag, der sich nach dem bei der mitwirkenden Stelle für die Sachbearbeitung entstandenen Zeitaufwand bestimmt. Dies gilt nicht für

1. die Denkmalschutzbehörden und das Institut für Denkmalpflege,

2. mitwirkende Stellen, die aufgrund anderer Vorschriften für die Mitwirkung Anspruch auf Gebühren oder Entgelte haben,

3. die Weiterleitung von Bauanträgen und Bauvoranfragen nach § 73 Abs. 1 NBauO und die bloße Weiterleitung sonstiger Vorgänge,

4. Stellungnahmen der für das städtebauliche Planungsrecht zuständigen Stellen.

Beträgt der Zeitaufwand der mitwirkenden Stelle weniger als 15 Minuten, so entfällt ein Zuschlag.

§ 6

(1) Bei der Berechnung der Gebühren nach dem Zeitaufwand ist die Zeit anzusetzen, die unter regelmäßigen Verhältnissen von einer entsprechend ausgebildeten Fachkraft benötigt wird. Bei auswärtigen Arbeiten ist die Zeit für An- und Abreise als Arbeitszeit zu rechnen. Hiervon abweichend sind im Stundensatz für die staatliche Gewerbeaufsichtsverwaltung die Zeiten für An- und Abreise sowie die Reisekosten bereits berücksichtigt.

(2) Die Gebühr nach Zeitaufwand beträgt je angefangene halbe Arbeitsstunde

1. für Beamtinnen und Beamte des höheren Dienstes und für vergleichbare Angestellte sowie für Prüfingenieurinnen und Prüfingenieure für Baustatik — 37 Euro,

2. für Beamtinnen und Beamte des gehobenen Dienstes und für vergleichbare Angestellte — 30 Euro,

3. für Beamtinnen und Beamte des mittleren Dienstes und für vergleichbare Angestellte — 23 Euro.

(3) Die Gebühr nach Zeitaufwand beträgt für Beratungen nach Nummer 4.6 des Gebührenverzeichnisses und für den Zuschlag nach § 5 abweichend von Absatz 2 je angefangene halbe Arbeitsstunde

1. für Beamtinnen und Beamte des höheren Dienstes und für vergleichbare Angestellte

    a) der Bauaufsichtsbehörden — 32 Euro,

    b) der staatlichen Gewerbeaufsichtsverwaltung — 39 Euro,

    c) sonstiger mitwirkender Stellen — 32 Euro,

2. für Beamtinnen und Beamte des gehobenen Dienstes und für vergleichbare Angestellte

    a) der Bauaufsichtsbehörden — 27 Euro,

    b) der staatlichen Gewerbeaufsichtsverwaltung — 31 Euro,

    c) sonstiger mitwirkender Stellen — 27 Euro,

3. für Beamtinnen und Beamte des mittleren Dienstes und für vergleichbare Angestellte

    a) der Bauaufsichtsbehörden — 21 Euro,

    b) der staatlichen Gewerbeaufsichtsverwaltung — 23 Euro,

    c) sonstiger mitwirkender Stellen — 21 Euro.

§ 7

Gehört die mitwirkende Stelle zu einem anderen Rechtsträger als die Bauaufsichtsbehörde oder die Stelle oder Person, auf die nach § 66 Abs. 2 NBauO eine Zuständigkeit übertragen worden ist, so ist der für die Mitwirkung vereinnahmte Zuschlag an diesen Rechtsträger abzuführen.

§ 8

(1) Diese Verordnung tritt am 1. Februar 1998 in Kraft.

(2) Gleichzeitig tritt die Baugebührenordnung vom 6. Mai 1992 (Nds. GVBl. S. 128), geändert durch Artikel 1 der Verordnung vom 17. Januar 1997 (Nds. GVBl. S. 37), außer Kraft.

Anlage 1
(zu den §§ 1 und 2 Abs. 1)

Gebührenverzeichnis

Nr.	Gegenstand	Gebühr in Euro
1	**Baugenehmigung, Bauvorbescheid**	
1.1	Genehmigung von Baumaßnahmen oder baulichen Anlagen, ausgenommen nach den Nrn. 1.3 bis 1.5	
1.1.1	für je angefangene 500 Euro des Rohbau-wertes	5,50
	mindestens	54
1.1.2	soweit der Rohbauwert schwer bestimmbar ist, für je angefangene 500 Euro des Herstellungswertes	3,80
	mindestens	54
	Anmerkungen zu den Nrn. 1.1.1 und 1.1.2:	
	a) Für mehrere gleiche Gebäude oder andere gleiche bauliche Anlagen auf einem Baugrundstück oder auf benachbarten Baugrundstücken ermäßigen sich die Gebühren, soweit die Mindestgebühren nicht unterschritten werden, für die zweite und jede weitere bauliche Anlage auf die Hälfte, wenn die Bauanträge gleichzeitig zur Prüfung vorgelegt werden. Die Ermäßigung ist auf alle Bauanträge umzulegen.	
	b) Für Wohngebäude geringer Höhe im vereinfachten Baugenehmigungsverfahren nach § 75a NBauO ermäßigen sich die Gebühren auf 4,30 Euro für je angefangene 500 Euro des Rohbauwertes und auf 3,20 Euro für je angefangene 500 Euro des Herstellungswertes.	

Nr.	Gegenstand	Gebühr in Euro
1.1.3	Prüfung von Bauvorlagen einschließlich der erforderlichen örtlichen Überprüfungen für ohne Baugenehmigung ausgeführte genehmigungspflichtige bauliche Anlagen oder Änderungen von baulichen Anlagen, wenn diese nachträglich genehmigt oder (ohne Genehmigung) belassen werden *Anmerkungen* zu Nr. 1.1.3: a) Die Gebühren sind auch zu erheben, wenn diese baulichen Anlagen und Änderungen von baulichen Anlagen auf ihre Übereinstimmung mit dem materiellen Baurecht ohne Bauvorlagen geprüft wurden. Bei nur teilweise ausgeführten baulichen Anlagen oder Änderungen sind die Gebühren nur in Bezug auf den ausgeführten Teil zu erheben. b) Die Gebühren für die Prüfung der Nachweise der Standsicherheit, des Schallschutzes, des Wärmeschutzes und der Feuerwiderstandsdauer berechnen sich nach Nummer 9.	dreifache Gebühr nach Nr. 1.1.1 oder 1.1.2
1.1.4	Vorprüfung, ob eine Umweltverträglichkeitsprüfungspflicht im Einzelfall besteht mindestens höchstens	nach Zeitaufwand 54 1000
1.1.5	Durchführung einer Umweltverträglichkeitsprüfung mindestens höchstens	nach Zeitaufwand 250 8000
1.2	Genehmigung von Werbeanlagen mit einer Ansichtsfläche	
1.2.1	bis zu 5 m²	54
1.2.2	von mehr als 5 m² bis 10 m², je Quadratmeter	11

Nr.	Gegenstand	Gebühr in Euro
1.2.3	von mehr als 10 m²	110 zuzüglich 3,70 Euro je Quadratmeter der 10 m² übersteigenden Fläche
	höchstens	270
1.2.4	Prüfung von Bauvorlagen einschließlich der erforderlichen örtlichen Überprüfungen für ohne Baugenehmigung ausgeführte genehmigungspflichtige Werbeanlagen oder Änderungen von Werbeanlagen, wenn diese nachträglich genehmigt oder (ohne Genehmigung) belassen werden	dreifache Gebühr nach den Nrn. 1.2.1 bis 1.2.3
	Anmerkungen zu Nr. 1.2:	
	a) Die Ansichtsfläche ist auf volle Quadratmeter aufzurunden. Als Ansichtsfläche gilt bei unregelmäßiger Form der Werbeanlage das Rechteck, das die Anlage umschließt.	
	b) Für gleiche Werbeanlagen auf demselben Baugrundstück ermäßigen sich die Gebühren für die zweite und jede weitere Werbeanlage auf ein Viertel, wenn die Bauanträge gleichzeitig zur Prüfung vorgelegt werden.	
	c) Die Anmerkungen zu Nr. 1.1.3 gelten entsprechend bei Nr. 1.2.4.	
1.3	Genehmigung von selbstständigen Abgrabungen und Aufschüttungen	54 bis 1080
1.4	Genehmigung von Nutzungsänderungen	54 bis 1620
	Anmerkungen zu Nr. 1.4:	
	Die Gebührenerhebung für die mit Nutzungsänderungen im Zusammenhang stehenden sonstigen Baumaßnahmen bleibt unberührt.	

Nr.	Gegenstand	Gebühr in Euro
1.5	Genehmigung des Abbruchs oder der Beseitigung von Hochhäusern oder von deren Bauteilen	54 bis 1620
1.6	Änderung einer Baugenehmigung aufgrund geänderter Bauvorlagen, soweit sich die Gebühr nicht nach den Nrn. 1.1 bis 1.5 bestimmen lässt	54 bis 810
1.7	Verlängerung einer Baugenehmigung	20 v. H. der Gebühr nach den Nrn. 1.1 bis 1.5, ausgenommen die Nrn. 1.1.3 und 1.2.4
	mindestens	54
1.8	Teilbaugenehmigung	54 bis 1620
1.9	Verlängerung einer Teilbaugenehmigung *Anmerkung* zu den Nrn. 1.8 und 1.9: Die Gebühr für die einzelne Teilbaugenehmigung oder deren Verlängerung kann unter Berücksichtigung eines geringeren Prüfaufwandes im Baugenehmigungsverfahren auf die Gebühr für die Baugenehmigung angerechnet werden, soweit die Gebühr für die einzelne Teilbaugenehmigung oder deren Verlängerung 150 Euro übersteigt.	54 bis 810
1.10	Bauvorbescheid	54 bis 1620
1.11	Verlängerung eines Bauvorbescheides *Anmerkung* zu den Nrn. 1.10 und 1.11: Die Gebühr für einen Bauvorbescheid oder dessen Verlängerung kann unter Berücksichtigung eines geringeren Prüfaufwandes im Baugenehmigungsverfahren bis zur Hälfte auf die Baugenehmigungsgebühr angerechnet werden, soweit der Mindestbetrag für die Baugenehmigungsgebühr nicht unterschritten wird.	54 bis 810

Nr.	Gegenstand	Gebühr in Euro
2	**Zustimmung nach § 82 NBauO**	
2.1	Zustimmung zu Baumaßnahmen und baulichen Anlagen, ausgenommen nach Nr. 2.2	
2.1.1	bei einem Prüfumfang nach § 82 Abs. 3 Satz 1 NBauO	zwei Drittel der Gebühr nach Nr. 1.1, ausgenommen Nr. 1.1.3
	mindestens	54
2.1.2	bei einem Prüfumfang nach § 82 Abs. 3 Satz 2 NBauO	ein Drittel der Gebühr nach Nr. 1.1, ausgenommen Nr. 1.1.3
	mindestens	54
2.1.3	bei einem Prüfumfang nach § 82 Abs. 3 Satz 3 NBauO	Gebühr nach Nr. 1.1, ausgenommen Nr. 1.1.3
2.1.4	Vorprüfung, ob eine Umweltverträglichkeitsprüfungspflicht im Einzelfall besteht	nach Zeitaufwand
	mindestens	54
	höchstens	1000
2.1.5	Durchführung einer Umweltverträglichkeitsprüfung	nach Zeitaufwand
	mindestens	250
	höchstens	8000
2.2	Zustimmung zu Werbeanlagen, selbstständigen Abgrabungen und Aufschüttungen, zu Nutzungsänderungen sowie zum Abbruch oder zur Beseitigung von Hochhäusern oder von deren Bauteilen	Gebühr nach den Nrn. 1.2 bis 1.5, ausgenommen Nr. 1.2.4
2.3	Änderung einer Zustimmung aufgrund geänderter Bauvorlagen, soweit sich die Gebühr nicht nach Nr. 2.1 oder 2.2 bestimmen lässt	54 bis 810

Nr.	Gegenstand	Gebühr in Euro
2.4	Verlängerung einer Zustimmung	20 v. H. der Gebühr nach Nr. 2.1 oder 2.2
	mindestens	54
2.5	Teilzustimmung und deren Verlängerung sowie Bauvorbescheid und dessen Verlängerung im Zustimmungsverfahren	Gebühr nach den Nrn. 1.8 bis 1.11
3	**Allgemeines bauaufsichtliches Prüfzeugnis, Zustimmung im Einzelfall, Festlegungen und Gestattungen nach §§ 27 und 28 NBauO sowie Erstprüfung eines Bauprodukts nach § 5 Abs. 5 des Bauproduktengesetzes (BauPG)**	
3.1	Allgemeines bauaufsichtliches Prüfzeugnis	270 bis 5410
3.2	Verlängerung eines allgemeinen bauaufsichtlichen Prüfzeugnisses	270 bis 1080
3.3	Zustimmung zur Verwendung oder Anwendung von Bauprodukten oder Bauarten im Einzelfall	325 bis 6450
3.4	Verzicht auf Zustimmung zur Verwendung oder Anwendung von Bauprodukten oder Bauarten im Einzelfall	162 bis 1620
3.5	Festlegung, dass eine allgemeine bauaufsichtliche Zulassung, ein allgemeines bauaufsichtliches Prüfzeugnis oder eine Zustimmung im Einzelfall für bestimmte Bauarten nicht erforderlich ist	162 bis 3230
3.6	Gestattung der Verwendung oder Anwendung von Bauprodukten oder Bauarten ohne das erforderliche Übereinstimmungszertifikat	162 bis 2690
3.7	Erstprüfung eines Bauprodukts nach § 5 Abs. 5 i. V. m. § 9 Abs. 4 BauPG durch eine nach § 11 Abs. 1 Satz 1 Nr. 1 BauPG anerkannte Prüfstelle	270 bis 5400

Nr.	Gegenstand	Gebühr in Euro
4	**Bauüberwachung, Bauabnahmen, regelmäßige Überprüfung, Beratung**	
4.1	Überwachung von Baumaßnahmen in statisch-konstruktiver Hinsicht	nach Zeitaufwand
4.2	Rohbauabnahme	5 v. H. der jeweiligen Genehmigungsgebühr
	mindestens	20
4.3	Schlussabnahme	5 v. H. der jeweiligen Genehmigungsgebühr
	mindestens	20
	Anmerkung zu den Nrn. 4.2 und 4.3:	
	Bei der Gebührenbemessung bleiben Ermäßigungen der Genehmigungsgebühr nach Nr. 1, ebenso unberücksichtigt wie eine Erhöhung nach den Nrn. 1.1.3 oder 1.2.4.	
4.4	Abnahme bestimmter Bauteile oder Bauarbeiten	nach Zeitaufwand
4.5	Regelmäßige Überprüfung nach § 87 NBauO durch die Bauaufsichtsbehörde ·	60 bis 590
4.6	Beratung nach § 65 Abs. 1 Satz 2 NBauO, insbesondere Auskünfte, auch im Zusammenhang mit einem anhängigen Verfahren durch die unteren Bauaufsichtsbehörden	nach Zeitaufwand
	Anmerkung zu Nr. 4.6:	
	Beträgt der Zeitaufwand weniger als 15 Minuten, so entfällt eine Gebühr.	

Nr.	Gegenstand	Gebühr in Euro
5	**Fliegende Bauten**	
5.1	Ausführungsgenehmigung von fliegenden Bauten für je angefangene 500 Euro des Herstellungswertes	3,90
	mindestens	54
	höchstens	2150
5.2	Verlängerung der Ausführungsgenehmigung von fliegenden Bauten	54 bis 540
5.3	Gebrauchsabnahme	11 bis 162
5.4	Mitteilung des Verzichts auf Gebrauchsabnahme nach § 84 Abs. 6 Satz 4 NBauO	gebührenfrei
6	**Teilungsgenehmigung**	
6.1	Teilungsgenehmigung nach § 94 Abs. 1 NBauO	54 bis 430
6.2	Zeugnis (Negativbescheinigung) nach § 94 Abs. 1 NBauO	54
7	**Ausnahmen, Befreiungen, Abweichungen**	
7.1	Ausnahmen oder Abweichungen von Vorschriften des öffentlichen Baurechts durch besondere schriftliche Entscheidung mit Ausnahme der in Nummer 7.2 genannten Entscheidung	54 bis 1080
7.2	Besondere schriftliche Entscheidung nach § 47 der Niedersächsischen Versammlungsstättenverordnung	54
7.3	Befreiungen von Vorschriften des Bauordnungsrechts	54 bis 2690
7.4	Befreiungen von Festsetzungen eines Bebauungsplans	54 bis 2690
7.5	Befreiungen von Vorschriften der Energieeinsparverordnung	54 bis 1080

Nr.	Gegenstand	Gebühr in Euro
8	**Baulasten**	
8.1	Eintragung einer Baulast *Anmerkung* zu Nr. 8.1: Mit der Gebühr ist auch der Verwaltungs- aufwand für eine Beratung über den Inhalt der Baulast und für die Vorbereitung und Entgegennahme der Baulasterklärung abge- golten.	54 bis 1620
8.2	Löschung einer Baulast	54 bis 540
8.3	Auszug aus dem Baulastenverzeichnis	16
9	**Prüfung der Nachweise der Standsicher- heit, des Schallschutzes, des Wärmeschut- zes und der Feuerwiderstandsdauer**	
9.1	Prüfung des Standsicherheitsnachweises, ausgenommen nach den Nrn. 9.2, 9.11 und 9.12	nach der Tafel (An- lage 4)
9.2	Prüfung des Standsicherheitsnachweises für Umbauten und Aufstockungen	Gebühr nach der Tafel zuzüglich bis zu 50 v. H. dieses Betrages entspre- chend dem Bearbei- tungsmehraufwand
9.3	Prüfung des Schallschutznachweises	5 v. H. der Gebühr nach der Tafel für die Bauwerksklas- se 3
9.4	Prüfung des Wärmeschutznachweises mindestens	10 v. H. der Gebühr nach der Tafel für die Bauwerksklas- se 3 75
9.5	Prüfung des Nachweises der Feuerwider- standsdauer der tragenden Bauteile	5 v. H. der Gebühr nach der Tafel für die Bauwerksklas- se 3

Nr.	Gegenstand	Gebühr in Euro
9.6	Prüfung von Ausführungszeichnungen für statisch-konstruktiv schwierige Baumaßnahmen oder Bauteile der Bauwerksklassen 3 bis 5, ausgenommen Ausführungszeichnungen nach Nr. 9.7	ein dem Bearbeitungsaufwand entsprechender Vomhundertsatz der Gebühr für die Prüfung des Standsicherheitsnachweises, jedoch nicht mehr als 75 v. H. dieser Gebühr
9.7	Prüfung von Elementplänen des Fertigteilbaues und Werkstattzeichnungen des Metall- und Ingenieurholzbaues für statisch-konstruktiv schwierige Baumaßnahmen oder Bauteile der Bauwerksklassen 3 bis 5 *Anmerkung* zu den Nrn. 9.6 und 9.7: Die Gebühren dürfen insgesamt nicht mehr als 100 v. H. der Gebühr für die Prüfung des Standsicherheitsnachweises betragen.	ein dem Bearbeitungsaufwand entsprechender Vomhundertsatz der Gebühr für die Prüfung des Standsicherheitsnachweises, jedoch nicht mehr als 75 v. H. dieser Gebühr
9.8	Prüfung von vorgezogenen Lastzusammenstellungen sowie von zusätzlichen Nachweisen für Transport-, Montage- oder Bauzustände, Militärlastklassen, Erdbeben- und Bergschädensicherung	ein dem Bearbeitungsaufwand entsprechender Vomhundertsatz der Gebühr des Standsicherheitsnachweises

Nr.	Gegenstand	Gebühr in Euro
9.9	Prüfung von Nachträgen zu den bautechnischen Nachweisen sowie zu den Zeichnungen und Plänen nach den Nrn. 9.6 und 9.7 infolge von Änderungen oder Fehlern	ein dem Bearbeitungsaufwand entsprechender Vomhundertsatz der jeweiligen Gebühr nach den Nrn. 9.1 bis 9.8
	Anmerkung zu den Nrn. 9.1 bis 9.9:	
	Für mehrere Gebäude oder andere bauliche Anlagen mit gleichen Standsicherheitsnachweisen oder gleichen Nachweisen für den Schallschutz, den Wärmeschutz, die Feuerwiderstandsdauer oder gleichen Ausführungszeichnungen auf einem Baugrundstück oder auf benachbarten Baugrundstücken ermäßigen sich die Gebühren für die zweite und jede weitere bauliche Anlage auf ein Zehntel, wenn die Nachweise gleichzeitig zur Prüfung vorgelegt werden. Diese Gebühren ermäßigen sich unter den Voraussetzungen nach Satz 1 für die zweite und jede weitere bauliche Anlage nur auf die Hälfte, wenn die Nachweise nicht gleichzeitig zur Prüfung vorgelegt werden. Die Ermäßigung ist auf alle Bauanträge umzulegen.	
9.10	Prüfung der Nachweise der Standsicherheit, des Schallschutzes, des Wärmeschutzes oder der Feuerwiderstandsdauer im Rahmen einer Typenprüfung oder deren Verlängerung	zweifache Gebühr nach Zeitaufwand
9.11	Prüfung des Standsicherheitsnachweises von fliegenden Bauten	nach Zeitaufwand
9.12	Prüfung des Standsicherheitsnachweises von Windkraftanlagen	nach Zeitaufwand
9.13	Leistungen nach den Nrn. 9.1 bis 9.9, wenn der Rohbauwert schwer bestimmbar ist	nach Zeitaufwand

Nr.	Gegenstand	Gebühr in Euro
9.14	Leistungen nach den Nrn. 9.1 bis 9.9, wenn die Gebühr nach diesen Nummern in einem groben Missverhältnis zu dem Prüfaufwand steht	nach Zeitaufwand
10	**Prüfingenieurinnen und Prüfingenieure für Baustatik, Sachverständige, Prüf-, Zertifizierungs- und Überwachungsstellen**	
10.1	Anerkennung als Prüfingenieurin oder Prüfingenieur für Baustatik	540 bis 2150
10.2	Verlängerung der Anerkennung	162
10.3	Anerkennung von Sachverständigen	162 bis 540
10.4	Anerkennung als Prüf-, Zertifizierungs- und Überwachungsstelle nach § 28c Abs. 1 und 3 NBauO	1080 bis 10 750
10.5	Erweiterung einer Anerkennung als Prüf-, Zertifizierungs- und Überwachungsstelle nach § 28c Abs. 1 und 3 NBauO	270 bis 5400
10.6	Anerkennung als Prüf-, Zertifizierungs- und Überwachungsstelle nach § 11 Abs. 1 BauPG	1080 bis 21 550
10.7	Erweiterung einer Anerkennung als Prüf-, Zertifizierungs- und Überwachungsstelle nach § 11 Abs. 1 BauPG	270 bis 10 750
11	**Sonstige Amtshandlungen**	
11.1	Entgegennahme der Unterlagen nach § 69a Abs. 4 Satz 4 i. V. m Abs. 3 NBauO und deren Überprüfung auf Vollständigkeit	54
11.2	Genehmigung nach § 22 des Baugesetzbuches (BauGB)	54 bis 430
11.3	Zeugnis (Negativbescheinigung nach § 22 BauGB)	54
11.4	Ablehnung der Behandlung eines Bauantrages nach § 73 Abs. 2 NBauO	54 bis 270

Nr.	Gegenstand	Gebühr in Euro
11.5	Verfügung nach § 54 NBauO	54 bis 1080
11.6	Ordnungsbehördliche Verfügungen nach § 89 NBauO	54 bis 1080
11.7	Ablehnung des Erlasses von ordnungs- behördlichen Verfügungen nach § 89 NBauO	54 bis 1080
11.8	Anwendung von Zwangsmitteln nach § 89 NBauO	54 bis 1080

Anlage 2
(zu den §§ 1, 2 Abs. 1, § 3 Abs. 1 und 2)

Tabelle des durchschnittlichen Rohbauwertes je Kubikmeter Brutto-Rauminhalts

Bezugsjahr 2000 = 100

Nr.	Gebäudeart	Rohbauwert in Euro/m³
1.	Wohngebäude	95
2.	Wochenendhäuser	83
3.	Büro- und Verwaltungsgebäude, Banken und Arztpraxen	128
4.	Schulen	121
5.	Kindertageseinrichtungen	109
6.	Hotels, Pensionen, Heime bis jeweils 60 Betten, Gaststätten	109
7.	Hotels, Heime, Sanatorien mit jeweils mehr als 60 Betten	127
8.	Krankenhäuser	141
9.	Versammlungsstätten	109
10.	Hallenbäder	117
11.	Verkaufsstätten mit nicht mehr als 50 000 m³ Brutto-Rauminhalt in eingeschossigen Gebäuden	
11.1	bis 2 000 m³ Brutto-Rauminhalt	33
11.2	der 2 000 m³ übersteigende Brutto-Raum-inhalt bis 5 000 m³	29
11.3	der 5 000 m³ übersteigende Brutto-Raum-inhalt	23

Nr.	Gebäudeart	Rohbauwert in Euro/m³
12.	Verkaufsstätten mit nicht mehr als 5 000 m³ Brutto-Rauminhalt in mehrgeschossigen Gebäuden	
12.1	mit Verkaufsstätten in einem Geschoss und sonstigen Nutzungen mit Aufenthaltsräumen in den übrigen Geschossen	72
12.2	mit Verkaufsstätten in mehr als einem Geschoss	129
13.	Kleingaragen, ausgenommen offene Kleingaragen	79
14.	Mittel- und Großgaragen, soweit sie eingeschossig sind	94
15.	Mittel- und Großgaragen, soweit sie mehrgeschossig sind	113
16.	Tiefgaragen	130
17.	Fabrik-, Werkstatt- und Lagergebäude, Sporthallen mit nicht mehr als 50 000 m³ Brutto-Rauminhalt, soweit sie eingeschossig sind	
17.1	bis zu 2 000 m³ Brutto-Rauminhalt	
	Bauart schwer[1]	41
	sonstige Bauart	33
17.2	der 2 000 m³ übersteigende Brutto-Rauminhalt bis 5 000 m³ Bauart schwer[1] sonstige Bauart	35 29
17.3	der 5 000 m³ übersteigende Brutto-Rauminhalt	
	Bauart schwer[1]	29
	sonstige Bauart	23
18.	Fabrik-, Werkstatt- und Lagergebäude mit nicht mehr als 50 000 m³ Brutto-Rauminhalt, soweit sie mehrgeschossig sind	85

Nr.	Gebäudeart	Rohbauwert in Euro/m³
19.	Stallgebäude, ausgenommen Güllekeller	
19.1	bis 2 000 m³ Brutto-Rauminhalt Bauart schwer[1]) sonstige Bauart	39 27
19.2	der 2 000 m³ übersteigende Brutto-Raum-inhalt bis 5 000 m³ Bauart schwer[1]) sonstige Bauart	32 25
19.3	der 5 000 m³ übersteigende Brutto-Raum-inhalt Bauart schwer[1]) sonstige Bauart	25 21
20.	Gebäude zur Lagerung landwirtschaftlicher Produkte	21
21.	Gebäude zum Abstellen landwirtschaftlicher Maschinen und Geräte	15
22.	Güllekeller, soweit sie unter Ställen oder sonstigen landwirtschaftlichen Betriebs-gebäuden liegen	75
23.	Schuppen, offene Kleingaragen und ähnliche Gebäude	34
24.	Gewächshäuser	
24.1	bis 1 500 m³ Brutto-Rauminhalt	25
24.2	der 1 500 m³ übersteigende Brutto-Raum-inhalt	15

1) Gebäude, deren Außenwände überwiegend aus Beton einschließlich Leicht- und Porenbeton oder aus mehr als 17,5 cm dickem Mauerwerk bestehen.

Bei Gebäuden mit mehr als fünf Vollgeschossen ist der Rohbauwert um 5 v. H. und bei Hochhäusern um 10 v. H. zu erhöhen. Bei Hallenbauten mit Kränen sind für den von Kranbahnen erfassten Hallenbereich 38 Euro/m³ hinzuzurechnen.

Die in der Tabelle angegebenen Werte berücksichtigen nur Flachgrün-dungen mit Streifen- oder Einzelfundamenten. Mehrkosten für andere

Gründungen sind gesondert zu ermitteln; dies gilt auch für Außenwand-verkleidungen, für die ein Standsicherheitsnachweis geführt werden muss.

Bei Gebäuden mit gemischter Nutzung ist für die Gebäudeteile mit verschiedenen Nutzungsarten der Rohbauwert anteilig zu ermitteln, soweit Nutzungsarten nicht nur Nebenzwecken dienen.

Der nicht ausgebaute Dachraum eines Dachgeschosses ist, abweichend von DIN 277, nur mit einem Drittel seines Rauminhalts anzurechnen.

Anlage 3
(zu den §§ 1, 2 Abs. 1, § 4 Abs. 1)

Bauwerksklassen

Bauwerksklasse 1

Tragwerke mit sehr geringem Schwierigkeitsgrad, insbesondere

– einfache statisch bestimmte ebene Tragwerke aus Holz, Stahl, Stein oder unbewehrtem Beton mit ruhenden Lasten, ohne Nachweis horizontaler Aussteifung;

Bauwerksklasse 2

Tragwerke mit geringem Schwierigkeitsgrad, insbesondere

– statisch bestimmte ebene Tragwerke in gebräuchlichen Bauarten ohne Vorspann- und Verbundkonstruktionen mit vorwiegend ruhenden Lasten,

– Deckenkonstruktionen mit vorwiegend ruhenden Flächenlasten, die sich mit gebräuchlichen Tabellen berechnen lassen,

– Mauerwerksbauten mit bis zur Gründung durchgehenden tragenden Wänden ohne Nachweis horizontaler Aussteifung,

– Flachgründungen und Stützwände einfacher Art;

Bauwerksklasse 3

Tragwerke mit durchschnittlichem Schwierigkeitsgrad, insbesondere

– schwierige statisch bestimmte und statisch unbestimmte ebene Tragwerke in gebräuchlichen Bauarten ohne Vorspannkonstruktionen und ohne Stabilitätsuntersuchungen,

– einfache Verbundkonstruktionen des Hochbaus ohne Berücksichtigung des Einflusses von Kriechen und Schwinden,

– Tragwerke für Gebäude mit Abfangung der tragenden bzw. aussteifenden Wände,

– ausgesteifte Skelettbauten,

– ebene Pfahlrostgründungen,

– einfache Gewölbe,

– einfache Rahmentragwerke ohne Vorspannkonstruktionen und ohne Stabilitätsuntersuchungen,

– einfache Traggerüste und andere einfache Gerüste für Ingenieurbauwerke,

– einfache verankerte Stützwände;

Bauwerksklasse 4

Tragwerke mit überdurchschnittlichem Schwierigkeitsgrad, insbesondere

– statisch und konstruktiv schwierige Tragwerke in gebräuchlichen Bauarten und Tragwerke, für deren Standsicherheits- und Festigkeitsnachweis schwierig zu ermittelnde Einflüsse zu berücksichtigen sind,

– vielfach statisch unbestimmte Systeme,

– statisch bestimmte räumliche Fachwerke,

– einfache Faltwerke nach der Balkentheorie,

– statisch bestimmte Tragwerke, die Schnittgrößenbestimmungen nach der Theorie II. Ordnung erfordern,

– einfach berechnete seilverspannte Konstruktionen,

– Tragwerke für schwierige Rahmen- und Skelettbauten sowie turmartige Bauten, bei denen der Nachweis der Stabilität und Aussteifung die Anwendung besonderer Berechnungsverfahren erfordert,

– Verbundkonstruktionen, soweit nicht in Bauwerksklasse 3 oder 5 erwähnt,

– einfache Trägerroste und einfache orthotrope Platten,

– Tragwerke mit einfachen Schwingungsuntersuchungen,

– schwierige statisch unbestimmte Flachgründungen, schwierige ebene und räumliche Pfahlgründungen, besondere Gründungsverfahren, Unterfahrungen,

– schiefwinklige Einfeldplatten für Ingenieurbauwerke,

– schiefwinklig gelagerte oder gekrümmte Träger,

– schwierige Gewölbe oder Gewölbereihen,

– Rahmentragwerke, soweit nicht in Bauwerksklasse 3 oder 5 erwähnt,

- schwierige Traggerüste und andere schwierige Gerüste für Ingenieurbauwerke,
- schwierige, verankerte Stützwände,
- Konstruktionen mit Mauerwerk nach Eignungsprüfung (Ingenieurmauerwerk);

Bauwerksklasse 5

Tragwerke mit sehr hohem Schwierigkeitsgrad, insbesondere

- statisch und konstruktiv ungewöhnlich schwierige Tragwerke,
- schwierige Tragwerke in neuen Bauarten,
- räumliche Stabwerke und statisch unbestimmte räumliche Fachwerke,
- schwierige Trägerroste und schwierige orthotrope Platten,
- Verbundträger mit Vorspannung durch Spannglieder oder andere Maßnahmen,
- Flächentragwerke (Platten, Scheiben, Faltwerke, Schalen), die die Anwendung der Elastizitätstheorie erfordern,
- statisch unbestimmte Tragwerke, die Schnittgrößenbestimmungen nach der Theorie II. Ordnung erfordern,
- Tragwerke mit Standsicherheitsnachweisen, die nur unter Zuhilfenahme modellstatischer Untersuchungen oder durch Berechnungen mit finiten Elementen beurteilt werden können,
- Tragwerke mit Schwingungsuntersuchungen, soweit nicht in Bauwerksklasse 4 erwähnt,
- seilverspannte Konstruktionen, soweit nicht in Bauwerksklasse 4 erwähnt,
- schiefwinklige Mehrfeldplatten,
- schiefwinklig gelagerte, gekrümmte Träger,
- schwierige Rahmentragwerke mit Vorspannkonstruktionen und Stabilitätsuntersuchungen,
- sehr schwierige Traggerüste und andere sehr schwierige Gerüste für Ingenieurbauwerke, zum Beispiel weit gespannte oder hohe Traggerüste,
- Tragwerke, bei denen die Nachgiebigkeit der Verbindungsmittel bei der Schnittkraftermittlung zu berücksichtigen ist.

Anlage 4
(zu den §§ 1, 2 Abs. 1, § 4 Abs. 1)

Tafel

Rohbau-wert in Euro	Gebühr in Euro in der Bauwerksklasse				
	1	**2**	**3**	**4**	**5**
500	8	13	18	22	27
5 000	55	82	110	137	172
10 000	96	144	192	240	300
15 000	132	200	265	330	415
20 000	167	250	335	420	530
25 000	200	300	400	500	630
30 000	231	345	465	580	720
35 000	260	395	520	660	820
40 000	290	435	580	730	910
45 000	320	480	640	800	1 000
50 000	345	520	700	870	1 090
100 000	610	910	1 210	1 510	1 900
150 000	840	1 260	1 680	2 100	2 630
200 000	1 060	1 580	2 110	2 640	3 310
250 000	1 260	1 890	2 520	3 160	3 950
300 000	1 460	2 190	2 920	3 650	4 580
350 000	1 650	2 480	3 300	4 130	5 200
400 000	1 840	2 760	3 680	4 600	5 750
450 000	2 020	3 030	4 040	5 050	6 350
500 000	2 200	3 300	4 400	5 500	6 900
1 000 000	3 820	5 750	7 650	9 550	12 000

Rohbau-wert in Euro	Gebühr in Euro in der Bauwerksklasse				
	1	**2**	**3**	**4**	**5**
1 500 000	5 300	7 950	10 600	13 250	16 600
2 000 000	6 650	9 990	13 300	16 650	20 850
2 500 000	7 950	11 950	15 950	19 900	24 950
3 000 000	9 200	13 800	18 450	23 050	28 850
3 500 000	10 400	15 650	20 850	26 050	32 650
4 000 000	11 600	17 400	23 200	29 000	36 350
4 500 000	12 750	19 100	25 500	31 850	39 950
5 000 000	13 850	20 800	27 750	34 650	43 450
7 500 000	19 150	28 750	38 350	47 950	60 100
10 000 000	24 150	36 200	48 200	60 300	75 600
15 000 000	33 400	50 100	66 800	83 400	104 600
20 000 000	42 050	63 000	84 000	105 100	131 700
25 000 000	50 200	75 400	100 500	125 600	157 400
Rohbau-wert in Euro	**Mit dem Tausendstel des Rohbauwertes zu vervielfältigender Gebührensatz in der Bauwerksklasse**				
	1	2	3	4	5
über 25 000 000	2,008	3,016	4,02	5,024	6,296

Anlage 5
(zu den §§ 1, 2 Abs. 1, § 3 Abs. 1)

Abschnitte der DIN 277 Teil 1, Ausgabe Juni 1987, zur Bestimmung des Brutto-Rauminhalts nach § 3 Abs. 1 Satz 2

2 Begriffe

2.1 Brutto-Grundfläche (BGF)

Die Brutto-Grundfläche ist die Summe der Grundflächen aller Grundrissebenen eines Bauwerkes.

Nicht dazu gehören die Grundflächen von nicht nutzbaren Dachflächen und von konstruktiv bedingten Hohlräumen, z. B. in belüfteten Dächern oder über abgehängten Decken.

Die Brutto-Grundfläche gliedert sich in Konstruktions-Grundfläche und Netto-Grundfläche.

2.7 Brutto-Rauminhalt (BRI)

Der Brutto-Rauminhalt ist der Rauminhalt des Baukörpers, der nach unten von der Unterfläche der konstruktiven Bauwerkssohle und im Übrigen von den äußeren Begrenzungsflächen des Bauwerkes umschlossen wird.

Nicht zum Brutto-Rauminhalt gehören die Rauminhalte von

– Fundamenten;

– Bauteilen, soweit sie für den Brutto-Rauminhalt von untergeordneter Bedeutung sind, z. B. Kellerlichtschächte, Außentreppen, Außenrampen, Eingangsüberdachungen und Dachgauben;

– untergeordneten Bauteilen, wie z. B. konstruktive und gestalterische Vor- und Rücksprünge an den Außenflächen, auskragende Sonnenschutzanlagen, Lichtkuppeln, Schornsteinköpfe, Dachüberstände, soweit sie nicht Überdeckungen für Bereich b nach Abschnitt 3.1.1 sind.

3 Berechnungsgrundlagen

3.1 Allgemeines

3.1.1 Grundflächen und Rauminhalte sind nach ihrer Zugehörigkeit zu folgenden Bereichen getrennt zu ermitteln:

- Bereich a:
  überdeckt und allseitig in voller Höhe umschlossen,
- Bereich b:
  überdeckt, jedoch nicht allseitig in voller Höhe umschlossen,
- Bereich c:
  nicht überdeckt.

Sie sind ferner getrennt nach Grundrissebenen, z. B. Geschossen, und getrennt nach unterschiedlichen Höhen zu ermitteln.

3.1.2 Waagerechte Flächen sind aus ihren tatsächlichen Maßen, schräg liegende Flächen aus ihrer senkrechten Projektion auf eine waagerechte Ebene zu berechnen.

3.1.3 Grundflächen sind in m², Rauminhalte in m³ anzugeben.

3.2 Berechnung von Grundflächen

3.2.1 Brutto-Grundfläche

Für die Berechnung der Brutto-Grundfläche sind die äußeren Maße der Bauteile einschließlich Bekleidung, z. B. Putz, in Fußbodenhöhe anzusetzen. Konstruktive und gestalterische Vor- und Rücksprünge an den Außenflächen bleiben dabei unberücksichtigt.

Brutto-Grundflächen des Bereichs b sind an den Stellen, an denen sie nicht umschlossen sind, bis zur senkrechten Projektion ihrer Überdeckung zu rechnen.

Brutto-Grundflächen von Bauteilen (Konstruktions-Grundflächen), die zwischen den Bereichen a und b liegen, sind zum Bereich a zu rechnen.

3.3 Berechnung von Rauminhalten

3.3.1 Brutto-Rauminhalt

Der Brutto-Rauminhalt ist aus den nach Abschnitt 3.2.1 berechneten Brutto-Grundflächen und den dazugehörigen Höhen zu errechnen. Als Höhen für die Ermittlung des Brutto-Rauminhaltes gelten die senkrechten Abstände zwischen den Oberflächen des Bodenbelages der jeweiligen Geschosse bzw. bei Dächern die Oberfläche des Dachbelages.

Bei Luftgeschossen gilt als Höhe der Abstand von der Oberfläche des Bodenbelages bis zur Unterfläche der darüber liegenden Deckenkonstruktion.

Bei untersten Geschossen gilt als Höhe der Abstand von der Unterfläche der konstruktiven Bauwerkssohle bis zur Oberfläche des Bodenbelages des darüber liegenden Geschosses.

Für die Höhen des Bereichs c sind die Oberkanten der diesem Bereich zugeordneten Bauteile, z. B. Brüstungen, Attiken, Geländer, maßgebend.

Bei Bauwerken oder Bauwerksteilen, die von nicht senkrechten und/ oder nicht waagerechten Flächen begrenzt werden, ist der Rauminhalt nach entsprechenden Formeln zu berechnen.

2.12
Ausführungsbestimmungen zu den §§ 46 und 47 der Niedersächsischen Bauordnung

RdErl. des MS vom 25.2.1988 (Az.: 305-24 156/3-1)

Inhaltsübersicht

1 Anzahl der notwendigen Einstellplätze

1.1 Für die nach § 47 Abs. 2 NBauO erforderliche Anzahl der notwendigen Einstellplätze sind die Richtzahlen der Anlage zugrunde zu legen.

1.1.1 Die Richtzahlen entsprechen dem durchschnittlichen Bedarf und dienen als Anhalt, um die Anzahl der herzustellenden Einstellplätze im Einzelfall festzulegen.

1.1.2 Die Anzahl der nach den Richtzahlen ermittelten Einstellplätze ist zu erhöhen oder zu ermäßigen, wenn das Ergebnis in grobem Missverhältnis zu dem Bedarf steht, der sich aus der Zahl der ständigen Benutzer (Bewohner und Betriebsangehörige) und der Besucher ergibt.

1.1.3 Bei Anlagen mit verschiedenartiger Nutzung ist der Einstellplatzbedarf für die jeweiligen Nutzungsabschnitte getrennt zu ermitteln; dies gilt nicht, wenn sich innerhalb desselben Gebäudes die verschiedenartige Nutzung aus betrieblichen Erfordernissen ergibt und die untergeordnete Fläche in der Regel nicht mehr als 10 v. H. der übergeordneten Fläche beträgt. Steht die Anzahl der so errechneten Einstellplätze in einem offensichtlichen Missverhältnis zum tatsächlichen Bedarf, weil sich aus dem verschiedenartigen Verwendungszweck der Anlage eine Bereitstellung der Einstellplätze zu unterschiedlichen Tageszeiten oder an unterschiedlichen Wochentagen ergibt, so kann die sich aus der Einzelermittlung ergebende Anzahl der Einstellplätze entsprechend vermindert werden, wenn die wechselseitige Benutzung sichergestellt ist.

1.1.4 Werden Schulaulen, Spiel- und Sporthallen oder sonstige Räume neben ihrer Hauptnutzung regelmäßig auch für kulturelle oder sonstige Veranstaltungen genutzt, ist deren Einstellplatzbedarf nach den entsprechenden Richtzahlen für Versammlungsstätten zu bemessen.

1.1.5 Bei der Festlegung der Anzahl der notwendigen Einstellplätze ist regelmäßig von dem Einstellplatzbedarf für zweispurige Kraftfahrzeuge auszugehen. Für einspurige Kraftfahrzeuge sind bei Bedarf zusätzliche Stellmöglichkeiten festzulegen.

1.2 Für Sonderfälle, die in der Tabelle der Richtzahlen nicht erfasst sind, ist der Einstellplatzbedarf nach den besonderen Verhältnissen im Einzelfall unter sinngemäßer Berücksichtigung der Richtzahlen für Verkehrsquellen mit vergleichbarem Einstellplatzbedarf zu ermitteln.

2 Einstellplätze in der Nähe des Baugrundstücks auf einem anderen Grundstück

Notwendige Einstellplätze können nach § 47 Abs. 3 NBauO auch in der Nähe des Baugrundstücks auf einem anderen Grundstück gelegen sein, wenn dessen Benutzung zu diesem Zweck durch Baulast gesichert ist. Bei der Prüfung, ob ein Grundstück noch in der Nähe des Baugrundstücks liegt, sind insbesondere die Zweckbestimmung des Einstellplatzes (für Bewohner, Betriebsangehörige, Besucher), die Art des Baugebiets sowie die Verkehrsverhältnisse zu beachten. Im Allgemeinen kann bei Wohnungen von einer Entfernung bis zu 300 m zwischen Baugrundstück und Einstellplatz ausgegangen werden. Maßgebend ist hierbei nicht die Luftlinie, sondern der tatsächlich erforderliche Fußweg. Die Entfernungsangabe kann jedoch für die Auslegung des Begriffs „in der Nähe" nur als Anhalt dienen.

3 Zeitpunkt der Herstellung

Nach § 47 Abs. 2 Satz 1 NBauO müssen die notwendigen Einstellplätze mit der Fertigstellung der Anlagen, zu denen sie gehören, hergestellt und betriebsfertig sein.

Von der in § 47 Abs. 4 Satz 1 NBauO vorgesehenen Möglichkeit, eine Ausnahme zu gewähren, sollte nur in begründeten Fällen unter Anlegung eines strengen Maßstabes für eine begrenzte Zeit Gebrauch gemacht werden. Selbst in diesen Fällen muss die für die Einstellplätze erforderliche Fläche in Bauvorlagen nachgewiesen und, soweit sie nicht auf dem Grundstück liegt, durch Baulast gesichert sein.

Wird eine Ausnahme nach § 47 Abs. 4 Satz 1 NBauO zugelassen, so kann die Erteilung der Baugenehmigung nach § 47 Abs. 4 Satz 2 NBauO von einer Sicherheitsleistung abhängig gemacht werden.

4 Geldbetrag an Stelle von Einstellplätzen durch Gewährung einer Ausnahme nach § 47 Abs. 5 NBauO

4.1 Die Gewährung einer Ausnahme setzt voraus, dass notwendige Einstellplätze nicht oder nur unter außergewöhnlichen Schwierigkeiten entsprechend den Anforderungen des öffentlichen Baurechts zur Verfügung gestellt werden können.

4.2 Die Gemeinde darf den Geldbetrag nur für die Herstellung zusätzlicher Parkplätze, Parkhäuser oder Einstellplätze verwenden. Bei der Verwendung des Geldbetrages untersteht die Gemeinde nicht der Aufsicht durch die Bauaufsichtsbehörde. Soweit Aufsichtsfunktionen, insbesondere auf Einhaltung der vorgeschriebenen Zweckbindung, auszuüben sind, obliegen sie der Kommunalaufsichtsbehörde.

5 Befreiung

Von Vorschriften der Niedersächsischen Bauordnung kann nach § 86 NBauO Befreiung erteilt werden, wenn die Einhaltung der Vorschrift im Einzelfall zu einer offenbar nicht beabsichtigten Härte führen würde und die Abweichung auch unter Würdigung nachbarlicher Interessen mit den öffentlichen Belangen vereinbar ist. Danach könnte im Einzelfall auch eine Befreiung von der Vorschrift des § 47 Abs. 2 Satz 1 NBauO in Betracht kommen. Die Voraussetzungen dafür werden in der Regel jedoch nicht vorliegen, da in die Ausnahmeregelung nach § 47 Abs. 5 NBauO auch die Fälle einzubeziehen sind, in denen die Erfüllung der Verpflichtung, Einstellplätze zu schaffen, eine offenbar nicht beabsichtigte Härte darstellen würde.

6 Bauvorlagen

Notwendige Einstellplätze sowie deren Zu- und Abfahrten sind im Lageplan – getrennt nach Besucher- und Benutzereinstellplätzen – darzustellen (vgl. § 3 Abs. 2 Nr. 10 der Bauvorlagenverordnung vom 14.12.1973, Nds. GVBl. S. 521, geändert durch Verordnung vom 25.6.1976, Nds. GVBl. S. 135).

7 Der RdErl. vom 27.7.1979 (Nds. MBl. S. 1479 – GültL 322/960) wird aufgehoben.

Anlage

Richtzahlen für den Einstellplatzbedarf

Nr.	Verkehrsquelle	Zahl der Stellplätze (Estpl.)	hiervon für Besucher (in v. H.)
1	**Wohngebäude**		
1.1	Einfamilienhäuser	1–2 Estpl. je Wohnung	–
1.2	Mehrfamilienhäuser und sonstige Gebäude mit Wohnungen	1–1,5 Estpl. je Wohnung	10
1.3	Gebäude mit Altenwohnungen	0,2 Estpl. je Wohnung	20
1.4	Wochenend- und Ferienhäuser	1 Estpl. je Wohnung	–
1.5	Kinder- und Jugendwohnheime	1 Estpl. je 10–20 Betten, jedoch mindestens 2 Estpl.	75
1.6	Studentenwohnheime	1 Estpl. je 2–3 Betten	10
1.7	Schwesternwohnheime	1 Estpl. je 3–5 Betten, jedoch mindestens 3 Estpl.	10
1.8	Arbeitnehmerwohnheime	1 Estpl. je 2–4 Betten, jedoch mindestens 3 Estpl.	20
1.9	Altenwohnheime, Altenheime	1 Estpl. je 8–15 Betten, jedoch mindestens 3 Estpl.	75
2	**Gebäude mit Büro-, Verwaltungs- und Praxisräumen**		
2.1	Büro- und Verwaltungsräume allgemein	1 Estpl. je 30–40 m² Nutzfläche	20
2.2	Räume mit erheblichem Besucherverkehr (Schalter-, Abfertigungs- oder Beratungsräume, Arztpraxen u. dergl.)	1 Estpl. je 20–30 m² Nutzfläche, jedoch mindestens 3 Estpl.	75

Nr.	Verkehrsquelle	Zahl der Stellplätze (Estpl.)	hiervon für Besucher (in v. H.)
3	**Verkaufsstätten**		
3.1	Läden, Geschäftshäuser	1 Estpl. je 30–40 m² Verkaufsnutzfläche, jedoch mindestens 2 Estpl. je Laden	75
3.2	Läden, Geschäftshäuser mit geringem Besucherverkehr	1 Estpl. je 50 m² Verkaufsnutzfläche	75
3.3	Verkaufsstätten i. S. des § 11 Abs. 3 NBauO	1 Estpl. je 10–20 m² Verkaufsnutzfläche	90
4	**Versammlungsstätten – außer Sportstätten – Kirchen**		
4.1	Versammlungsstätten von überörtlicher Bedeutung (z. B. Theater, Konzerthäuser, Mehrzweckhallen)	1 Estpl. je 5 Sitzplätze	90
4.2	sonstige Versammlungsstätten (z. B. Lichtspieltheater, Schulaulen, Vortragssäle)	1 Estpl. je 5–10 Sitzplätze	90
4.3	Gemeindekirchen	1 Estpl. je 20–30 Sitzplätze	90
4.4	Kirchen von überörtlicher Bedeutung	1 Estpl. je 10–20 Sitzplätze	90
5	**Sportstätten**		
5.1	Sportplätze ohne Besucherplätze (z. B. Trainingsplätze)	1 Estpl. je 250 m² Sportfläche	–
5.2	Sportplätze und Sportstadien mit Besucherplätzen	1 Estpl. je 250 m² Sportfläche, zusätzlich 1 Estpl. je 10–15 Besucherplätze	–
5.3	Spiel- und Sporthallen ohne Besucherplätze	1 Estpl. je 50 m² Hallenfläche	–

Nr.	Verkehrsquelle	Zahl der Stellplätze (Estpl.)	hiervon für Besucher (in v. H.)
5.4	Spiel- und Sporthallen mit Besucherplätzen	1 Estpl. je 50 m² Hallenfläche, zusätzlich 1 Estpl. je 10–15 Besucherplätze	–
5.5	Freibäder und Freiluftbäder	1 Estpl. je 200–300 m² Grundstücksfläche	–
5.6	Hallenbäder ohne Besucherplätze	1 Estpl. je 5–10 Kleiderablagen	–
5.7	Hallenbäder mit Besucherplätzen	1 Estpl. je 5–10 Kleiderablagen, zusätzlich 1 Estpl. je 10–15 Besucherplätze	–
5.8	Tennisplätze ohne Besucherplätze	4 Estpl. je Spielfeld	–
5.9	Tennisplätze mit Besucherplätzen	4 Estpl. je Spielfeld, zusätzlich 1 Estpl. je 10–15 Besucherplätze	–
5.10	Minigolfplätze	6 Estpl. je Minigolfanlage	–
5.11	Kegel-, Bowlingbahnen	4 Estpl. je Bahn	–
5.12	Bootshäuser und Bootsliegeplätze	1 Estpl. je 2–5 Boote	–
6	**Gaststätten und Beherbergungsbetriebe**		
6.1	Gaststätten von örtlicher Bedeutung	1 Estpl. je 8–12 Sitzplätze	75
6.2	Gaststätten von überörtlicher Bedeutung, Diskotheken	1 Estpl. je 4–8 Sitzplätze	75
6.3	Hotels, Pensionen, Kurheime und andere Beherbergungsbetriebe	1 Estpl. je 2–6 Betten, für zugehörigen Restaurationsbetrieb Zuschlag nach Nr. 6.1 oder 6.2	75
6.4	Jugendherbergen	1 Estpl. je 10 Betten	75

Nr.	Verkehrsquelle	Zahl der Stellplätze (Estpl.)	hiervon für Besucher (in v. H.)
7	**Krankenanstalten**		
7.1	Universitätskliniken	1 Estpl. je 2–3 Betten	50
7.2	Krankenhäuser von überörtlicher Bedeutung (z. B. Schwerpunktkrankenhäuser), Privatkliniken	1 Estpl. je 3–4 Betten	60
7.3	Krankenhäuser von örtlicher Bedeutung	1 Estpl. je 4–6 Betten	60
7.4	Sanatorien, Kuranstalten, Anstalten für langfristig Kranke	1 Estpl. je 2–4 Betten	25
7.5	Altenpflegeheime	1 Estpl. je 6–10 Betten	75
8	**Schulen, Einrichtungen der Jugendförderung**		
8.1	Grundschulen	1 Estpl. je 30 Schüler	–
8.2	Sonstige allgemein bildende Schulen, Berufsschulen, Berufsfachschulen	1 Estpl. je 25 Schüler, zusätzlich 1 Estpl. je 5–10 Schüler über 18 Jahre	–
8.3	Sonderschulen für Behinderte	1 Estpl. je 15 Schüler	–
8.4	Fachhochschulen, Hochschulen	1 Estpl. je 4 flächenbezogene Studienplätze*)	–
8.5	Kindergärten, Kindertagesstätten und dergleichen	1 Estpl. je 20–30 Kinder, jedoch mindestens 2 Estpl.	–
8.6	Jugendfreizeitheime und dergleichen	1 Estpl. je 15 Besucherplätze	–
9	**Gewerbliche Anlagen**		
9.1	Handwerks- und Industriebetriebe	1 Estpl. je 50–70 m² Nutzfläche oder je 3 Beschäftigte**)	10–30

Nr.	Verkehrsquelle	Zahl der Stellplätze (Estpl.)	hiervon für Besucher (in v. H.)
9.2	Lagerräume, Lagerplätze, Ausstellungs- und Verkaufsplätze	1 Estpl. je 80–100 m² Nutzfläche oder je 3 Beschäftigte**)	–
9.3	Kraftfahrzeugwerkstätten	6 Estpl. je Wartungs- oder Reparaturstand	–
9.4	Tankstellen mit Pflegeplätzen	10 Estpl. je Pflegeplatz	–
9.5	Automatische Kraftfahrzeugwaschstraßen	5 Estpl. je Waschanlage***)	–
9.6	Kraftfahrzeugwaschplätze zur Selbstbedienung	3 Estpl. je Waschplatz	–
10	**Verschiedenes**		
10.1	Kleingartenanlagen	1 Estpl. je 3 Kleingärten	–
10.2	Friedhöfe	1 Estpl. je 2000 m² Grundstücksfläche, jedoch mindestens 10 Estpl.	90
10.3	Spiel- und Automatenhallen	1 Estpl. je 20 m² Spielhallenfläche, jedoch mindestens 3 Estpl.	–

*) Soweit sich aus der Verordnung über Einstellplätze für Hochschulen vom 12.11.1987 (Nds. GVBl. S. 208) nichts anderes ergibt.

**) Der Einstellplatzbedarf ist in der Regel nach der Nutzfläche zu berechnen; ergibt sich dabei ein offensichtliches Missverhältnis zum tatsächlichen Einstellplatzbedarf, so ist die Zahl der Beschäftigten zugrunde zu legen.

***) Zusätzlich muss ein Stauraum für mindestens 20 Kraftfahrzeuge vorhanden sein.

<h1 style="text-align:center">2.13</h1>

<h1 style="text-align:center">Bauaufsicht; Ausführungsbestimmungen zu § 47b
NBauO</h1>

RdErl. des MS vom 16.8.1996 (Nds. MBl. S. 1478 – 305-24000/1-47 b)

Zur Ausführung des § 47b NBauO wird Folgendes bestimmt:

1. Größe notwendiger Fahrradabstellanlagen

Die Größe notwendiger Fahrradabstellanlagen für bauliche Anlagen nach § 47 Abs. 2 NBauO ist für den zu erwartenden Zu- und Abgangsverkehr zu bemessen. Dieser ist nicht nur von der Nutzung der baulichen Anlage, sondern auch von örtlichen Gegebenheiten wie der Topographie, der Bevölkerungsstruktur (in Städten mit einem größeren Anteil jüngerer Bewohnerinnen und Bewohner, z. B. in Städten mit Hochschulen, hat der Fahrradverkehr größere Bedeutung), dem Angebot an öffentlichen Verkehrsmitteln und der Siedlungsstruktur abhängig.

Die Richtzahlen der Anlage geben daher für die Ermittlung der Zahl der abzustellenden Fahrräder einen Rahmen vor, der für die einzelne bauliche Anlage unter Berücksichtigung der örtlichen Verhältnisse auszufüllen ist. Das Ergebnis auf Grund der Richtzahlen ist zu erhöhen oder zu ermäßigen, wenn es im Einzelfall im groben Missverhältnis zu dem Bedarf steht, der sich aus der Zahl der vorhandenen oder zu erwartenden Fahrräder der Benutzerinnen und Benutzer und der Besucherinnen und Besucher der baulichen Anlage ergibt.

Für bauliche Anlagen, die nicht unter die in der Anlage aufgeführten Verkehrsquellen fallen, ist der Bedarf in Anlehnung an die Richtzahlen für Verkehrsquellen mit vergleichbarem Bedarf nach den besonderen Verhältnissen im Einzelfall zu ermitteln. Bei baulichen Anlagen mit verschiedenartiger Nutzung ist der Bedarf für die jeweiligen Nutzungsabschnitte getrennt zu ermitteln.

Je abzustellendem Fahrrad ist mit einer Fläche von 1,5 m² zu rechnen. Hierbei bleiben die erforderlichen Zugänge außer Betracht.

2. Lage und Beschaffenheit notwendiger Fahrradabstellanlagen

2.1 Bei in der Nähe des Baugrundstücks auf einem anderen Grundstück gelegenen notwendigen Fahrradabstellanlagen ist zur Beurteilung der für Fahrradbenutzerinnen und Fahrradbenutzer zumutbaren Entfernung von der Abstellanlage zu der baulichen Anlage, die besucht oder benutzt wird, von einer geringeren Weglänge auszugehen, als beim Kraftfahrzeugverkehr. Die Weglänge zum Eingang der baulichen Anlage soll bei Fahrradabstellanlagen für bis zu 20 Fahrräder nicht mehr als 50 m betragen.

2.2 Für Fahrradabstellanlagen, die keine Gebäude oder Gebäudeteile sind, gelten die Anforderungen an die Zuwegung zu Gebäuden nach § 2 Abs. 2 DVNBauO sinngemäß.

2.3 Die Angabe der Lage und der Größe notwendiger Fahrradabstellanlagen auf dem Lageplan ist in sinngemäßer Anwendung von § 1 Abs. 5 und § 3 BauVorlVO erforderlich.

Anlage

Richtzahlen für den Bedarf an Fahrradabstellanlagen

Nr. Verkehrsquelle	Zahl der abzustellenden Fahrräder
1. Wohnheime	
1.1 Studentenwohnheime	1 je 1 bis 5 Betten
1.2 sonstige Wohnheime einschließlich Altenwohnheime, Wochenend- und Ferienheime	1 je 10 bis 15 Betten, jedoch mindestens 2
2. Büro-, Verwaltungs- und Praxisräume	1 je 30 bis 100 m² Nutzfläche
3. Verkaufsstätten	
3.1 Verkaufsstätten bis 2000 m² Fläche	1 je 50 bis 200 m² Verkaufsnutzfläche
3.2 Verkaufsstätten mit mehr als 2000 m² Fläche	1 je 100 bis 500 m² Verkaufsnutzfläche
4. Versammlungsstätten – außer Sportstätten –	1 je 10 bis 50 Besucherplätze
5. Sportstätten	
5.1 Sportplätze und Sportstadien	1 je 250 bis 500 m² Sportfläche, zusätzlich
	1 je 10 bis 100 Besucherplätze
5.2 Spiel- und Sporthallen, Hallenbäder	1 je 50 m² Hallenfläche oder je 5 bis 10 Kleiderablagen, zusätzlich
	1 je 10 bis 50 Besucherplätze
5.3 Freibäder und Freiluftbäder	1 je 200 bis 500 m² Grundstücksfläche
6. Gaststätten, Beherbergungsbetriebe	1 je 5 bis 20 Besucherplätze und
	1 je 10 bis 50 Betten, jedoch mindestens 2
7. Krankenanstalten und Pflegeheime	1 je 20 bis 100 Betten, jedoch mindestens 2
8. Schulen, Einrichtungen der Jugendförderung	
8.1 allgemein bildende Schulen, Berufsschulen	1 je 2 bis 10 Schülerinnen und Schüler
8.2 Hochschulen	1 je 4 bis 10 Studierende
8.3 Kindergärten, Kindertagesstätten und dergleichen	1 je 10 bis 30 Kinder, jedoch mindestens 2

Nr. Verkehrsquelle	Zahl der abzustellenden Fahrräder
9. Gewerbliche Anlagen und Betriebe	1 je 50 bis 250 m² Nutzfläche oder je 5 bis 20 Beschäftigte[1], jedoch mindestens 2

---

1) Der Bedarf ist in der Regel nach der Nutzfläche zu berechnen; ergibt sich dabei ein offensichtliches Missverhältnis zum tatsächlichen Bedarf, so ist die Zahl der Beschäftigten zugrunde zu legen.

Stichwortverzeichnis

Die halbfett gedruckten Zahlen geben den Stand der Vorschrift im Werk, die mager gedruckten den Paragraphen an.